21世纪高职高专精品教材·经贸类通用系列

个人理财实务

主　编　刘标胜　吴宗金

中国人民大学出版社
·北京·

前　言

经济的快速发展使我国居民财富急剧增加，财富增加的同时，人们追求财产保值增值的愿望越来越强烈，因此投资理财逐渐成为社会公众关注的热点，各种投资工具也如雨后春笋般出现在人们面前。本书是一本既紧跟时代步伐，又能指导高职高专学生参加银行、投资、保险等相关技能大赛的教材。市场上大部分个人理财教材过于偏重理论知识的讲述，与金融类其他教材知识点重复度过高，实际操作性不强，因此编写一本实践性与可操作性强的个人理财教材非常有必要。

本教材具有如下特点：

1. 更加注重实践能力的培养，增加了投资技能和保险规划技能的训练。教材按照全国金融职业教育教学指导委员会举办的技能大赛的各个模块安排内容，以项目或任务为载体，使教材的整个体系结构和实践工作流程相一致。

2. 可读性和趣味性强。与同类教材相比，本书减少了大篇幅基础知识介绍，语言通俗易懂；在每个项目中配有情景写实、经典实例等栏目，增强了教材的趣味性，注重培养学生思考问题和解决问题的能力。

3. 配备了职业资格试题。本教材项目内容安排兼顾银行从业资格考试、助理理财规划师考试所需知识，并在每个项目后，配备了相关习题。通过学习本教材，有助于学生通过相关资格考试。

本教材由刘标胜担任第一主编，吴宗金担任第二主编，具体分工如下：刘标胜编写项目一、项目二、项目四、项目十一、项目十二、项目十三、项目十四、习题及答案、技能训练；吴宗金编写项目五、项目六、项目七、项目八；朱瑾编写项目三、项目九、项目十，本书由刘标胜统稿和校对。

本教材在编写过程中参考了深圳典阅科技有限公司的金融教育在线网站相关模拟试题，并借鉴引用了部分网络案例资料和部分专业学者的研究成果，在此表示诚挚的谢意！

由于编者水平有限，书中疏漏和不足之处在所难免，恳请广大读者和师生不吝赐教！

编　者

目　录

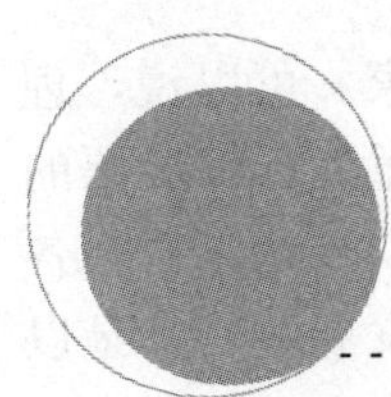

项目一 个人理财认知

知识结构图

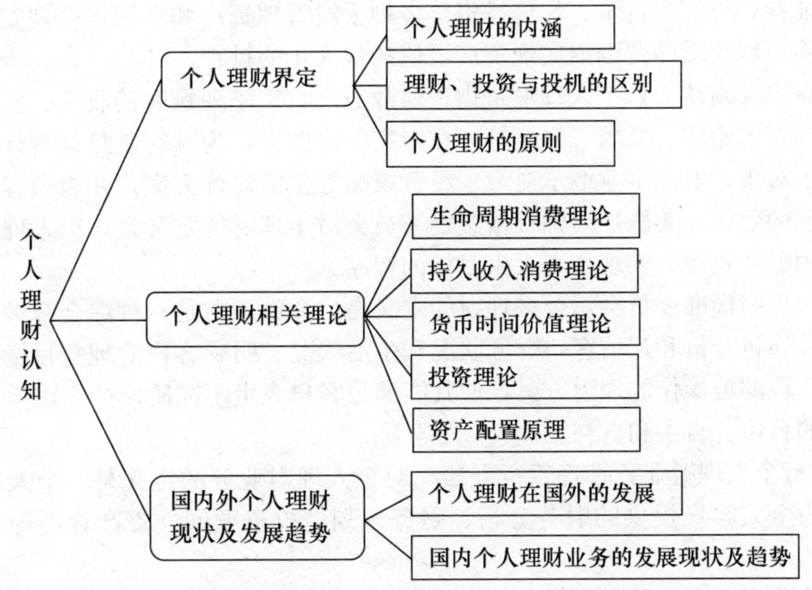

情景写实

客户信息：李江先生，34岁，本科毕业，国企部门经理，电话189××××××××；妻子余雨，32岁，研究生毕业，公务员；女儿李悦，7岁，小学一年级。家庭地址：江西省九江市房山牯岭镇慧远路××号。

任务：判断李先生家庭所处生命周期。

学习目标

1. 正确认识个人理财的内涵，树立正确的理财观念。
2. 掌握判断家庭所处生命周期阶段的方法及该阶段的特征。
3. 能清楚地认识理财规划师职业的发展趋势。

任务一 个人理财界定

随着互联网金融与传统金融的相互渗透，“理财”观念深入寻常百姓家。可以说，理财生活的质量已关系到我们每个人的生活质量。特别是近十年，货币的超量发行，股票的高杠杆化牛市，房地产价格的居高不下，使得公众财富得到大幅增长。而从长期来看，各国名义货币都存在贬值趋势。为了避免财富缩水，个人理财市场需求蓬勃发展，尤其是以余额宝为代表的互联网“宝宝”类的崛起，使“人不理财，财不理你”的个人理财观念深入普通百姓心中。

一、个人理财的内涵

个人理财，又称理财规划、个人财务规划等，是在对个人的收入、资产、负债等数据进行分析整理的基础上，根据个人对风险的偏好和承受能力，结合预定目标运用诸如储蓄、保险、证券、外汇、古董、住房投资等多种手段管理资产和负债，合理安排资金，从而在个人风险可以接受的范围内实现资产增值的最大化的过程。

国际理财协会则认为，个人理财是指理财师通过收集整理顾客的收入、资产、负债等数据，倾听顾客的希望、要求、目标等，在专家的协助下，为顾客制订储蓄计划、保险投资对策、节税对策、财产事业继承对策、经营策略等生活设计方案，并为顾客进行具体的实施提供合理的建议。美国理财师资格鉴定委员会对于理财的定义是，个人理财是指如何制定合理利用财务资源、实现个人人生目标的程序。

中国金融理财标准委员会对金融理财的定义是：金融理财是一种综合金融服务，是指专业理财人员通过分析和评估客户财务状况和生活状况、明确客户的理财目标，最终帮助客户制定出合理的可操作的理财方案，使其能满足客户人生不同阶段的需求，最终实现人生在财务上的自由、自主和自在。

《商业银行个人理财业务管理暂行办法》对个人理财业务的定义是，个人理财业务是指商业银行为个人客户提供的财务分析、财务规划、投资顾问、资产管理等专业化服务活动。

从上面这些定义中，可以发现个人理财的含义包括三个方面：

第一，理财贯穿于每个人的一生，不是指解决燃眉之急的金钱问题。理财并不是单纯的赚钱，而是让自己的一生至少要做到收支平衡。

第二，理财是现金流量管理。每个人一出生就需要用钱（现金流出），工作后才会有金钱收入（现金流入），退休之后直到死亡，现金流出又大于现金流入。因此不管现在是否有钱，每一个人都需要理财，都需要合理规划自己一生的现金流。

第三，理财的目的是应对未来风险。风险无处不在、无时不在，包括人身风险、财产风险与市场风险等，都会影响现金流入（收入中断风险）或现金流出（费用递增风险），所以人们理财的最终目的都是为了尽可能减少风险发生后造成的损失，使财富保值增值。

因此，从客户的角度来看，个人理财就是由专业理财师根据其需求合理安排一生的现金流，它包括个人生活理财和专业投资理财。本书就是根据客户的需求和投资理财岗位技能来安排相关内容的，具体来说有客户财务信息分析、客户需求分析、现金规划、保险规划、教育规划、购房规划、投资规划、养老规划及财产分配与传承规划，满足理财的终极目标——让生活更加幸福。

二、理财、投资与投机的区别

（一）投资与理财

投资指为了在未来一定时间段内获得某种比较持续稳定的现金流收益而进行的资产投入。理财指个人或机构根据当前的实际经济状况，设定想要达成的经济目标，在限定的时限内采用一类或多类金融投资工具，通过一种或多种途径达成其经济目标的计划、规划或解决方案。理财过程包含了投资活动，但二者存在以下区别：

（1）投资是用钱去赚更多的钱；理财是把钱合理地安排以保证有更多的钱。

（2）从目的角度看，投资注重的是回报（投入产出比）；理财则注重稳定的长期收益。

（3）从风险角度看，投资的风险较大，高风险蕴含着高收益；理财的风险较低，是对财富的长远和全盘规划，是运用各种投资产品做组合，以达到分散风险、实现目标收益率的一种手段。

（二）投资与投机

投资是一种购买财产以获得合理预期收入、股息、利息或租金的方法，它以长期增值的形式获利。投机指根据对市场的判断，把握机会，利用市场出现的价差进行买卖从中获得利润的交易行为。投机也是一种投资形式，但其收益和风险较大。

1. 相同点

（1）两者都是以获得未来货币的增值或收益为目的而预先投入货币的行为，即本质上没有区别。

（2）两者的未来收益都带有不确定性，都要承担本金损失的风险。

投资与投机都是金融市场上不可缺少的行为。没有投资就不会有投机市场，而如果没有投机，投资市场就会毫无生机。

2. 不同点

（1）期限不同。一般认为，投资的期限较长，投资者愿意进行实物投资或长期持有证券；而投机的期限较短，投机者热衷于频频的快速买卖。

（2）利益着眼点不同。投资者着眼于长期利益，而投机者只着眼于短期的价格涨落，以谋取短期利益。

（3）承担的风险不同。投资承担的风险要低，投机被称为“高风险的投资”。

三、个人理财的原则

（一）正确认识理财与投资、投机的区别

个人理财是一种综合的金融服务，由专业理财人士根据客户的实际情况、未来期望等资料，分析和评估客户的财务状况，为客户量身定制合适的理财方案，帮助客户生活得更加幸福。

（二）量入为出与量力而行相结合是个人理财成功的关键

“量入为出”指家庭收支一定要综合考虑短期与长远的生活安排，科学安排收支计划。“量力而行”指必须合理考虑自己家庭的风险承受能力和预期收益目标，不要盲目制定过高的理财规划。

（三）理财投资一定要合法合规

追求财富，让自己的生活变得更加美好是每个人的愿望，但财富的获取一定要合法合

规。金钱本身没有善恶，关键在于获取它的途径和手段。

相关链接

涉嫌操纵证券市场，“私募一哥”徐翔被批捕

2016年4月29日新华社报道，泽熙投资管理有限公司法定代表人、总经理徐翔等人涉嫌操纵证券市场、内幕交易犯罪，于近日被依法批准逮捕。据披露，作为泽熙投资管理有限公司法定代表人和总经理的徐翔等人通过非法手段获取股市内幕信息，从事内幕交易、操纵股票交易价格，其行为涉嫌违法犯罪，已经被公安机关依法采取刑事强制措施。

（四）不要寄希望于一夜暴富，财富要靠慢慢积累

俗话说“财不进急门”，一个人如果太急于财富暴增，太急于发财，往往会掉入别人设置的陷阱，得不偿失。即使因某种机缘，比如中彩票了而一夜暴富，也要时刻注意理财。每个人都要懂得：财富要靠长时间积累，要节俭不浪费。美国学者托马斯·史丹利调查过美国上万名百万富翁，其中84%都是从储蓄和省钱开始的，他们非常珍惜每一分钱，从不浪费。

经典实例

富豪们的节俭生活

华为创始人任正非在机场等候出租车和在食堂排队打饭的照片一经上传至网上，引起了广大公众的热议。2015年华为销售额近4 000亿元人民币，净利润369亿元人民币，但是任正非没有因此奢靡，依然如此艰苦朴素，在这个浮躁的社会令人钦佩。无独有偶，考察国内外的富翁，都普遍节俭，珍惜自己赚的每一分钱。沃伦·巴菲特，2015年《福布斯》全球亿万富豪榜第3位，净资产727亿元，他在对慈善事业慷慨解囊的同时，生活却是“简单、传统和节俭”“算着折扣买可乐”。李嘉诚先生的“不能浪费”是其一生坚持的金钱观，穿着打补丁的西装，住着30年前的老房子，戴着超过10年的西铁城手表。富豪们都把节俭作为自己守业、子女教育的重要守则。

（五）理财最重要的是持之以恒

理财不应是一时的冲动，而是一个中长期的规划，需要有正确的心态和理性的选择，要克服人性的恐惧和贪婪，然后就是坚持，再坚持。理财应成为人们的一种习惯，一种生活的选择。通过合理的配置，寻求长期稳定的收益才是我们进行个人理财规划的最终目标。

任务二 个人理财相关理论

一、生命周期消费理论

（一）概念

生命周期消费理论是由意大利人弗兰科·莫迪利安尼等人创建的，是指人们会在相当长时期的跨度内计划自己的消费开支，以便于在整个生命周期内实现消费的最佳配置。消费者可根据效用最大化原则来使用一生的收入，安排一生的消费和储蓄，使一生的收入等

于消费。根据这种理论，消费不取决于现期收入，而取决于一生的收入。用公式表示为：

$$C=\beta w\times Wr+\beta yw\times yW$$

式中，C 为年消费额；βw 为财富的消费倾向即每年消费财富的比例；Wr 为实际财富；βyw 为工作收入的消费倾向（每年消费的工作收入的比例）；yW 为年工作收入。

（二）主要观点

（1）消费在消费者的一生中保持不变。

（2）消费支出是由终身收入加上初始财富来融资的。

（3）每年财富的“1/个人预期寿命”部分将被消费掉。

（4）当前消费取决于当前财富和终身收入。

（三）生命周期消费理论在个人理财方面的应用

生命周期消费理论将家庭的生命周期分为四个阶段：家庭形成期（25～35 岁）；家庭成长期（30～55 岁）；家庭成熟期（50～60 岁）；家庭衰老期（60 岁以上）。不同阶段的特征和财务状况，如表 1-1 所示。

表 1-1　家庭的生命周期特征与财务状况

	家庭形成期	家庭成长期	家庭成熟期	家庭衰老期
特征	建立家庭并生养子女	子女长大就学	事业发展到巅峰和子女独立	退休到终老（空巢期）
	从结婚到子女出生	从子女上学到完成学业	从子女完成学业独立到夫妻退休	从夫妻退休到过世
	家庭成员数量增加	家庭成员固定	家庭成员减少	夫妻两人
收入和支出	收入以双薪为主	以双薪为主，但收入逐渐增加	以双薪为主，收入和事业达到巅峰	以理财收入和转移收入为主
	支出逐渐增加	支出随子女上学增加	支出逐渐减少	医疗费提高，其他费用减少
储蓄	随家庭成员增加而减少	收入增加而支出稳定，储蓄增加	收入达到巅峰，支出降低	支出大于收入
居住	和父母同住或自购房租房	同左	与老年父母同住或夫妻两人居住	夫妻居住或和子女同住
资产	资产积累有限，可承受较高风险	资产积累增加，开始控制风险投资	资产积累达到巅峰，逐步降低投资风险	变现资产，固定收益投资
负债	高额房贷	降低负债余额	还清债务	无新增负债

在不同的生命周期阶段，理财投资的对象应各有侧重。生命周期四个阶段的理财重点建议方案，如表 1-2 所示。

表 1-2　生命周期四个阶段的理财重点建议方案

	家庭形成期	家庭成长期	家庭成熟期	家庭衰老期
保险购买	定期寿险与意外险，占 10%	重疾险、教育储蓄险，占 15%	养老保险为主，加大重疾险比例，占 10%	长期看护险，占 30%

续前表

	家庭形成期	家庭成长期	家庭成熟期	家庭衰老期
核心资产	银行存款占20%（可用于投资货币基金）；股票占20%～30%；基金定投占50%左右	货币型基金占20%；股票占40%～50%；其他投资占25%左右	银行存款、货币型基金等占30%；股票占40%；债券占20%	银行存款、货币型基金占50%；股票占10%；国债占10%
信贷运用	信用卡、小额信贷	房贷、车贷	还清贷款	0

二、持久收入消费理论

（一）概念

持久收入消费理论由美国著名经济学家米尔顿·弗里德曼提出，该理论认为理性的消费者为了实现效应最大化，不是根据现期的暂时性收入，而是根据长期中能保持的收入水平即持久收入水平来做出消费决策的，只有持久收入才能影响人们的消费。

（二）主要观点

（1）从长期来看，消费支出取决于持久性收入。

（2）暂时收入对消费支出的影响是通过对持久收入的影响而发生的。可以用过去收入与暂时收入的变动来计算出持久收入。

（3）持久收入是稳定的，则消费函数也是稳定的。

（三）持久收入消费理论在家庭理财中的应用

如果政府出于应付经济萧条的需要，采取临时性的减税措施，以便增加居民的可支配收入和刺激消费，那么，按照持久收入消费理论，这一临时性的减税措施是无效的，因为居民这种临时性的额外收入只有很少一部分作为实际消费，其余全部转化为储蓄。所以政府减税不可能达到刺激消费的目的。反之，如果政府出于应对通货膨胀的需要，采取临时性的增税措施，以便减少居民的可支配收入和抑制消费，那么按照持久收入消费理论，这一临时性的增税措施也是无效的，因为临时性增税的结果将使居民预期一生收入总数有所减少，而当年的实际消费只占其中一小部分，增税所减少的部分是储蓄，所以政府增税也不能抑制消费。

相关链接

中国国民储蓄率居高不下

中国央行行长周小川2016年3月20日在中国发展高层论坛年会上表示，我国国民储蓄率过高，外国的储蓄率一般在20%～30%，中国2015年的储蓄率在46%左右。中国国民储蓄率居高不下，有历史原因，也有现实社会保障体系不健全等原因，但是国民对未来不确定性的增加应该是主要原因。在通常情况下，一个人是无法确定收入变化到底是持久性的还是暂时性的，但是未来子女教育、医疗、住房、养老等支出是确定性的，所以即使收入增加了，但居民不敢保证未来会一直增加，不敢将其看做是持久收入，所以不敢消费，只会采取储蓄等投资方式进行理财。

三、货币时间价值理论

（一）概念

货币时间价值是指一定数量的货币资金在两个时点之间的价值之差，或者说是货币经历一定时间的投资和再投资所增加的价值。例如，今天的 100 元和明年的同日期的 100 元，价值是不同，因此今天的 100 元存入银行将会有收益，也就是有时间价值的。从经济学角度来说，节省现在的 1 单位货币不消费而改在未来消费，则在未来消费时必须有大于 1 单位的货币可供消费，作为弥补延迟消费的贴水。货币具有时间价值的原因有以下几点：

（1）货币可用于投资获得利息，从而在将来拥有更多的货币量。

（2）货币的购买力会因通货膨胀的影响而随时间改变。

（3）投资可能产生投资风险，需要提供风险补偿。

（二）货币时间价值的计算

1. 单利与复利

单利指以最初的本金为计算收益的基础；而复利则以本金和利息为基数计算，从而产生利上加利、息上添息的收益倍增效应。

假设：PV 为现值（本金、初始金额）、FV 为终值（本利和），i 为利率，n 为时间周期数。

如果用单利计算，则：

$$FV=PV\times(1+n\cdot i)$$

如果用复利计算，则：

$$FV=PV\times(1+i)^n$$

2. 终值和现值

终值（FV）指一定量的货币在未来某个时间点上的价值；现值（PV）是指货币现在的价值，或是未来某个（或某些）时刻的现金流量按某种利率贴现到目前时点上的价值。终值和现值示意图，如图 1－1 所示。

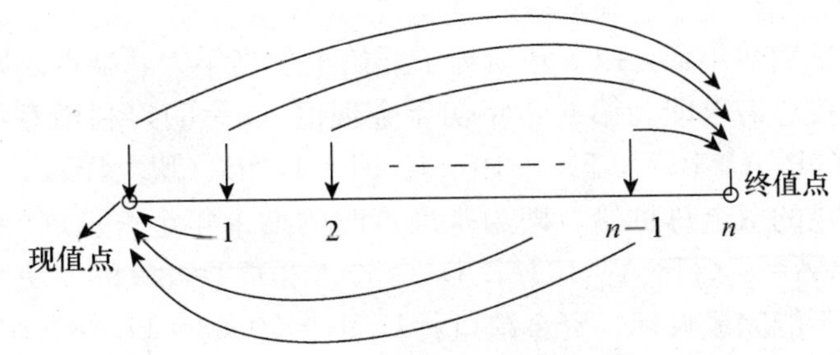

图 1－1　终值和现值示意图

【例 1－1】 本金为 40 000 元，年利率为 10%，期限为 5 年，则期满后的单利终值为多少？

解：

单利终值＝40 000＋40 000×10%×5＝60 000(元)

【例 1－2】 本金为 4 800 元，年利率为 7%，期限为 4 年，则期满后复利终值为多少？

解：

复利终值＝4 800×$(1+7\%)^4$＝6 291.82(元)

3. 年金

年金指在某个特定时段内一组时间间隔相同、金额相等、方向相同的现金流。按年金发生的时刻年金分为期初年金和期末年金。期初年金和期末年金示意图，如图 1-2 所示。

(1) 期初年金，即先付年金，指每期年金都在每期期初发生的年金。

(2) 期末年金，即后付年金或普通年金，指每期年金都在每期期末发生的年金。

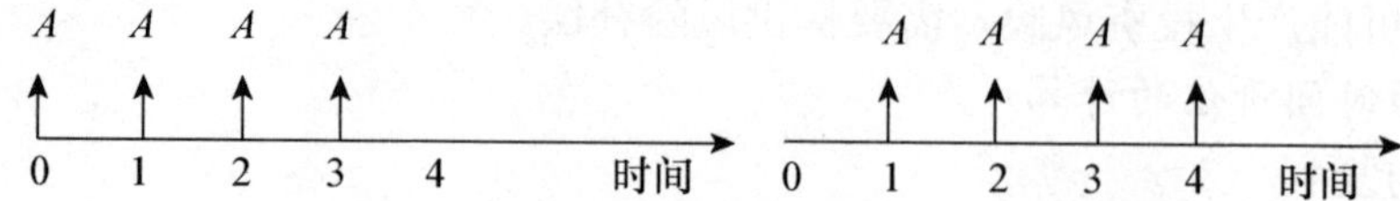

图 1-2 期初年金和期末年金示意图

注：对于现值、终值、年金等的具体计算可以参考相关教材，在此不过多展开叙述。

(三) 货币时间价值理论在理财中的应用

对现金流进行分析，是为客户进行财务规划的第一步。计算现金流时，需要分析两个重要因素：一是时间间隔的长短；二是金额的高低。作为专业理财师，在和客户讨论现金的流入和流出时，必须按时间顺序列明每一项现金流。然后把理财目标当作基准点，基准点之前通过累积资产来实现理财目标，用现值（现有资产）或年金（比如每期储蓄）来计算复利终值和年金终值。

【例 1-3】 教育金规划

刘姥姥准备打工，为孙子五年后上学筹集学费。她每年从工钱中拿出 5 块大洋存入银行，年利率为 10%。小学阶段教育年限为 6 年，刘姥姥每年需为孙子交纳学费 10 块大洋。假如刘姥姥 5 年后不再工作，这笔钱是否能供她孙子上完小学？如果不够，她还需要再继续工作多少年？

解： 学费支出是期初年金，以 5 年后孙子开始上学当年为基准点。则有：

(1) 孙子的学费总需求即为第 6 年年初年金现值（$n=5$），利用专用财务计算器，计算 $PVA=10+10\times(P/A, 10\%, 5)=10+37.91=47.91$（块大洋）。

第 6 年初刘姥姥的资金总供给，即为基准点时的期末年金终值（$n=5$），利用专用财务计算器，计算 $FVA=5\times(F/A, 10\%, 5)=5\times 6.1051\approx 30.53$（块大洋）。

所以，刘姥姥不能完成目标，资金缺口$=47.91-30.53=17.38$（块大洋）。

(2) 增加工作期限：

学费总需求的现值（$n=5$），$FV=47.9079$，$i=10\%$，则 $PV=29.7470$；

利用专用财务计算器，计算 n：$i=10\%$，$PV=29.7470$，则 $n=10$；

所以，刘姥姥还要再继续工作 5 年。

四、投资理论

(一) 投资收益与风险

1. 持有期收益和持有期收益率

持有期收益是指投资者在投资持有期间获得的收益；持有期收益率是指投资者在持有投资对象的一段时间内所获得的收益率，用持有期收益除以初始投资得到。

【例 1-4】 王明一年前以 25 元/股购买了 100 股中国宝安股票，分得了 0.2 元/股的红利，当前股票价格为 30 元/股，求持有期收益率。

解：持有期收益率＝持有期收益÷初始投资额

＝[0.2×100＋(30－25)×100]÷(25×100)＝20.8%

2. 预期收益率

预期收益率是指投资对象未来可能获得的各种收益率的平均值，一般用期望收益 $E(R)$ 来表示。预期收益率分为以下两种：

(1) 单一投资工具的预期收益率：在不确定的条件下，某种投资工具在未来一定时间内的预期收益率。

$$E(R)=\sum P_iR_i\times 100\%$$

式中，P_i为可能发生的概率；R_i为投资收益率，$E(R)$ 为预期收益率。

(2) 投资组合收益率：受组合中各种投资工具的预期收益率和组合中各种投资工具的初始比重的影响。

$$R_p=\sum_{i=1}^{n}W_iE(R_i)$$

式中，R_p为组合预期收益率；W_i为某种工具初始投资比重；$E(R_i)$ 为该投资工具预期收益率。

3. 必要收益率

必要收益率即必要回报率，指投资者所要求的最低的回报率，它由投资真实收益率、投资期间的通货膨胀率和投资的风险补偿三部分构成，后两者合称投资的风险报酬。

4. 风险

风险是指未来收益的不确定性，一般用标准差、方差及变异系数来表示。

(1) 标准差：用一组数据与其平均值的偏离程度来衡量，标准差越大，收益的不确定性也越大。

$$标准差=\sqrt{\sum P_i\times[R_i-E(R_i)]^2}$$

(2) 方差：标准差的平方，反映各种条件下的收益率与预期收益率的平均差异。

$$方差=\sum P_i\times[R_i-E(R_i)]^2$$

(3) 变异系数：获得单位预期收益率须承担的风险。变异系数越小，风险就越小。

变异系数＝标准差÷预期收益率

(二) 投资理论在金融理财中的应用

【例 1-5】股票市场未来有三种状态：熊市、正常、牛市；对应的概率是 0.2、0.5、0.3。对应三种状态，股票 X 的收益率分别是－20%、18%、50%；股票 Y 的收益率分别是－15%、20%、10%。求股票 X 和 Y 的期望收益率。

解：X 的期望收益率＝0.2×(－20%)＋0.5×18%＋0.3×50%＝20%

Y 的期望收益率＝0.2×(－15%)＋0.5×20%＋0.3×10%＝10%

【例 1-6】已知项目甲和项目乙的预期收益率分别为 5%和 6%，而标准差分别为 0.07

和0.12，评价项目甲和项目乙的优劣。

解： 项目甲变异系数＝0.07÷5%＝1.40

项目乙变异系数＝0.12÷6%＝2.00

尽管乙收益率大于甲，但甲的风险远小于乙，所以甲方案更优。

五、资产配置原理

（一）概念

资产配置是指依据所要达到的理财目标，按照资产的风险最低与收益最佳的原则，将资金有效地分配在不同类型的资产上，建立一种增加收益和控制风险的资产投资组合。

在资产配置过程中应考虑的因素有：（1）理财目标规划；（2）资产配置的策略；（3）资产类别的选择；（4）资产配置的比例；（5）资产配置的动态分析与调整。

（二）资产配置的基本步骤

第一步，调查了解客户，包括客户的年龄、学历、家庭结构、职业职位、收入状况、理财目标、风险偏好、资产结构、爱好等。

第二步，生活设计与建立生活储备金，这是家庭的第一道防火墙，偏重短期保障。比如6～12个月的基本生活费储备金、意外支出储备金、家庭短期债务储备金（3～6个月的信用卡透支、消费贷款月供等）、家庭短期必需的支出（旅游、结婚生子等）。这些储备金一般建议以银行活期存款、不超1年的定期存款、“宝宝类”货币基金等形式存在。

第三步，风险规划与保障资产的拨备，这是家庭的第二道防火墙，偏重中长期保障。比如家庭成员交纳社会保险，购买重疾险、意外险、养老保险等，为家庭财产投资财产险。

第四步，建立长期投资储备。主要是合理规划消费与储蓄，采用基金定投或零存整取等为子女教育投资、养老投资等积累资金。

第五步，建立多元化理财产品组合。根据客户特征、偏好和需求等选择高、中、低风险的产品进行比例合理的投资，包括股票、债券、基金、黄金、期货等。

任务三　国内外个人理财现状及发展趋势

一、个人理财在国外的发展

个人理财业务的前身是传统的私人银行业务，已有上百年的历史。最初是瑞士的银行业向极端富有的客户提供一对一、属于私人客户专享的服务，如提供匿名存款服务（目前仍是瑞士银行业最特殊的服务），提供财务咨询、投资建议，甚至为客户安排看病就医、安排旅行食宿行程、安排客户子女进入贵族学校就读等。

（一）个人理财业务开办的主体

1. 私人银行

如Credit Suisse、SG Hambros Bank等传统意义上的私人银行主要定位于极端富裕的阶层（净资产在百万、千万美元以上）。随着竞争的加剧和降低成本，私人银行开始向下拓展市场空间，将服务范围或目标市场延伸到日益扩大的大众富翁阶层。

2. 投资银行、资产管理公司

Goldman Sachs、Merrill Lynch、HSBC、JPMorgan Chase等投行或资产管理公司也积极加入个人理财市场。它们不再仅仅满足于以公司客户为主要目标市场，同样将一些拥有巨额财富的个人客户纳入到服务对象中。

3. 独立理财咨询师、理财咨询机构

独立理财咨询师、理财咨询机构的目标客户是财务知识缺乏、需要理财指导的大众富裕阶层，独立理财咨询师、理财咨询机构主要通过为客户量身定做理财建议，收取手续费以及相关金融机构的佣金维持经营。

4. 新兴银行、理财门户网站

随着互联网的普及，以网上银行、在线理财业务为主的新兴银行和理财门户网站成为个人理财市场的新锐。它们利用互联网的优势，专门为那些拥有相当的财务知识、能够自主投资的新一代富裕阶层提供综合经济信息、网上账务管理、网上投资、理财咨询等个人理财业务。

5. 零售银行

零售银行充分发挥其在个人金融市场上客户基础广泛、业务品种丰富、网点分支机构众多的优势，纷纷推出集银行业务、理财咨询、增值服务等于一体的“贵宾银行”服务，向高端个人客户群体提供个人理财业务。

（二）国外个人理财业务的特点

1. 个人理财业务品种多样化，信托、投资业务占有重要地位

国外各类金融机构提供的个人理财业务品种丰富多样，见表1-3。

表1-3　　国外个人理财业务主要品种

种类	服务内容	种类	服务内容
银行服务	现金账户、支票支付、汇款等	共同基金	研究、交易、交割、基金评价
证券经纪	调研、咨询、交易、交割等	投资管理	研究、咨询、交易、管理等
借贷业务	抵押贷款、信用卡、其他贷款等	个人税务	税务策划、纳税咨询等
个人信托	不动产管理、信托、捐赠等	其他	生活、家庭、旅行、健康、退休等

2. 提供个人性理财方案

为客户提供量身定做的个性化理财方案。协助客户实现财务目标是国外金融机构开展个人理财业务的通用模式。金融机构充分挖掘并满足客户在人生中每个阶段的不同理财需求，把建立并维持“一生”的合作关系作为个人理财经营的重要原则。例如，瑞士联合银行（UBS），客户在少年阶段开立储蓄账户即会获得优惠存款利率、免收账户管理费、提供年度财务报告等服务，客户还可以免费观看儿童电影，参加各种聚会、有奖竞赛、绘画大赛等。对富有投资兴趣的少年客户，UBS还为其提供了投资基金账户。而在客户成年阶段，则向其提供银行服务（储蓄账户、定期存款账户、信用卡）、投资（股票、债券、基金等）服务、寿险、按揭、退休规划、子女教育、各种商务信息、综合理财规划等。

3. 利用信息化技术形成综合化、立体化销售和服务网络

第一，金融机构与目标客户实现沟通、达成交易的途径和手段呈多样化、综合化、立体化的特点。除了传统的营业网点、ATM等自助设备以外，客户还可以借助互联网、电子邮件、电话、无线接入设备等多种途径办理账户查询、转账、投资等理财业务。第二，基于信息技术的客户关系管理系统的普遍应用，金融机构借助数据仓库、数据挖掘

技术对客户信息进行全面管理和深度分析，使得为客户提供个性化的定制理财服务成为可能。

4. 从业人员专业化

理财策划师已经成为国外热门职业，2001 年“全美职业评价”排名第一的职业就是理财策划师。除此之外，还有注册金融策划师（CFP）、特许金融分析师（CFA）、特许财富管理师（CWM）等认证。这些资格认证和专业机构的出现标志着个人理财市场走向专业化发展道路。

二、国内个人理财业务的发展现状及趋势

我国商业银行个人理财业务的发展历程非常短暂，但增长速度却非常快。目前基本业务有：外汇理财产品和人民币理财产品。2006 年后，结构性理财产品开始主导国内银行理财产品市场。近几年，各种理财产品被大量开发，尤其是以 P2P 为代表的互联网理财产品发展尤为迅猛。

（一）国内个人理财市场的现状

（1）个人理财产品规模急剧膨胀。截至 2013 年年末，148 家商业银行共发行理财产品 37 943 款，2014 年超过 40 000 款。截至 2015 年年底，我国金融机构和第三方理财总规模为 81.18 万亿元。银行、信托、券商和保险是最大的理财机构。其中：银行 23.5 万亿元，占 28.95%；信托 16.3 万亿元，占 20.08%；券商 11.89 万亿元，占 14.65%；保险 11.86 万亿元，占 14.61%；基金公司 16.65 万亿元，占 20.51%，其中包括基金专户 4.03 万亿元，基金子公司 8.57 万亿元和私募基金 4.05 万亿元；互联网 P2P 理财规模为 9 800 亿元，占 1.21%。

2015 年，除了 P2P 理财规模疯狂增长近 400%，基金下属的资管子公司理财规模扩张最快，同比增幅高达 130%，其次是私募基金，同比增幅也超过 100%。与此同时，二级市场的牛市也连带催生了银行理财和券商资管的高速增长，其年度增幅都超过 50%。只有信托行业的资管规模受到政策调整因素的影响，大幅放缓，年度增幅只有 16%。

（2）“余额宝”“壹钱包”“陆金所”“活钱宝”等网络个人理财机构异军突起，发展迅猛。但大型银行和股份制银行仍占据个人理财市场主导地位。

（3）新发产品和续存产品主要以非保本浮动收益类为主，续存产品的投资领域以债券、信托、融资类和货币市场的金融工具为主。

（4）目前国内理财中介机构繁多，资质不一，问题较多。打着理财中介机构非法集资的情况时有发生。尤其是境外理财的中介机构发生亏损比例较高。

（二）国内个人理财市场发展的新趋势

2013 年，“宝宝类”产品问世并迅速普及，金融界普遍将此视为互联网理财真正兴起的一年。此后，互联网理财市场蓬勃发展，P2P 等更高收益的互联网理财产品进入投资者的视线。而随着近年来互联网理财产品的不断丰富，用户的选择难度加大，面对海量产品和众多平台不知如何下手。

国内个人理财市场的发展趋势应该更多地体现在智能化上。在将来，能够提供个性化的理财服务的平台才会在互联网理财产品的混战中脱颖而出。而提供个性化理财服务的前提，是对产品和理财者的需求有深刻的理解，并能将二者进行相对准确的匹配，这要求平台首先要在金融领域有非常强的专业性，并需要引入智能化的算法。智能化是个性化理财

的技术基础，也是互联网理财的必然趋势。金融机构要想在个人理财市场中脱颖而出，一定要在专业金融的背景下，搭建智能化的平台，具备为用户提供智能化、社交化、移动化和一站式服务的能力。

投资理财技能大赛模拟拓展训练

问题：根据“情景写实”所给资料，判断李先生家庭所处生命周期。

解：

1. 客户信息管理

(1) 新增客户。

客户名称	李江	性别	男
年龄（岁）	34	婚姻状况	已婚
职业	上班族	地址	江西省九江市房山牯岭镇慧远路××号
学历水平	本科	联系方式	189××××××××

(2) 家庭成员。

关系	成员名称	年龄（岁）	职业	学历水平
配偶	余雨	32	公务员	研究生
长女	李悦	7	其他	其他

2. 财务分析——生命周期分析

生命周期划分标准：

(1) 单身期（参加工作到结婚）：收入低，支出大，可投资金额少，年轻，抗风险能力强。

(2) 家庭形成期（结婚到新生儿诞生）：收入以双薪为主，收入与支出增加，家庭财力较弱，抗风险能力较强。

(3) 家庭成长期（子女出生到子女完成大学教育）：生活趋于稳定，收入与支出都在增加，抗风险能力中等。

(4) 家庭成熟期（子女参加工作到个人退休前）：家庭稳定，收入达到顶峰，支出减少，资产积累达到顶峰，但年龄增大，抗风险能力较低。

(5) 家庭衰老期（退休后）：空巢期，收入下降，支出结构发生变化，医疗费用提高，其他费用下降，抗风险能力低。

结论：李先生的家庭处于“家庭成长期”，家庭可支配收入高、支出高、风险承受能力中等。

概念索引

个人理财　投资　生命周期消费理论　持久收入消费理论　货币时间价值理论　方差　标准差　变异系数

闯关考验

一、选择题

1. 对于理财的叙述，下列哪些是不正确的（　　）。
A. 理财就是投资，就是为了赚钱，是一种价值观的选择
B. 理财一定是理一生之财，是一种生活方式的选择
C. 理财是现金流量管理
D. 理财存在人身、财产、市场等各种风险
E. 理财的目的是为了钱生钱，赚取大量的钱

2. 个人理财四部曲是（　　）。
A. 管钱　　B. 赚钱
C. 攒钱　　D. 生钱
E. 护钱

3. 下列哪些不属于生活理财（　　）。
A. 省吃俭用，积谷防饥
B. 给宝宝买金手镯
C. 去超市集中采购
D. 将买菜的塑料袋作为家庭的垃圾袋
E. 购买住房

4. 下面哪些是生命周期理论的主要观点（　　）。
A. 消费在消费者一生中保持不变
B. 消费是由终身收入加上初始财富来融资的
C. 每年消费的财富是个人预期寿命的平均
D. 当前消费取决于当前财富和终身收入
E. 用生命周期理论可以解释我国居民储蓄比例居高不下的原因

5. 下面（　　）是持久收入消费理论的观点。
A. 长期内消费支出取决于持久性收入
B. 消费函数的稳定性取决于持久收入是否稳定
C. 暂时收入对消费支出的影响是通过对持久收入的影响而发生的
D. 每年财富的“1/个人预期寿命”部分将被消费掉

6. 中国居民储蓄居高不下，可以用（　　）来解释。
A. 生命周期消费理论　　B. 持久收入消费理论
C. 货币时间价值理论　　D. 资产配置理论

7. 国外机构开办个人信托理财业务的主要品种包括（　　）。
A. 不动产管理　　B. 不动产信托
C. 不动产贷款　　D. 不动产捐赠

8. 个人生命周期中探索期的理财活动主要是（　　）。
A. 偿还房贷，筹教育金　　B. 量入为出，存自备款
C. 提升专业，提高收入　　D. 收入增加，筹退休金

二、计算题

1. 本金 40 000 元，年利率为 10%，期限为 3 年，每年复利一次，则到期复利利息为多少？

2. 小陈希望 5 年后得到 20 万元来支付购房首付款，若年利率是 6%，以复利计算，小陈现在应该存入银行多少资金？

3. 某客户拟在 5 年后支付 10 万元债务，从现在起每年年末等额存入银行一笔款项，存款利率为 10%，则他每年需存入多少钱？

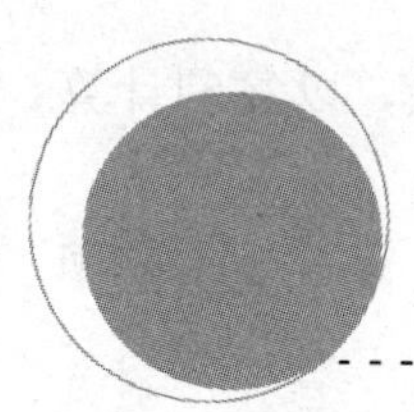

项目二

客户财务状况分析

知识结构图

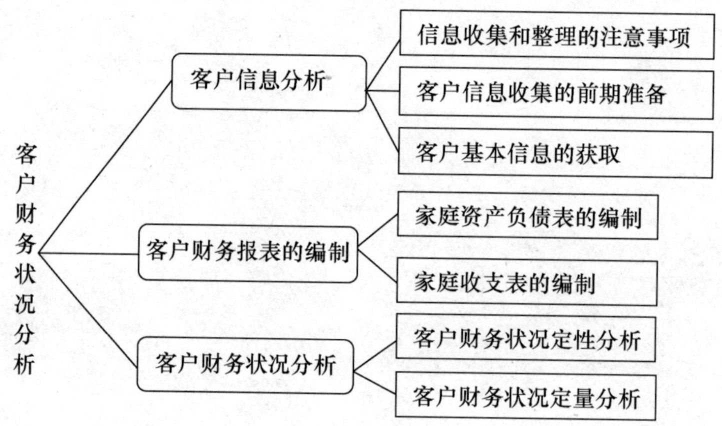

情景写实

【接项目一】李江先生月薪 5 600 元（税后），年终奖金 40 000 元（税后）；妻子余雨是公务员，月薪 4 500 元（税后），年终奖 20 000 元（税后）。

李先生有一套自有产权住房，每年的租金收入 9 600 元（税后），市值 180 000 元；一家人目前居住的住房购买于 2005 年 1 月，目前的市场价值为 400 000 元。李先生当年首付 160 000 元，贷款 240 000 元，从购买当月即开始还款。还款方式为等额本息，利率为 6%，还款期限 15 年，已还款 9 年。李先生家庭财务支出比较稳定，除了基本的伙食、交通、通信费用外，还有不定期的服装购置和旅游支出。女儿一年的教育费用（含特长班支出）在 10 000 元左右，妻子办的美容卡每年需要 8 000 元，一家人平均每月的日常生活开支为 2 800 元，家庭应酬支出平均每月 500 元，每年旅游支出 10 000 元，每年购置衣物支出 3 000 元，每年的交通费用 3 600 元，医疗费用 3 600 元。

李先生一家因工作繁忙加上对理财并不在行，所以夫妻两人没有炒过股票，只是三年前经人介绍以 20 000 元买入一只债券型基金，目前市值为 21 500 元。家里有即将到期的定期存款 150 000 元，活期存款 20 000 元。还有一共价值为 580 000 元的房产两套。

李先生夫妻除房贷外目前无其他贷款。除了单位缴纳的“五险一金”外，夫妻二人没

有投保其他商业保险，女儿的人身意外保险是学校统一缴纳的。（不计存款利息收入，月收支均为年收支的 1/12）

任务：1. 试编制李先生的家庭收支表及家庭资产负债表。

2. 对相关财务比率进行分析。

学习目标

1. 正确编制客户家庭资产负债表和家庭收支表。

2. 在正确编制以上财务报表的基础上计算相关财务比率，并能对比率数值进行分析判断。

任务一　客户信息分析

理财规划师只有在获取了客户的各方面信息之后，才能够提出符合客户需求和客观情况的规划报告。客户信息的数量和类型都非常庞杂，如何有效地获取规划师所需要的信息，并在此基础上将其整理加工为规划服务，是个人理财的基础。事实上，由于客户自身的原因，如保密需求、对规划流程的不了解等，都有可能造成规划师无法获得全面、有效的信息。因此，在进行规划之前，规划师一定要具备较强的沟通技巧和丰富的实践经验，才能够获得客户的认可，并获取规划所需要的基本信息。

一、信息收集和整理的注意事项

在收集信息进行分析处理时，要注意以下几点：

（1）原始信息的全面性、准确性和真实性。收集原始信息力求全面，要特别防止遗漏重要信息。同时，原始信息一定要真实、准确，收集的过程要去伪存真。如果原始信息都不可靠，那以后的各环节信息也会出错，将会对规划工作带来极大危害。

（2）信息整理的准确性、及时性和适用性。为了使自己在最短时间内获得信息效益最大化，理财规划师必须在信息加工上下大工夫，这也是体现规划水准与素质的一个关键。

二、客户信息收集的前期准备

理财规划师应该按照会谈内容准备相关资料，电话通知其客户携带与理财规划有关的财务资料，并明确会谈时间、地点以及会谈所需时间。

（一）公司及产品的宣传资料

理财规划不能被简单理解为一种产品，或一种单一的服务方式，它应该是提供理财服务的机构在营销方式、服务模式等方面进行的一种改革和创新，是“以客户为中心”的经营理念的综合反映。各家公司都应充分利用传统媒体和新兴媒体进行公司和产品宣传，这些宣传一方面会扩大公司及其产品的知名度，另一方面也会成为说服客户的重要资料。

（二）公司及个人从事理财的业务许可文件

公司及个人从事理财的业务许可文件包括：公司营业执照副本复印件、从事理财业务的许可文件、公司产品获批文件、理财规划师个人职业资格文件及身份证明文件等。

（三）理财方案样本及成功范例

熟悉公司标准化的理财方案样本，收集规划师个人从事理财工作中的成功案例及经验教训等，时刻准备好，作为说服准客户的重要依据。

（四）客户的财务相关资料

准备好个人/家庭记账表、资产负债表、财务状况分析表、财务比率分析表及与投资有关的复印件。

（五）做好面谈的准备

理财规划师与客户的第一次交流和面谈是至关重要的一步。与客户的直接面谈可以使理财规划师全面地了解客户，获得客户关于财务状况、财务目标、风险偏好等相关方面的信息。同时，客户也会对理财规划师形成一个初步的综合判断，这种判断将会对客户的需求产生直接和关键的影响，进而影响规划师与客户委托代理关系的建立。

1. 拟定详细的谈话提纲

理财规划师应该明确个人信息搜集的重点和难点，尽量将谈话要了解的信息以大纲形式罗列出来，并根据客户的不同回答制定进一步交谈的内容。

2. 准备详尽的背景资料

背景资料包括宏观经济指标、财务规划案例、财务预测等相关内容，使客户对于个人财务规划有一个直观的理解。

3. 做好前期的事务安排

前期的事务安排包括面谈的时间、地点等细节内容。最好事前能够与客户预约，选定一个安静、舒适的交谈环境，提前到达，显示对客户的重视和诚意。如有可能，理财规划师还可以要求客户提前准备好相应的材料和文件，如投资凭证、保险单、税收回执等。

4. 明确要向客户传递的信息

面谈的过程是客户与理财规划师相互交流信息的过程。理财规划师不仅要获取尽可能多的信息，也应该将客户要了解的信息告诉对方，从而在双方之间创造一个坦诚、友好的交谈气氛。

三、客户基本信息的获取

面谈的主要目的，一是让客户了解什么是现金规划及怎样进行现金规划；二是为客户制定年度/月收入支出表而收集客户相关财务资料。

（一）客户信息类型的划分

客户信息有多种，如公开信息、潜在信息、财务信息、健康信息和投资信息等。根据客户信息的性质，客户信息分为以下3种类型。

1. 事实性信息

事实性信息指一些关于客户的事实性描述，包括客户的工资收入、年龄等。

2. 判断性信息

判断性信息指一些无法用数字来表示的信息，常常带有主观性，如客户对风险的态度、客户未来的工作前景等。一般来说，此类信息较难收集，但却对整个财务分析有着很重要的影响。

3. 推论性信息

推论性信息指需要财务规划师经过分析和推断所得出的信息。

不同客户对购买股票偏好的回答和有关的信息种类，如表2-1所示。

表 2-1　　不同客户对购买股票偏好的回答和有关的信息种类

客户的回答	信息的种类
我今年的年收入约 15 万元，预计今后每年将递增 5%。	事实性信息
我不希望在我的投资计划中采用股票投资；我从未买过股票，由于我哥哥去年在股票投资中遭受了巨大损失，我对在投资计划中采用股票表示怀疑。	判断性信息
我对股票的所知有限，不希望承担太大风险，所以我希望能够了解一些这方面的知识后再做决定。	推论性信息

资料来源：尚永庆等. 个人理财. 长沙：湖南师范大学出版社，2014.

（二）客户信息的获取手段

1. 语言的沟通

理财规划师需要创造一个轻松的谈话氛围，慢慢引入话题，并给予客户较多的发表意见的机会。理财规划师向客户提问的方式有 3 种：开放式提问、封闭式提问和重申式提问。

（1）开放式提问，没有标准答案，客户根据实际情况回答。如“您目前对自身的财务状况有何看法?”

（2）封闭式提问，答案只有“是”或者“否”。如“您愿意把钱投资股票吗?”

（3）重申式提问，确认客户对前一问题的回答无误并对自己的答案负责。如“您提出在投资计划中不希望采取股票投资的方式，是吗?”

2. 非语言的沟通

理财规划师可以通过形体语言，如面部表情、手势、眼神等来传递信息。据统计，在面谈时音调和语气传递的信息占 38%，身体语言占 55%，沟通内容只占 7%。除了形体语言外，理财规划师还可以通过一些标准化的信息数据表来收集信息，如数据调查表。

（三）客户信息收集

1. 客户基本信息

客户基本信息包括客户的姓名、年龄、性别、婚姻状况、家庭成员、职业与工作、教育程度、性格特征、居住城市、宗教信仰、种族、社会阶段和家庭生活周期等。根据这些信息，理财规划师可以对客户做出基本判断。

2. 客户收支信息

客户的收入主要由经常性收入和非经常性收入组成。其中经常性收入是指固定时间上取得稳定的金额，包括工资薪金收入、养老金及年金收入等。非经常性收入主要包括自雇收入、投资收入等，取得时间和取得金额均带有不稳定性。其中，自雇收入主要来自客户的稿酬、劳务费等方面；投资收入主要来源于客户的实业投资、金融投资、不动产投资和艺术品投资等。

客户的支出包括经常性支出和非经常性支出。前者指生活中按期要支付的费用，如家庭月生活开支费用、家庭通信费等；后者指客户日常生活中不定期、不定额出现的费用支出，如旅游费等。

3. 资产负债情况

客户资产和负债情况是理财规划师衡量客户财务状况是否安全的重要指标。资产包括金融资产、实物资产、其他个人资产。负债则是指客户因过去的经济活动形成的、需要在日后偿还的债务，分为短期负债、中期负债和长期负债。适度的负债，有助于发挥财务杠杆的效用，让资产加速成长。

经典实例

约翰·坦伯顿的人生第一桶金

在金融投资领域，作为全球投资的先锋，他所建立的共同基金给投资者带来的年均回报率高达13.5%。1999年，他被《*Money*》杂志选为“世纪最佳选股人”。2006年，他又被美国《纽约时报》评为“20世纪全球十大顶尖基金经理人”。他就是坦伯顿基金集团的创始人——约翰·坦伯顿爵士，被誉为全球最具智慧、最受人尊崇的投资者之一。《福布斯》杂志把他称为“全球投资之父”及“历史上最成功的基金经理之一”。

1937年，在美国经济最低迷的时候，坦伯顿与人合作成立了自己的公司，1939年，他意识到世界大战可能会随着德国人入侵波兰而爆发，战争将使美国经济迅速走出大萧条。

当人们还在为经济萧条和战争恐慌时，约翰·坦伯顿用借来的1万美元购买了104家公司的各100股股票，当时这些公司的股票价格都在1美元以下，尽管其中34家公司后来破产，但到1943年时，他的这个投资组合的价值已经上涨至4万美元，年化回报率近50%。这次成功的投资使他获得了人生的第一桶金。

4. 社会保障信息

社会保障信息主要指政府举办的社会保障计划和企业举办的补充养老保险计划。前者包括养老保险、失业保险、医疗保险、工伤保险、生育保险和社会救济、社会福利等；后者主要指企业年金。如果客户已经退休，就考虑养老保障支出和养老保险收入。

5. 风险管理信息

风险管理信息主要是指客户保险保障的情况，主要指商业保险情况，通过这些信息，可以查看客户的财产是否已经有充分的保险覆盖或风险得到控制。

6. 遗产管理信息

理财规划师在对客户进行财务信息收集时不能遗漏对遗产信息的收集，如客户是否拟定了遗嘱、遗嘱的形式和内容是否合法、客户是否拟使用遗嘱信托的方式管理资产、客户目前对遗嘱的分配安排有无疑问或要求等。另外还要考虑国家未来开征遗产税给遗产带来的损失。

任务二　客户财务报表的编制

审视财务状况就是整理客户的所有资产与负债、统计家庭的所有收入与支出，编制家庭资产负债表和家庭收支表，从总体上把握家庭的财务状况。

一、家庭资产负债表的编制

家庭资产负债表是总括反映家庭在特定时期财务状况的会计报表，它在优化家庭消费结构、帮助家庭资产快速增值、建立个人信用评价体系等方面发挥着重大作用。

（一）资产负债表的构成

资产负债表根据会计等式“资产－负债＝净资产”编制而成的。编制资产负债表时要注意以下几点：

（1）资产负债表反映一个时点的资产负债的存量价值。

（2）对自用资产，记录其在二手市场的变现价值。尤其是房产，实际操作中往往采用比较法来进行评估，根据同类房屋的市场成交价进行价值评估。

（3）对市价变动频繁且有客观价格的资产，如有价证券，按市价计算价值。

（4）无法回收的债权应提呆账，甚至冲销。

（二）资产负债表的格式和内容

家庭资产负债表由于客户情况不同，关注重点也不同，所以对其格式没有特殊的统一规定，但都是遵循项目分类来编制的。家庭资产负债表格式，如表 2－2 所示。

表 2－2　　**家庭资产负债表**

时间：2×16.01.01—2×16.12.31　　货币：人民币

单位：元

资产			金额	资产	金额	资产	金额
金融资产	现金及现金等价物	现金		活期存款		定期存款	
		其他存款		货币市场基金			
	其他金融资产	债券		股票		基金	
		权证		期货		外汇实盘投资	
		保险理财		证券理财		人民币理财	
		信托理财		其他			
实物资产		自住房		投资房		机动车	
		家具家电		珠宝收藏品		其他个人资产	
资产合计							
负债			金额	负债	金额	负债	金额
信用卡透支				创业贷款		汽车贷款	
住房贷款				消费贷款		其他负债	
负债总计							
家庭净资产							

注：（1）金融资产，又称生息资产，指能够带来收益的或是在我们退休后将要消费的资产，它在个人理财规划中最重要，是实现家庭财务目标的来源。

（2）家庭净资产，即总资产减去总负债。

二、家庭收支表的编制

家庭收支表是反映家庭主要收支情况的表格，它能让我们一目了然地看到家庭收支和结余的总体情况能力，找出客户现金流入和流出的原因，分析客户的偿债能力。对于一个家庭来说，我们不采用权责发生制的会计准则，所以实际上家庭收支表也是该家庭的现金流量表。

（一）家庭收支表的构成

1．家庭收入

家庭收入是家庭成员通过多种途径与形式，取得的各项货币、实物和劳务的收入总和。对于普通家庭来说，一般包括：

(1) 工作所得，指全家所有成员的工资、奖金、补助、福利、红利等。

(2) 经营所得，指自有产业的净收益，如生意、佣金、店铺等。

(3) 各种利息，如存款、放贷、其他利息收入。

(4) 投资收益，如租金、分红、资本收益、其他投资等。

(5) 偶然所得，如中奖、礼金等。

2. 家庭支出

家庭支出是指全家所有的现金支付。家庭如果没有详细的记账记录，可能大部分家庭都不一定能完全了解自己的支出状况。普通家庭的支出一般可以分为以下几种：

(1) 日常开支，即每天生活中重复的必需开支，如饮食、服饰、房租水电、交通、通信、赡养、纳税、维修等。这些支出项目是家庭生活所必需的，是不能随便增减的。

(2) 投资支出，即为了资产增值目的所投入的各种资金支出，如储蓄、保险、债券、股票、基金、外汇、房地产等各种投资项目的投入。

(3) 奢侈消费，如学费、培训费、休闲、保健、旅游等。这些是休闲享受型支出，并不是家庭生活所必需的，一般可以自行增减。

所有的开支又可以分为两类：可随意增减的开支和不能随意增减的开支。前者主要指一些高档消费，如相机、计算机、高档家具、保健、旅游等，它们受收入影响的程度比较大；后者包括如日常生活开支、债务偿还等，它们受家庭收入影响较小。在家庭理财规划中，房地产贷款中的等额还本付息，其中利息部分视为日常开支，一般称为理财支出；而贷款本金偿还部分则视为一项开支，或作为资产负债表中负债的减少，这对于计算负债实际结余时十分重要。通过编制家庭收入支出表，个人/家庭可以调整自己的开支项，减少不必要的消费和支出。

（二）家庭收支表的数据来源

(1) 工资收入额及扣缴所得税、社保缴费单等工资转账凭证单列明工资收入及扣缴的所得税与国家基本养老金和企业年金，可计算出每月工资总额和可支配月收入。

(2) 其他工作收入。自营事业所得；临时劳务报酬、稿费与演讲费根据领款的收据填写（若无凭证，领款当日应于便条纸上注明收入来源及金额）。

(3) 理财收入额或投资收入额的数据来源，如房租收入、银行存款利息（月息或季息）。

(4) 已实现资本利得或损失额的数据来源，如买卖股票，按月计算实现的资本利得或损失额。

(5) 现金领取额。它由存折或 ATM 机领取，保留提款机凭单或参阅存折上的领款记录。

(6) 现金消费支出额。保留所有现金支出发票或收据作为现金消费的记录，对于少数无发票的消费可以用笔记本记录或按月估算，如汽车保养费、礼金和每月交通费等。

(7) 刷卡消费签账额。保留所有的签账凭单，确定本月份刷卡签账金额及用途。

(8) 信用卡缴款额。保留月结账单及缴款收据，如果较大金额的消费都用刷卡，便可由信用卡月结账单清楚地知道在何时何处消费及消费的产品，等于电子记账本。还款时将还款凭证也保留下来。

(9) 利息支出额。还款通知书上都会注明本期应缴的总额及其中的本金与利息额。

(10) 保费支出额。保留好每一年保险公司寄来的缴费凭证，如果不知道保费中有多少是费用，多少是储蓄，可先把它全部当费用，在保单满一年时，再根据保单上所载的现金价值增幅来调整。

（三）家庭收支表的格式内容

家庭资产负债表主要反映了家庭在某个时间点上的财务状况，它是一张静态的、反映时间点上财务状况的报表。而家庭收支表则是反映一段时间内家庭收入、支出及余额的财务状况的报表。在编制家庭收支表时要注意以下几个方面：

（1）已实现的资本利得或损失是表中的收入或支出科目，未实现的资本利得为期末资产与净资产增加的调整科目，不会显示在收支表或现金流量表中。

（2）房屋的首付款与贷款本金的偿还属于投资性支出，贷款利息的偿还属于消费性支出。

（3）保险费支出的处理。财险和以保障为主的人身险的保费支出，列为消费性支出科目；终身寿险、养老险、教育年金及退休年金，其保费支出分为两部分：实际缴纳的保费与当年保单现值增加额的差异部分作为消费性支出，现值增加额部分作为资产累积。

家庭收入支出表，如表 2-3 所示。

表 2-3　家庭收入支出表

时间：2×16 年 1 月 1 日—2×16 年 12 月 31 日　　货币：人民币

单位：元

项目	种类	金额	种类	金额
收入	工资薪金		自雇收入	
	奖金和佣金		养老金和年金	
	其他收入			
收入总计				
支出	日常生活支出		房屋支出	
	汽车支出		商业保险费用	
	医疗费用		其他支出	
支出总计				
结余				

注：(1) 日常生活支出包括水电气等费用，通信费、交通费、购买日常生活用品费用、外出就餐费用等。

(2) 房屋支出包括租金/贷款支付，修理、维护和装饰支出，物业费、取暖费等。

(3) 汽车支出包括贷款支付，汽油及维护费用，保费、车船税等，过路费与停车费等。

经典实例

编写家庭收支表

方先生家庭一年的各项收入与支出如下：个人工资收入 120 000 元，奖金 40 000 元，获得存款利息 1 020 元，业余时间获稿费 12 000 元。日常吃饭消费 40 000 元，手机费、网费、电话费、汽油费等共 30 000 元，水电煤气费 8 000 元，汽车还贷 15 000 元，保险费 15 000 元，偶尔旅游 25 000 元，买衣物 30 000 元。请试着编制客户家庭的收支表。

任务三 客户财务状况分析

家庭财务状况分析是家庭财务管理的核心，是理财规划方案制定的基础。通过家庭资产负债表和收支表，从静态和动态角度分析客户的财务状况，以指标数值为基础，对客户的偿债能力、收支状况、储蓄结构和投资结构等方面进行分析，从而找出优化客户财务状况的措施，对客户提出客观、合理和科学的理财方案，帮助客户实现理财目标。

一、客户财务状况定性分析

（一）资产负债表分析

资产负债表反映的是客户总的资产与负债情况，通过对资产负债表的分析，全面了解客户的资产负债情况。

1. 资产分析

（1）对现金类资产的分析。现金类资产包括现金、各种类型的银行存款、货币市场基金等，这与企业会计的资产划分不同。

（2）对其他金融资产的分析。这类资产投资性高，收益较高，风险也较大。

2. 负债分析

负债分为短期负债、中期负债和长期负债三类，特别需要关注的是短期负债的数量。

对客户负债的测算应本着谨慎性的原则进行，对于尚未确定数额的债务，理财规划师要帮助客户进行评估测算，并尽量选取较大的数值填入资产负债表中。坚持负债测算的谨慎性原则有助于全面真实了解客户的负债情况。

3. 净资产分析

净资产是总资产减去总负债的余额，是客户真正拥有的财富价值。理财规划师应从以下三个方面进行分析：

（1）净资产规模。净资产越大，说明客户家庭拥有的财富越多，如果客户净资产为负数，说明这个家庭财务环境恶化，面临破产。

（2）扩大净资产规模的方法，如开源节流，提高资产流动性，偿还债务。

（3）净资产的结构比率分析。净资产规模大并不意味着资产结构完全合理，需要进一步分析金融投资类资产、现金类资产所占比重。

（二）客户收支表分析

客户资产负债情况的变化首先表现在收入、支出的变化上，因此从某种意义上说客户收支表要比资产负债表更加重要。理财规划师应主要关注以下三个方面：

（1）分析各种收支项目所占比重，认识各项目对财务状况的影响程度，分析其一段时间内收入、支出整体情况。

（2）异常的大额的收支项目要特别关注并分析其原因。

（3）对客户家庭未来收入支出做出谨慎性预测。

二、客户财务状况定量分析

根据家庭资产负债表和收支表的数据，理财规划师可以计算出相关财务比率进行定量分析。

(一) 财富累积能力指标

1. 结余比率

结余比率是家庭一定时期内(一般为1年)结余和税后收入的比值，它主要反映客户提高其净资产水平的能力。结余一般被用于投资或储蓄，均可增加客户的净资产规模，税后收入才是客户真正可支配的收入。公式如下：

结余比率＝结余÷税后收入×100％

该指标数值越大，说明客户财务状况越好，可用于投资、获得现金流的机遇越大。参考数值为30％～50％。同理，可以计算月结余比率，公式如下：

月结余比率＝(月税后收入－月支出)÷月税后收入×100％

【例2-1】 某客户上年共取得税后收入135 000元，年终结余45 000元，则其结余比率为45 000÷135 000×100％≈33.33％。说明该客户税后收入中的33.33％被结余出来，可以用于储蓄或投资。

2. 投资与净资产比率

投资与净资产比率反映客户通过投资提高净资产规模的能力。公式如下：

投资与净资产比率＝投资资产÷净资产×100％

其中，“投资资产”包括资产负债表中“其他金融资产”的全部项目和“实物资产”中的房地产方面的投资及客户以投资为目的储存的黄金和其他收藏品。

一般家庭，该比率参考数值为50％～70％，这样既可保持合适的增长率，又不至于面临过多的风险。如果是刚参加工作的年轻人，由于收入不太高，一般在20％左右是正常的。

【例2-2】 某客户的投资资产数额为500 000元，其净资产为1 000 000元，则其投资与净资产比率为500 000÷1 000 000×100％＝50％，表明该客户的净资产中有一半是由投资资产组成，且投资比率适宜。

(二) 风险抵御能力指标

风险抵御能力即客户短期支付能力，一般用流动性比率来表示，它是流动性资产与每月支出的比值。公式如下：

流动性比率＝流动资产÷每月支出

其中，“流动资产”通常为资产负债表中的“现金及现金等价物”项目。参考数值为3～6之间。对于工作稳定、收入有保障的个人来说，资产的流动性并非首选，可以保持较低比值，保持在3倍左右，可将更多的流动性资产用于扩大投资获取更高收益；对于工作不稳定、收入无保障的客户，流动性比率应保持较高水平，应保持在6倍左右。

(三) 综合偿债能力指标

1. 清偿比率

清偿比率是客户净资产与总资产的比率，这一比率反映了客户综合偿债能力的高低。公式如下：

清偿比率＝净资产÷总资产×100％

一般来说，客户清偿比率应高于50％，保持在60％～70％较合适。比率过高说明客户没有合理地利用财务杠杆提高资产规模；过低则可能面临偿债风险。

【例 2-3】 某客户的净资产为 650 000 元，总资产为 1 000 000 元，其清偿比率为 650 000÷1 000 000×100%=65%，表明该客户有足够的能力通过变现资产清偿债务。

2. 资产负债率

资产负债率是客户总负债与总资产的比值，用来衡量客户综合偿债能力。公式如下：

资产负债率=总负债÷总资产×100%

资产负债率参考值应在 50%以上，但不应太低，否则不利于发挥财务杠杆作用。

上例中，资产负债率=(1 000 000−650 000)÷1 000 000×100%=35%。

3. 负债收入比率

负债收入比率也叫债务偿还收入比率，是到期需要支付的债务本息与同期收入的比值，反映客户在一定时期财务状况良好程度的指标。公式如下：

负债收入比率=当期债务偿付本息和÷当期税后收入×100%

一般认为，负债收入比率在 30%～40%较合适，比率过高容易发生财务危机，过低说明客户没有充分利用财务杠杆。

4. 即付比率

即付比率是流动资产与负债总额的比值，它反映个人利用可随时变现资产偿还债务的能力。公式如下：

即付比率=流动资产÷负债总额×100%

其中，流动资产是指资产负债表中“现金及现金等价物”项目，这一指标应保持在 60%～70%。

经典实例

客户家庭财务分析

张先生为某外企高层管理人员，税后年工资收入约 30 万元，今年 40 岁；妻子为国企职员，税后月工资收入约 6 000 元，年终奖 5 万元，今年 36 岁；儿子张笑 8 岁。2001 年夫妻购买了一套总价为 90 万元的住宅，该房产还剩下 10 万元左右的贷款未还，因当初买房采用等额本息还款法，张先生没有提前还贷的打算。夫妻在股市的投资约 70 万元（现值）。银行定期存款 25 万元左右。另外，张先生有一处 50 平方米的出租住房，每月租金收入 1 880 元，房产的市场价值为 60 万元。每月补贴双方父母 2 000 元（双方父母均有养老和医疗保障），每月房屋月供 2 000 元，家庭日常开销每月在 4 000 元左右，孩子教育费用平均 1 000 元左右。每年外出旅游的花费在 12 000 元左右。夫妻对保险不了解，分别买了一份人身意外伤害综合险（吉祥卡），给孩子买了一份两全分红型保险，保险理财产品目前现金价值 8 280 元。张太太有在未来 5 年购买第三套住房的家庭计划（总价预计 80 万元）。此外，夫妻有购车想法，目前看好的车总价约在 30 万元左右。他们想在 10 年后（2025 年）送孩子出国念书，综合考虑各种因素，预计各种支出每年需要 10 万元，共 6 年（本科加硕士）。

请为张先生编制家庭资产负债表和收支表，并进行财务分析。

解：(1) 张先生家庭资产负债表，如表 2-4 所示。

表 2-4 **家庭资产负债表**

时间：2015-12-31 客户：张先生

资产			金额（元）	资产	金额（元）	资产	金额（元）
金融资产	现金及现金等价物	现金		活期存款		定期存款	250 000
		其他存款		货币市场基金			
	其他金融资产	债券		股票	700 000	基金	
		权证		期货		外汇实盘投资	
		保险理财	8 280	证券理财		人民币理财	
		信托理财		其他			
实物资产		自住房	900 000	投资房	600 000	机动车	
		家具家电		珠宝收藏品		其他个人资产	
资产合计							2 458 280
负债			金额	负债	金额	负债	金额
信用卡透支				创业贷款		汽车贷款	
住房贷款			100 000	消费贷款		其他负债	
负债总计							100 000
净资产	2 358 280						

(2) 家庭现金流量表。

张先生家的家庭现金流量表，如表 2-5 所示。

表 2-5 **家庭现金流量表**

日期：2015-01-01 至 2015-12-31 客户：张先生

项目	种类	金额（元）	种类	金额（元）
收入	工资薪金	372 000	自雇收入	
	奖金和佣金	50 000	养老金和年金	
	其他收入	22 560		
收入总计				444 560
支出	日常生活支出	48 000	房屋支出	24 000
	汽车支出		商业保险费用	
	医疗费用		其他支出	48 000
支出总计				120 000
结余	324 560			

(3) 张先生家庭财务比率分析。

1) 清偿比率：

清偿比率＝净资产÷总资产×100%＝2 358 280÷2 458 280×100%＝96%

说明张先生家庭具有非常强的还债能力。

2) 即付比率：

即付比率＝流动资产÷负债总额×100%＝250 000÷100 000×100%＝2.5

这一数值远高于标准值 0.7，说明该客户利用可随时变现资产偿还债务的能力很强。

3）负债收入比率：

负债收入比率＝负债÷税后收入×100％＝24 000÷444 560×100％＝0.054

这一数值远低于临界点0.4，说明该客户家庭财务安全，还贷压力较小。

4）流动性比率：

流动性比率＝流动性资产÷每月支出＝250 000÷10 000＝25

该客户流动性比率远超标准值3倍，说明其流动性资产配置较多，资产收益较差。

每月支出＝(48 000＋24 000＋48 000)÷12＝120 000÷12＝10 000(元)

5）结余比率：

结余比率＝结余÷税后收入×100％＝324 560÷444 560×100％＝73％

说明该客户在满足当年支出以外，还可将73％的收入用于增加储蓄或者投资，家庭净资产未来增长潜力较大。

6）投资与净资产比率：

投资与净资产比率＝投资资产÷净资产×100％＝1 308 280÷2 358 280×100％＝55％

参考值在50％以上，现在55％，比较合适。(投资资产包括股票、债券、基金等金融性资产与房地产，700 000＋600 000＋8 280＝1 308 280元)

通过分析可以看出，该家庭财务状况良好，总负债率较低，家庭储蓄能力强，未来家庭净资产增长潜力较大；投资性资产持有比例适度，但资产配置比较单一，风险较集中；流动性资产持有过多，使资产收益率下降；负债过低，没有充分发挥财务杠杆去扩大家庭资产的规模。因此合理配置资产，做好各种规划将是张先生家庭理财的重点。

投资理财技能大赛模拟拓展训练

问题： 1. 根据本章“情景写实”，试为李先生编制家庭收支表及家庭资产负债表。

2. 根据编制的财务报表，对李先生进行家庭财务分析。

解：

1. 编制家庭收支表和现金流量表

(1) 收入。

1) 工资和薪金：(5 600＋4 500)×12＋40 000＋20 000＝181 200 (元)。

2) 其他收入：9 600元。

3) 总收入：190 800元。

(2) 支出。

1) 日常生活支出：2 800×12＝33 600 (元)。

2) 房屋支出：已知贷款PV＝240 000 (元)，i＝6％，N＝15×12＝180 (月)，计算PMT

方法一：利用专用财务计算器。

a. 设置 2ND，$P/Y=12$，确定；

b. $PV=240\ 000$（元），$i=6\%$，$N=180$；

c. $PMT=2\ 025.26$，即一年的房屋支出＝2 025.26×12＝24 303.12（元）。

方法二：公式法（也得出相同结果）。

$$\text{等额本息月还款额}=\left[\text{贷款本金}\times\text{月利率}\times(1+\text{月利率})^{\wedge}\text{还款月数}\right]\div\left[(1+\text{月利率})^{\wedge}\text{还款月数}-1\right]$$

3）医疗费用支出：3 600 元。

4）其他支出：3 600＋3 000＋10 000＋8 000＋10 000＋500×12＝40 600（元）。

5）总支出：102 103.12 元。

（3）结余。

结余＝总收入－总支出＝190 800－102 103.12＝88 696.88(元)

李先生家庭现金流量表如表 2－6 所示。

表 2－6　**家庭现金流量表**　单位：元

收入	工资薪金	181 200	其他收入	9 600
支出	日常生活支出	33 600	房屋支出	24 303.12
	医疗费用	3 600	其他支出	40 600
结余	88 696.88			

2. 资产负债表编制

李先生家庭资产负债表如表 2-7 所示。

表 2－7　**家庭资产负债表**

资产	活期存款	20 000 元	定期存款	150 000 元	基金	21 500 元
	自住房	400 000 元	投资房	180 000 元		
负债	住房贷款	未还本息 122 202.49 元				
净资产	净资产＝总资产－总负债＝771 500－122 202.49＝649 297.51（元）					

注：住房贷款未还本息计算，$PMT=2\ 025.26$，按 2ND，AMORT，$P1=1$，$P2=9\times12=108$，确定。得到 BAL（未还本息）＝122 202.49（元）。

3. 家庭财务比率分析

（1）结余比率＝88 696.88÷190 800×100%＝46%，合理。

（2）投资与净资产比率＝(21 500＋180 000)÷649 297.51×100%＝31%，偏低。

（3）流动性比率＝(170 000×12)÷102 103.12＝19.98，偏高。

（4）清偿比率＝649 297.51÷771 500×100%＝84%，偏高。

（5）资产负债率＝122 202.49÷771 500×100%＝16，偏低。

（6）负债收入比率＝24 303.12÷190 800×100%＝13%，偏低。

（7）即付比率＝170 000÷122 202.49×100%＝139%，偏高。

概念索引

家庭财务信息　家庭资产负债表　家庭收支表　结余比率　投资与净资产比

率　流动比率　清偿比率　资产负债率　负债收入比率　即付比率

闯关考验

一、选择题

1. (　　) 不能视为现金或现金等价物。

A. 3年期定期存款　　B. 货币市场基金

C. 一幅名画　　D. 活期存款

2. 流动性比率是(　　)。

A. 流动性资产与总资产之比

B. 流动性资产与每月支出之比

C. 流动性资产与投资资产之比

D. 流动性资产与净资产之比

3. 通常情况下，流动性比率应保持在(　　)左右。

A. 2　　B. 3　　C. 4　　D. 5

4. 下列有关家庭资产负债表的说法中正确的是(　　)。

A. 资产负债表可以显示一段时间的家庭收支状况

B. 资产负债表可以显示一个时点的现金流量状况

C. 资产负债表可以显示一个时点的家庭资产与负债状况

D. 资产负债表可以显示一段时间的家庭资产与负债状况

5. 客户现金流量表反映的是客户个人(　　)的收入和支出情况。

A. 某一时点　　B. 上一年末

C. 某一时期　　D. 上一年度

6. 下列支出中，哪一项不是理财支出(　　)。

A. 贷款利息　　B. 娱乐支出

C. 保费支出　　D. 投资费用支出

二、判断题

1. 一般情况下资产负债率应将其控制在0.5以下。(　　)

2. 一般认为，净资产投资比率保持在0.5以上为好，但对于年轻人来说，这一比率通常较低，应保持在0.2左右。(　　)

3. 家庭支出分为生活支出与理财支出。其中，生活支出包括衣食住行、娱乐医疗及保费支出。(　　)

三、案例分析题

1. 家庭基本情况

(1) 男方，30周岁；女方，25周岁；新婚，无小孩；女方父母在外地，与男方父母在同一城市生活。

(2) 双方父母家庭情况：男方：父母二人，母亲退休，父亲还有两年退休；女方：父母和小女儿(读大二)同住。

2. 目前收入情况

(1) 小两口：男方税后16 000元/月，女方3 200元/月；男方其他收入4～10万元/

年；女方其他收入 6～10 万元/年。

(2) 男方父母：国企，收入稳定；母亲退休，2 000 元/月，父亲目前收入 5 000 元/月(还有两年退休，退休后估计 3 500 元/月)；企业福利保险情况好，有较好的储蓄，无负债、无负担。

(3) 女方父母：自营餐饮店刚 1 年，收入 6～8 万元/年，储蓄不多，无负债；保险自缴，每年 4 500 元/两人，尚需缴纳 9 年。

3. 每月开支状况

(1) 一套住房目前还款 3 900 元/月。

(2) 日常支出：两个人 4 000～5 000 元/月。

(3) 负担女方妹妹大学学费、生活费 14 000 元/年。

(4) 年底给双方父母各 5 000 元，合计 1 万元。

(5) 旅游支出：1 万元/年。

4. 个人家庭资产

(1) 住房 3 套(市值分别 80 万元、60 万元、50 万元)，前两套全款付清。

(2) 存款为 22 万元。

(3) 股票为 23 万元，深度套牢，已经当做长期储蓄看待。该笔资产未计划在短期支出中。

(4) 单位每月按规定扣缴保险、公积金。

5. 家庭负债情况

1 套住房贷款 39 万元，目前采用等额本金还款方式，逐月递减，还要还 19 年。

夫妻二人均在民营企业工作，女方工作较稳定，处于事业上升期；男方行业受目前金融危机影响大，收入存在不稳定性，有可能收入在 10 万/年以内。

请结合上面给出的条件为该家庭编制资产负债表和现金流量表，并进行家庭财务诊断(分析家庭财务状况)。

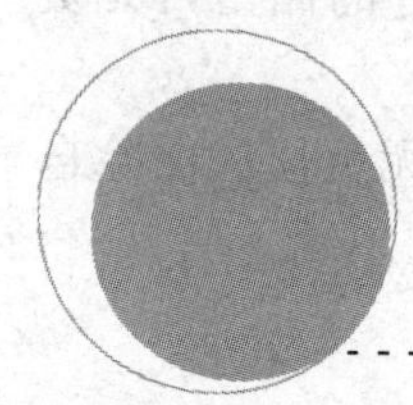

项目三 现金理财规划

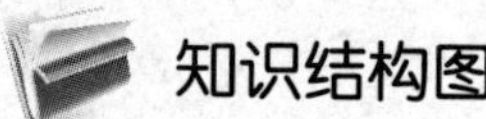

知识结构图

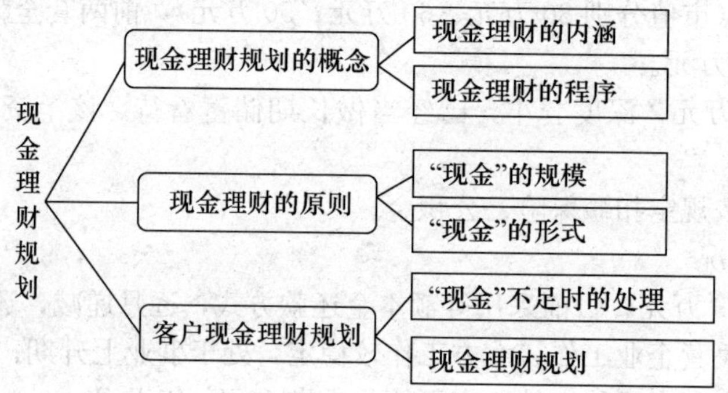

情景写实

【接项目一】 李江先生虽然目前生活稳定，一家人衣食无忧，但他还是担心他的家庭无法抵御意外风险。

任务：1. 对李先生家庭进行现金需求分析。

2. 选择合适的现金规划工具。

学习目标

1. 正确认识现金理财的内涵。
2. 掌握现金理财各类融资工具。
3. 能针对客户财务状况制订现金理财规划。

任务一　现金理财规划的概念

家庭现金理财规划的目的是平衡现在和未来的收支，使家庭经常处于"收入大于支出"的状态，不会因为流动性不足而导致家庭财务危机，也不会因为寅吃卯粮而负债累累，影响家庭的幸福指数。因此，进行家庭现金理财规划很有必要。现金理财规划就是通过掌握及分析家庭自身的收入和支出情况，减少不必要的支出，形成有节制的消费习惯，进而实现高质量的生活水平的目标。一份完美的现金理财计划，一定是从掌握自己的财务状况开始的，这不仅需要了解自己有多少资产、多少债务，还要了解自己的收入及消费模式，所以有效的现金理财规划必然是个人理财规划中最为基础的一部分，现金理财规划也是家庭理财规划的核心所在。

一、现金理财的内涵

现金，是指立即可以作为流通与支付手段的媒介。它具有普遍的可接受性，可以有效地立即用于购买商品、货物、劳务，偿还债务等。它是个人和家庭流通性最强的资产。现金的概念有广义和狭义之分：广义的现金是指现金、银行存款和其他符合现金定义的各类票证。所谓符合现金定义的各类票证，一般是指银行汇票、银行本票、信用卡等。由此来看，广义的现金实际上就是指货币资金。狭义的现金仅指现金，包括人民币现金和外币现金，现钞和硬币。

现金理财又是什么意思？现金理财规划的目标又是什么？有人说现金的流动性要充足，因为现在和将来可能存在的开支太多。但如果现金太多，没有进行投资理财，就意味着牺牲了金融效率。除了较为充足的日常开销和适当的应急费用之外，还应有富足部分用于投资。有一句话叫“别让太多的现金闲着”，如果把太多现金藏在家中、置于活期银行账户中、长时间放在股票账户中未进行有效投资等，都算现金闲置。

现金理财是个人或是家庭理财的基本课题，即管理资金的流动性，就是什么时候需要用钱，都可以比较方便地使用现金或将其他资产转化为现金用于对外支付。现金理财是在对个人或家庭收入、支出等数据进行分析整理的基础上，为满足个人或家庭短期需求而进行的管理日常现金及现金等价物和短期融资的活动。

家庭的现金需要满足结算、消费和投资三类基本需求。结算是指用于家庭的固定支出，如公用事业费、保险缴费、贷款还款等和其他家庭零星往来收付；消费是用于管理家庭成员的日常消费；投资专用于家庭投资。

什么样的现金规模是合理的呢？一般个人和家庭的现金可分为两部分即日常支付金和应急保障支付金。日常支付金的规模只需保持 1～2 倍的家庭月收入水平即可，应急保障支付金规模可维持在 3～6 倍的家庭月收入水平。满足这两个要求，个人和家庭所拥有的现金就基本“够用”了。

在现金规模确定的条件下，对于家庭现金理财大的思路是尽量减少活期存款，更多使用现金理财工具。现金理财规划中，经常使用的金融工具是活期储蓄、各类银行存款和货币市场基金、信用卡、银行各类短期理财产品和其他各类有价证券，等等。弄清各类工具的特点，把除了“够用”之外的“多出来”的资金更多地、长期稳定地投入到合适的投资理财渠道，是理财成功的起点。

从客户的角度来看，现金理财就是由专业理财师根据其财务状况、现金理财需求、习惯等合理地确定客户现金的规模，安排现金资产在各类层出不穷的现金理财工具之间的使用和搭配。

二、现金理财的程序

（一）编制家庭现金流量表

家庭成员可以对衣服饰品、食品酒水、医疗保健、行车交通、居家物业、学习进修、人情往来等方面的家庭消费进行预算，将每天发生的收入和支出数据录入流水账。家庭的收入、支出情况，清晰直观地反映了家庭资金的流动性。这本流水账便于理财规划师编制家庭现金流量表，并根据数据的变化进行实时调整。

现金流量表，通常是指在一定时期内的现金收入与支出的变化情况表。这里的一定时期通常是指1年，年度的确定一般是从每年的1月1日到12月31日，或者根据具体情况确定。家庭现金流量表能够反映家庭收支情况，进行家庭收支预算。现金流量表是理财规划师为顾客进行理财规划最重要的工具，也是后续一系列工作的基础。对于顾客来说，通过现金流量表能够掌握自己一定时期的经济情况，作为后续行为的参考。对于理财规划师而言，现金流量表是制作理财规划书的基本依据，是更正修改理财规划书的基础。现金流量表的制作要根据具体情况而定。现金流量表是顾客最基本的信息，从每年的收支可以判断消费者的消费能力、投资能力、偿债能力、生存（养老金）保障能力等。总的来说，现金流量表能够反映顾客收入支出等信息，起到传递信息的功能。现金流量表作为传递顾客信息的一种工具，是传递现在与将来、理财规划师与顾客之间信息的桥梁和纽带。

（二）建立家庭备用金

家庭备用金一般就是指家庭一段时期内必要的日常生活开支，包括家庭成员突然生病或发生其他突发情况时的应急性开支。一般建议一个家庭预留3～6个月的生活开销作为家庭备用金，但这个数字是在西方较健全的保险保障的前提下提出的。目前，由于国内很多家庭缺少商业保险，风险管理意识不足，因此套用这个数字比较牵强。但是如果只是为了避免意外开销导致的手头紧，预留6个月左右的家庭生活开销作为家庭备用金就基本可以了。

（三）编制与控制家庭支出预算

编制家庭支出预算分为四个步骤：

第一步：设定家庭长期财务规划目标。例如，经过测算，得出家庭能够满足家庭成员生病或意外情况下的开支、退休后的生活、老人的赡养、子女的教育等中长期理财目标每年的目标储蓄额。

第二步：预测年度收入。对于收入稳定的家庭，可以比较准确地预估年度收入。对于收入不稳定的家庭成员，就要以过去的平均收入为基准，做最好与最坏状况下的敏感度分析。

第三步：算出年度支出预算目标。即：

年度收入－年储蓄目标＝年度支出预算

第四步：将年度支出预算细分成月度支出预算，划分科目，分门别类记入明细账。每月支出预算会根据家庭资金使用进度做出改进建议，提醒家庭成员在食、衣、住、行、教育、娱乐方面，哪一部分的花费远高于平均比例，作为节约支出的重点，并决定下一步是通过开源或节流来增加家庭储蓄。

（四）活用现金理财工具

家庭现金理财最为关键之处就在于方便实用的理财工具。在纷繁的理财品种中，应综合运用多种理财工具实现现金理财目标。

任务二　现金理财的原则

一、“现金”的规模

家庭拥有多少“现金”才合适？我们提到了现金必须能够满足日常性支付，足以应对家庭 3～6 个月生活中的各项支出。那么这个尺度如何把握？不同的个人和家庭是否应区别对待？

（一）现金理财需要考虑的因素

现实生活中家庭现金的配置一般应考虑以下因素。

1. 持有现金的成本

对于金融资产来说，通常流动性和回报率是成反方向变化的。现金具有很高的流动性，因此它必将伴随着一定的机会成本。现金的机会成本在金融资产里一般被看作进行活期储蓄的所得。如果你持有现金，就意味着你放弃收益，因此要在资本的流动性和收益性之间进行权衡。

2. 紧急备用金的重要性

(1) 每个人都会遇到意外收入突然减少，甚至中断的情况，若没有一笔紧急备用金可以动用，则会陷入财务困境。如因为失业或失能（因为意外身心遭受伤害，导致无法工作，在保险术语上称之为失能）导致收入中断，则会面临生活费用、买车或买房的月供款中断、无力支付房租等压力；或者因为紧急医疗或者意外灾害而导致的超支费用，这时也需要一笔紧急预备金来应付这些突发状况。

(2) 假如有突发事件发生，需要大量资金，而我们把资金都投入到了收益较高的投资上，且没有建立紧急准备金，就会导致我们不得不将投资变现。将高收益投资变现将会付出巨大成本，还会损失掉大量的收益。因此，紧急备用金能够很好地防止这类损失的发生，保证自己在投资规划上的正常运作。

3. 现金理财需要遵循的基本原则

(1) 支付性原则。

一般家庭的现金资产包括现金、银行存款、较易变现的货币基金、超短期理财产品等。这些款项属于流动性资产。流动性资产是在急用情况下，能迅速变现而不会带来损失的资产，可以用流动性资产比率来权衡家庭财务状态以及变现能力。应尽量避免流动性资产比率过高现象，如果家庭收入稳定，该比率为 3 即可；如果家庭收入不稳定，则该比率应为 6 左右。也就是说，家庭现金资产总和应调整到足以应付家庭 3～6 个月生活中的各项支出，以便家庭在面临任何收入危机时，仍有较为充裕的资金面对困难。

(2) 收益性原则。

收益性原则，是指为应对通胀和“负利率”，人们可以利用货币基金、银行理财产品等对家庭所持有现金资产进行打理。因为从目前的情况看，货币基金因其较强的流动性和大大高出活期存款的收益率，被称为最佳现金管理工具，将货币基金当成现金用，是未来的发展趋势。相比存款利息，目前银行的理财产品 1 年以内的收益大都可以达到 4%～5%，高于利息。所以，除了日常开支所需要的现金外，人们可将其余现金资产用来投资货币基金和按比例购买不同期限的银行理财产品。

(3) 工具性原则。

人们可以针对家庭现金理财所适用的各类金融投资工具，通过银行、证券公司、媒体等了解各种不同理财产品的风险和收益水平，选择适合自己的理财产品种类及组合。现在市场上各大“宝宝类”产品，除了在收益率、效率等方面竞争外，真正的竞争核心是在功能上。功能越丰富、应用场景越多的产品，将会在竞争中脱颖而出。

4. 差别性原则

不同收入、年龄段和不同职业的人由于抗风险能力各不相同，家庭财产状况也有差别，选择适合自己的理财方案和理财工具尤为重要。理财规划师要对客户家庭的财务状况进行全面了解，包括资产和负债，每年的收入、支出及理财目标等。一般来说，处于家庭形成期，即从参加工作到结婚生子前这一时期的家庭，其现金类资产应保留20%左右，这样既能用于应急，也可在关键时期进行重要投资，比如创业、进修等；处于家庭成长期，即从子女出生到子女独立期间的家庭，其家庭财富处于快速积累期，但同时各种花费也相对较多，因此仍然要保留一定比例的现金应对日常开支，但总体而言，由于家庭总资产规模的扩大，所以持有现金类资产的比例可以逐渐降低到10%左右；处于家庭成熟期，即从子女独立到退休前期间的家庭，这类家庭的资产已达到一定规模，且各项开销会随着子女的独立而不断减少，因此持有现金类资产的比例可控制在家庭资产总额的10%左右，足够应对3～6个月的日常开支就可以；处于家庭衰老期，即正享受退休生活的家庭，其现金类资产应不少于20%，以备不时之需。

(二) 现金理财的目标

家庭理财的明确目标之一是针对现在和未来的家庭财务需求编制规划，这些需求大致包括以下几种：

(1) 日常开支：衣、食、住、行的费用。

(2) 大宗消费支出：购车、购房及子女教育等。

(3) 意外支出：重大疾病、意外伤害及第三者责任赔偿。

有的家庭已经有房有车，重点放在子女教育、日常开支及意外支出上；有的家庭孩子已经成年，意外性支出是关注的重点。总之，家庭的现金理财规划是要将收入与支出尽可能地“匹配”起来，了解客户的家庭状况与目标才能做好现金理财规划。

二、“现金”的形式

(一) 银行存款

银行存款指存款人在保留所有权的条件下把资金或货币暂时转让或存储于银行，也可以表述为把使用权暂时转让给银行的资金或货币。它是最基本也是最重要的金融行为或活动，也是银行最重要的信贷资金来源。银行存款账户的种类有个人银行结算账户、个人储蓄类账户。

1. 个人银行结算账户

个人银行结算账户是指个人专门用来办理转账汇款、刷卡消费、投资、贷款等各项支付结算业务的账户。按中国人民银行统一规定（《人民币银行结算账户管理办法》中国人民银行令2003第5号），个人银行结算账户是指个人客户凭个人有效身份证件以自然人名称开立的，用于办理资金收付结算的人民币活期存款账户。按人民银行统一规定，个人结算账户没有个数限制，可以根据实际需要在本地或异地开立多个结算账户。

2. 个人储蓄类账户

活期储蓄，指个人将人民币资金存入银行储蓄机构，不规定存期，个人可随时凭储蓄机构开具的凭证续存或支取，存取金额不限。

整存整取，是由客户与银行约定存期，本金一次存入，到期一次支取本息或要求银行按原存期自动转存的本外币存款。

零存整取，指开户时约定存期，本金分次存入，到期一次支取本息的存款方式，其特点是逐月存储，每月存入金额固定，适合那些每月有固定收入但节余不多的人群。零存整取中途如有漏存，应在次月补齐，未补存者，视同违约，对违约后存入的部分，支取时按活期利率计息。

整存零取，指个人一次性存入较大金额的人民币资金，分期陆续平均支取本金，到期支取利息的一种定期储蓄。

定活两便，指个人一次性存入人民币本金，不约定存期，支取时一次性支付全部本息。当存款天数达到或超过整存整取的相应存期（最长存期为一年）时，利率按支取日当日挂牌定期整存整取存期利率档次下浮一定比率确定，不分段计息，存款天数达不到整存整取的最低存期时，按支取当日挂牌活期利率计算利息。

存本取息，指一次存入本金，分次支取利息，到期支取本金的一种存款。不同的是，这类账户设有起点金额与存期：存本取息定期存款 5 000 元起存。存本取息定期存款存期分为一年、三年、五年。存本取息定期存款取息日由客户开户时约定，可以一个月或几个月取息一次；取息日未到不得提前支取利息；取息日未取息，以后可随时取息，但不计复息。

人民币通知存款，指存款人在存入款项时不约定存期，支取时须提前通知银行，约定支取存款金额和日期方能支取的存款方式。通知存款不论实际存期多长，按存款人提前通知的期限长短划分为 1 天通知存款和 7 天通知存款两个品种。该种存款的特点是如果存款人有大额短期闲置资金，可以在保持流动性的基础上获得较高的利息收入。

教育储蓄，开户对象为在校小学四年级（含四年级）以上学生。开户时，存款人应与银行约定每月固定存入的金额，分次存入，途中如有漏存，应在次月补存；未补存者视同违约，对违约后存入部分视同活期存款利率计息，并征收储蓄存款利息所得税。支取时，只有凭存折及学校提供的正在接受非义务教育的学生身份证明（必须是当年有效证明，且一份证明只能享受一次利率优惠）一次支取本金和利息，才能享受国家规定的利率和免征利息税优惠。

个人储蓄账户与个人结算账户的异同如下：

共同点：

（1）都可以存取现金。

（2）存款都可以获得利息收入（结算账户存款利率同活期储蓄账户）。

（3）本人名下的个人结算账户和活期储蓄账户之间可以相互转账。

不同点：

（1）《人民币银行结算账户管理办法》实施后，在办理对外的资金转出或接受外部的资金转入时（包括本人异地账户汇款）只能通过结算账户办理。

（2）个人储蓄账户只能办理本人名下的存取款业务和转账，而不能对他人或单位转账，也不能接受他人或单位的资金转入。

需要注意的是，储蓄卡可以开通网上银行服务，网上银行方便实时查看银行账户信息、资金流向，并可以实现网上转账汇款、网上购物等功能。开通网上银行后，要注意保护密码等个人信息，并定期更换密码。网银转账使用的U盾、密码卡等工具也要妥善保管，以防丢失或被盗，引起不必要的资金损失。

（二）货币基金

货币基金是聚集社会闲散资金，由基金管理人运作，基金托管人保管资金的一种开放式基金。货币基金是专门投向风险小的货币市场，区别于其他类型的开放式基金，具有高安全性、高流动性、收益稳定性，具备“准储蓄”的特征。货币基金资产主要投资于短期货币工具（一般期限在1年以内，平均期限120天），如国债、央行票据、商业票据、银行定期存单、政府短期债券、企业债券（信用等级较高）、同业存款等短期有价证券。

实际上，货币基金投资的范围都是一些安全系数高和收益稳定的品种，所以对于很多希望回避证券市场风险的企业和个人来说，货币基金是一个天然的避风港，在通常情况下能获得高于银行存款利息的收益，但货币基金并不能保障本金的安全。事实上，由于基金性质决定了货币基金在现实中极少发生本金的亏损，一般来说货币基金被看作现金等价物。

将家庭短期不急用的现金用来购买货币基金是不错的选择，因为货币基金的收益高于活期存款，又可以两天通知灵活取现，还免缴利息税。申购货币基金的前提是要对家庭资金的使用时间有清楚的预估，尤其是遇到长假，基金公司会提前几天终止申购和结算，所以要提前申购或售出货币基金，使家庭资金得到合理周转。

（三）超短期理财产品

家庭备用金的另外一种存储方式是超短期理财产品，一般是指投资于市场信用级别较高、流动性较好的金融市场工具。超短期理财产品的产品期限一般在3～5天；强调投资稳健，基本可以做到保本或类似保本，同时收益率也大幅高于活期存款。这类产品类似于货币市场基金，具有活期的流动性，定期的收益率，而且收益免税。说它具有活期的流动性是因为这种产品买入即可享受收益，赎回资金实时到账，也就是赎回当天钱就可以使用。与货币市场基金比较，更方便快捷，不需等待3个工作日。另外，这类产品按日计息，按季分红，收益约为活期存款的3倍。据统计，各大银行推出的超短期理财产品就达到了上百款。其中，招商银行的“日日盈”，工商银行的“灵通快线”，中国银行的“周末理财”“七日有约——7天自动滚续理财”，建设银行的“天天大丰收”等，都是颇受市场青睐的经典超短期理财产品。

任务三　客户现金理财规划

一、“现金”不足时的处理

现金理财还要解决现金不足的时候，如何能够应对支出。融资能力同样对家庭来说至关重要。这时候，可以选择各类现金理财融资方式。

（一）现金理财融资方式的选择

客户可以选择的现金理财融资方式，包括办理信用卡、住房抵押贷款、汽车抵押贷款、寿险保单抵押贷款。

1. 信用卡

信用卡，又叫贷记卡，是一种非现金交易付款的方式。我国有关法律（《全国人民代表大会常务委员会关于〈中华人民共和国刑法〉有关信用卡规定的解释》）规定的信用卡，是指由商业银行或者其他金融机构发行的具有消费支付、信用贷款、转账结算、存取现金等全部功能或者部分功能的电子支付卡。信用卡由银行或信用卡公司依照用户的信用度与财力发给持卡人，持卡人持信用卡消费时无须支付现金，待账单日时再进行还款。

信用卡分为贷记卡和准贷记卡，贷记卡是指银行发行的、给予持卡人一定信用额度、持卡人可在信用额度内先消费后还款的信用卡；准贷记卡是指银行发行的，持卡人按要求缴存一定金额的备用金，当备用金账户余额不足时，可在规定的信用额度内透支的信用卡。日常所说的信用卡，一般单指贷记卡。

信用卡的使用额度应该可以应对家庭现金急需时的支出。消费者可以申请多张信用卡，将账单日分别设在上旬、中旬、下旬。消费者消费时应选择刚过账单日的信用卡，举例来说，银行的账单日为每月 6 日，指定还款日为每月 26 日，如果当月 8 日消费，则免息还款期就是当月 8 日到下月 26 日了。信用卡刷卡一定要注意两点：一个是消费日期，另一个是银行账单日与还款日之间的天数。所以，家庭如果有多张信用卡，消费者可以在每月不同期间刷卡消费，尽享免息还款期带来的优惠。但根据《银行卡业务管理办法》及客户协议，信用卡持卡人超过发卡银行批准的信用额度用卡时，不享受免息期待遇，即从消费之日起支付利息。

2. 住房抵押贷款

住房抵押贷款是指借款人以所购住房和其他具有所有权的财产作为抵押或质押，或由第三人为其贷款提供保证并承担连带责任的贷款。它是由住房买卖合同、住房按揭协议、住房按揭贷款合同连接起来的三角关系。

房屋要求：

（1）房屋的产权要明晰，符合国家规定的上市交易的条件，可进入房地产市场流通，未做任何其他抵押。

（2）房龄（从房屋竣工日起计算）与贷款年限相加不能超过 40 年。

（3）所抵押房屋未列入当地城市改造拆迁规划，并有房产部门、土地管理部门核发的房产证和土地证。

贷款人要在中国境内有固定住所、有当地城镇常住户口（或有效证明）、具有完全民事行为能力，并且符合下列条件：

（1）有正当职业和稳定的收入来源，具有按期偿还贷款本息的能力。

（2）没有违法行为和不良信用记录。

（3）能够提供银行认可的有效权利质押担保或能以合法有效的房产作抵押担保或由具有代偿能力的第三方保证。

（4）开立银行个人结算账户，并且同意银行从其指定的个人结算账户扣收贷款本息。

（5）银行规定的其他条件。

3. 汽车抵押贷款

汽车抵押贷款是以借款人或第三人的汽车或自购车作为抵押物向金融机构取得的贷

款。目前，以汽车作为抵押物的贷款的用途，主要为快速资金周转。当然汽车贬值快、交通事故影响车辆价值概率大，金融机构以汽车作为单一抵押方式发放贷款的方式相对较少，一般贷评估价5～8成。消费者选择汽车抵押贷款方式能快速取得现金，车不用卖，节省了资金周转过来时重新买车花费的时间和成本。客户办理抵押手续后，车辆可继续使用。汽车抵押贷款的优点如下：

（1）无须押车，自由行驶。

（2）手续简便，当天到账。

（3）借款期限自由选择，还款方式自由灵活。

（4）无须贷前费用。

4. 寿险保单抵押贷款

可以抵押贷款的保险主要是投资性质的寿险，根据保单的现金价值确定贷款额度（已发生保费自垫、保费豁免的保单不能进行保单抵押贷款），医疗、意外险以及产险无法抵押贷款。而投资连结险虽然具有现金价值，但由于其价值随投资单位价格而波动，无法确定，所以一般也不能进行保单贷款。

目前，储蓄性质的人寿保险、投资分红保险、养老保险等人寿保险合同，只要投保人缴纳保费在1年以上，保单便具有一定的现金价值。也有一些长期的人身保险条款规定，投保人缴付保费满两年以上，且保险期已满两年的，才可凭保险单申请抵押贷款。保单贷款的时间和金额也有限制。贷款上限按保单现金价值一定比例计算，该比例各公司有所不同。太平洋和太平人寿是80%，中国人寿、友邦保险、中德安联为70%，投保人最长可获期限6个月的贷款，到期还款后还可以续贷。

需要提醒的是，一旦借款本息超过保单的现金价值，保单将永久失效。如果投保的是分红险，贷款不影响保单派发红利，而且出险以后还可向保险公司索赔。在办理抵押贷款后，保单仍具有保障功能，不过，要先还清贷款，出险时的费用由被保险人先垫付。在进行保单贷款之前应慎重考虑，在贷款期满时要按时偿还，或先行归还贷款利息，才能办理续贷手续。

（二）现金理财融资方式的组合

家庭在入不敷出时，可以运用各种现金理财融资方式。家庭用于偿还各种债务的支出占家庭当月总收入的百分比反映了家庭通过投资增添财富、实现目标的能力。家庭支出中用于偿还各种债务的支出占比不要超过1/3。如果负债比例过高，超过家庭的承受能力，每月需要付出的利息费就会上升，会在家庭财务发生紧急情况，如失业、负担较大额度医疗费用时，造成财务负担，甚至无法偿还。当然，这个比例也并非越小越好，从这个概念上讲，适度应用他人资金发展财富，也是一种能力。

经典实例

张女士32岁，央企高管；丈夫黄先生35岁，私企老板，黄先生和张女士都是广东人，工作10年，结婚7年，女儿小黄7岁，现读小学二年级。双方都有社保，收入稳定，身体健康。双方父母均已退休在老家生活。张女士家庭现有银行存款5万元；债券基金10万元；固定收益理财产品30万元；股票2万元；一套自住房120万元，无贷款；一套投资房产70万元，无贷款，出租租金2万元一年；一辆价值10万元的轿车。张女士和黄先生年工资收入17万元。张女士家庭每年支出13万元，其中自己每年人寿保险支出2万元。张女士和黄先生五险一金齐全。

正常情况下，家庭资产的流动性通过保留相当于3～6个月家庭支出的现金及现金等价物方式即可获得保证。张女士家庭工作收入相对稳定，基本社保齐全，但为了防范风险，目前的现金只要保留3个月的生活开支，大概1万元左右。建议有3 000元左右银行活期存款；申请3张1～2万元额度的信用卡，账单日分别设在上旬、中旬、下旬；其余7 000元左右可用来购买超短期理财产品。另外，建议张女士拿出其中一套住房向银行申请30万元的住房抵押贷款，将其中10万元资金用于购买货币基金，10万元用来购买短期理财产品，剩下10万元投资于股票等更高收益的资产。

二、现金理财规划

（一）客户现金理财目标

在充分搜集和分析客户信息之后，理财规划师需要与客户进行进一步的交流和沟通，确定客户的目标和期望。客户现金理财目标是多样化的，需要进行具体分析、选择和组合。

在客户多样化的理财目标中，有些目标必须优先实现，有些目标可以在尚有余力的条件下去争取实现。在正常生活水平下，客户必须完成的计划或者满足的支出就是必须实现的目标；客户期望实现的目标是指在保证正常的生活水平的情况下，客户期望完成的计划或者支出。一般而言，客户必须实现的目标有保证经常性支付和可能的额外支付等。客户期望实现的目标还有很多，比如旅游、购车、投资等。理财规划首先要留足客户必须实现的目标所需的开支，再将剩余收入用于客户期望实现的目标。如果客户没有足够的现金满足前者，那么后者就需要进行调整。

（二）建立“紧急资金储备”

建立“紧急资金储备”，就是规划将部分资产以现金和现金等价物的形式存在，以便应付可能出现的不时之需。紧急资金储备要以易变现为主要原则，建议规模能维持3～6个月的家庭支出，在活期储蓄、货币基金、超短期理财产品之间进行组合。

（三）合理确定个人信贷规模

个人信贷是商业、金融机构等向个人发放的贷款。常见的包括信用卡、个人住房贷款、个人汽车消费贷款、个人综合消费信贷、个人保单抵押贷款、个人信用贷款等。信贷规模大小要考虑收入稳定性、负债率、信用风险。一般而言，适当的负债率可以让客户提前获得消费效用，提高生活质量。对于短期消费信贷规模，可以用以下公式确定其规模：

信贷规模＝(月收入－月固定支出－月应急支出准备金)×消费信贷期月数

消费者必须注重个人信用的管理，保持良好的信用记录，灵活运用信用卡分期付款政策等，避免由于偿付能力不足不能按期偿还而产生不良信用记录的情况发生。

投资理财技能大赛模拟拓展训练

问题：根据项目二“情景写实”的资料，回答下列问题：

1. 对李先生家庭进行现金需求分析。

2. 选择合适的现金规划工具。

解：

1. 现金需求分析

现金	0	银行活期存款	20 000
银行定期存款	150 000	其他存款	0
货币市场基金	0		

由资料已知，该客户目前流动性资产为170 000元，每月支出为8 508.59元，则流动性比率为19.98。根据分析该客户家庭职业及其收入的稳定程序，我们判断该客户家庭需要准备3～4倍的应急准备金以支付家庭日常开支和满足家庭的应急要求，因此该客户需要持有25 525.77～34 034.36元现金保证家庭成员正常生活3～4个月的时间。从客户现在资产配置来看，该客户的家庭应急准备金“偏多”。

2. 现金规划工具

该客户可以选择的现金规划工具有：现金、银行活期存款、银行定期存款、货币市场基金、信用卡融资、典当融资、保单质押融资等。

概念索引

现金　现金规划　银行存款　信用卡　货币基金　超短期理财产品　现金理财融资

闯关考验

一、选择题

1. 现金最重要的特征是（　　）。

A. 高风险　B. 强流动性　C. 低收益　D. 高收益

2. 下面有关现金规划的描述正确的是（　　）。

A. 现金规划是为满足个人或家庭短期需求而进行的管理日常的现金及现金等价物和短期融资的活动

B. 现金规划是否科学合理将影响其他规划能否实现

C. 现金规划对个人财务管理来说是非常必要的

D. 做好现金规划是整个投资理财规划的基础

3. 以下经济目标中，哪些属于期望目标（　　）。

A. 日常饮食消费　B. 购房　C. 储备教育投资　D. 购车

4. 现金规划中，对金融资产流动性的要求源于（　　）。

A. 交易动机　B. 储蓄动机　C. 预防动机　D. 投资动机

5. 资产的流动性与收益性的关系是（　　）。

A. 流动性较强的资产其收益性较低

B. 流动性较强的资产其收益性较高

C. 收益性较高的资产其流动性较低

D. 资产的流动性与收益性呈反方向变化

6. 下面关于紧急备用金的说法错误的是（　　）。

A. 紧急备用金可用来应付因失业或失能而造成收入中断时的生活支出

B. 一般家庭应当以3～6个月的生活费为基准，准备紧急备用金

C. 紧急备用金可用于投资股票或者房地产

D. 紧急备用金一般以活期或者短期存款的形式储备

7. 资产负债调整的现金流入，包括（　　）。

A. 借入款　B. 资产变现　C. 房租　D. 债权回收款

8. 固定支出指无法减少的支出，如（　　）。

A. 生活费　B. 保险费　C. 房租　D. 医药费

9. 适用于现金规划的融资方式主要包括（　　）。

A. 信用卡融资　B. 保单质押融资

C. 典当融资　D. 其他银行融资方式

10. 成功预算的特点包括（　　）。

A. 设计合理　B. 灵活机动　C. 贴近实际　D. 沟通清晰

11. 下列选项中哪些属于现金规划的一般工具（　　）。

A. 货币市场基金　B. 信用卡

C. 现金　D. 储蓄存款

12. 货币市场基金的特点包括（　　）。

A. 本金安全、资金流动性强　B. 分红免利息税

C. 投资成本较高　D. 收益率比活期储蓄高

二、判断题

1. 现金等价物一般包括储蓄账户、支票账户、货币市场账户、其他短期投资工具等。（　　）

2. 个人或家庭持有现金主要是为了满足日常开支、预防突发事件和投机性需要。（　　）

3. 对于金融资产来说，通常流动性和回报率是呈反方向变化的。（　　）

4. 以存款建立紧急备用金的机会成本是，因为保持资金的流动性而可能无法达到长期投资的平均报酬率。（　　）

5. 通常情况下，流动性比率应保持在5左右。（　　）

6. 根据储户提前通知时间的长短，个人通知存款分为1天通知存款与5天通知存款。（　　）

7. 所谓利滚利存储法又称“驴打滚存储法”，即存本取息储蓄和零存整取储蓄有机结合的一种储蓄法。（　　）

8. 货币基金没有年费、申购费和赎回费，只有认购费，总成本较低。（　　）

三、案例分析题

马先生夫妻年收入7万元，都有三险一金和一般医疗保险，孩子6岁，正在上小学，近期不打算购房、购车。目前马先生夫妻有活期存款5万元，定期存款5万元，股票投资20万元，家庭月开支2 000元，孩子学杂费等年支出6 000元。请为马先生一家提出合理的现金规划建议。

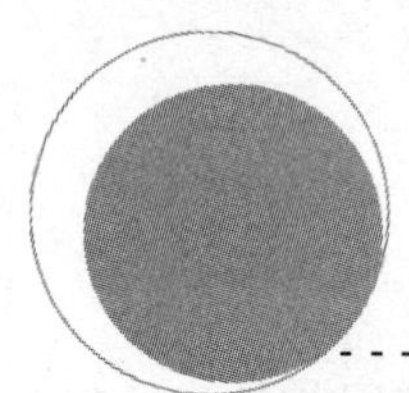

项目四 保险理财规划

知识结构图

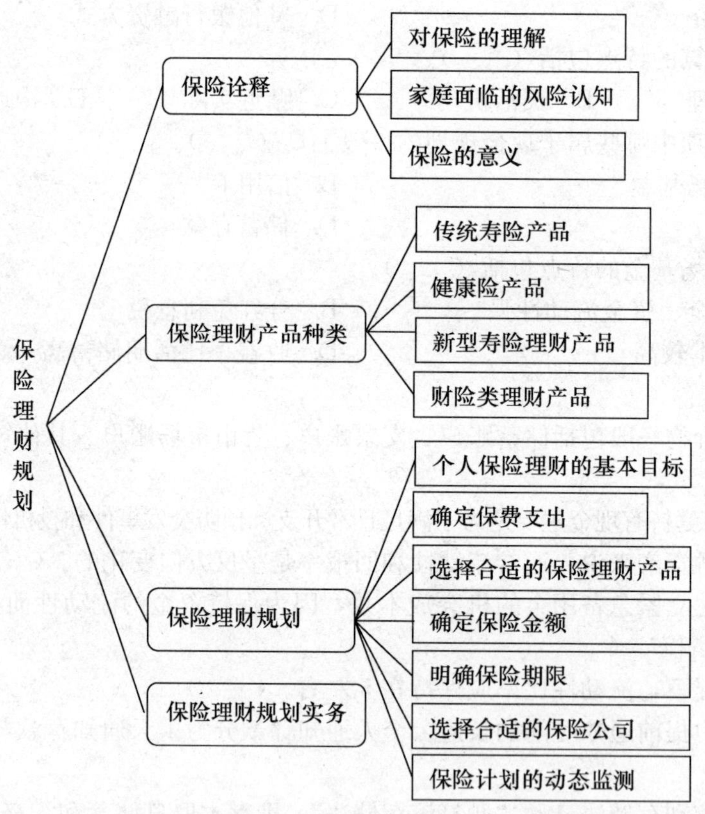

情景写实

【接项目一】李江先生想知道目前只依靠单位福利和风险保障是否可行，如不足，还需要补充哪些保险。

任务：1. 分析客户家庭的优先被保险人。

2. 确定优先被保险人所购买的人寿险及意外险的保额及保费。

学习目标

1. 掌握保险的基本知识。
2. 掌握购买保险的原则。
3. 学会计算寿险保障缺口金额并能向客户推荐合适的险种。

任务一 保险诠释

家庭需要理财，更需要保险。中国保险业经过近 30 年取得了跨越式的大发展。

相关链接

2016 年上半年保险行业快速发展，服务社会能力增强

2016 年上半年，保险市场业务规模快速增长。分险种看，一是财产险业务增速放缓，实现原保险保费收入 4 301.97 亿元，同比增长 7.07%，增幅同比下降 3.83 个百分点。二是寿险业务高速增长，实现原保险保费收入 11 761.02 亿元，同比增长 45.02%，增幅同比上升 23.75 个百分点。其中，新单业务同比增长 69.55%，增幅同比上升 32.87 个百分点。三是普通寿险和健康险业务大幅增长，分别实现原保险保费收入 7 504.41 亿元和 2 359.33 亿元，同比分别增长 79.45%和 89.37%。

资料来源：中国保险行业协会，http://www.Circ.gov.cn/web/siteo/tab5207/inf04037518.htm.

一、对保险的理解

保险是护佑家庭最重要的工具。我们应该怎样理解保险？

著名学者胡适认为：保险的意义，只是今日做明日的准备，生时做死时的准备，父母做儿女的准备，儿女幼小时做儿女长大时的准备，如此而已。今天预备明天，这是真稳健；生时预备死时，这是真旷达；父母预备儿女，这是真慈爱；不能做到这三步，不能算做现代人！

亚洲首富李嘉诚是这样理解保险的：别人都说我很富有，拥有很多的财富，其实真正属于我个人的财富是给自己和亲人买了充足的人寿保险。

美国总统杜鲁门说过：我一直是人寿保险的信仰者，即使一个穷人，也可以用寿险来建立一笔资产，他可以感受到真正的满足。因为他知道，倘若有任何事件发生，他的家庭也可以受到保障。

香港巨星周润发认为：一般人是看到了才相信，而保险却是相信了才能看到！

所以，无论是富人与穷人，保险都是一个家庭的守护神。根据《中华人民共和国保险法》的规定：保险是指投保人按合同约定，向保险人支付保险费，保险人对于合同约定的可能发生的事故因其发生所造成的财产损失承担赔偿保险金的责任，或者当被保险人死亡、伤残、疾病或者达到合同约定的年龄、期限时承担保险金责任的商业保险行为。

二、家庭面临的风险认知

（一）人身风险

人身风险是指导致人的伤残、残废、丧失劳动能力以及增加医疗费用支出的风险。人身风险所致的损失一般有两种：一种是收入能力损失；一种是额外费用损失。

经典实例

“天价保单”的出现

据福布斯中文网报道，2014年一位硅谷的神秘富豪耗时7个月，通过19家保险公司买下了“史上最值钱”的人寿保单，身故后其保单受益人可获高达2.01亿美元的保费。这一天价保单打破了1990年创下的1亿美元的纪录，入选吉尼斯世界纪录。

近两年，国内“天价保单”的新闻也不断见诸报端。分析指出，随着近年来经济增速放缓，以及一大批商界富豪的资金、健康压力与日俱增，越来越多的富豪开始通过人身保险来进行资产配置、转嫁风险，从而催生了天价保单的巨大市场。归结起来，“合理避税、保全资产、创造现金、规避风险”是富人购买保险的主要意义。

（二）财产风险

随着经济的发展，中国居民家庭财产增多了，价值也越来越大，如百万房产、私家车和高档家具等。这些财产可能会遭遇火灾、暴雨、盗窃、碰撞、水管爆裂等风险。因此，在家庭理财中应该把风险因素设计进去，并且要采取相应的防范措施。

经典实例

家庭第三者责任险

家庭第三者责任险，就是被保险人居所附属物由于意外事故造成第三者的人身财产损失由保险公司负责赔偿。第三者责任险给百姓日常生活遇到的、发生了也没有具体部门可以解决的一些意外“麻烦”，统统买了“保险”。比如，地板漏水浸湿了楼下邻居的东西，花盆掉下砸坏了楼下的自行车，空调外机脱落砸伤了经过的路人，家里的宠物咬伤了邻家的孩子……在过去，这些事不光会引发邻里矛盾，还会使当事人双方长时间地为解决纠纷而烦恼，如今只要投了第三者责任险，保险公司替客户买单。

（三）责任风险

责任风险指因侵权、违约、过失（甚至无过失）等原因给他人造成了人身伤害或财产损失，按照法律、合同、道义应承担经济赔偿责任的风险。

三、保险的意义

买保险不是消费，而是另外一种储蓄，是将中长期的储蓄转存到另外一个账户中，为自己、为家人未来的需要准备一大笔资金。这不仅是一种安全理财，还是一份爱心与责任，更是对人生美好的规划。

2014年《国务院关于加快发展现代保险服务业的若干意见》指出，保险成为政府、企业、居民风险管理和财富管理的基本手段，成为提高保障水平和保障质量的重要渠道，成为政府改进公共服务、加强社会管理的有效工具。

保险业是市场化程度较高的行业，同时又具有很强的公益性。所以，运用保险的商业模式，与政府提供公共服务方式的紧密结合，能够发挥保险业的风险管理、财富管理、精算技术等优势，从而也降低了社会管理的成本。

任务二　保险理财产品种类

保险理财产品是相对于传统的保险产品而言的，它是传统保险产品与其他金融产品充分结合的产物，它的突出特点是既有保障功能，又有投资功能。在个人理财规划中，传统保险产品和理财保险产品都要兼顾。

一、传统寿险产品

人寿保险是以人的生命为保险标的，以生死为保险事件的一种人身保险。

（一）生存保险

生存保险是指以被保险人在保险期满时生存为给付保险金条件的保险。这种保险期限一定，保费较低，保障较高，具有较强的储蓄功能。

（二）死亡保险

死亡保险是以被保险人的死亡为给付保险金条件的保险，分为定期死亡保险和终身死亡保险。这类保险保费低，保障高，适合收入较低、负担较重的家庭购买。

（三）两全保险

两全保险是以被保险人的生存或死亡为给付保险金条件的保险。这种保险具备双重保障性。

二、健康险产品

健康保险是以人的身体为标的，当被保险人因意外事故或疾病造成残疾、残废、医疗费用支出以及丧失工作能力而使收入损失时，由保险人给付保险金的一种人身保险。

（一）医疗保险

医疗保险是指提供医疗费用的保险，包括医疗费、手术费、住院费、护理费等赔偿。

（二）残疾收入补偿保险

残疾收入补偿保险是指提供被保险人在残废、疾病或意外受伤后不能继续工作所造成的收入损失的补偿保险。

三、新型寿险理财产品

（一）分红保险

分红保险是指保险公司在每一个会计年度结束后，将本年度由死差益、利差益、费差益所产生的可分配盈余，按照一定的比例以现金红利或增值红利的方式分配给被保险人的一种人寿保险产品。这种保险因为具有分红的功能，所以一般保费较高，保障不高，分红率与其他理财产品相比不高。目前市场上教育储蓄险、养老保险等都属于分红险。

保监会规定保险公司每年至少应将分红保险可分配盈余70%分配给客户。

（二）万能寿险

万能寿险是一种缴费灵活、保险金额可以调整、非约束性（保单现金价值与保险金额分别计算）的创新型寿险产品。保险公司为万能寿险设立独立账户，并提供一个最低保证利率，结算利率不能低于保证利率。对保险公司来说，开办万能寿险承担的利率风险较大，对公司的资产负债管理要求也比较高，因此我国各家保险公司开发的此类产品并不多。其特点如下：

(1) 全能。它融合了保险、保障和投资功能。

(2) 可变。保费和保额均可灵活调整。投保人在缴纳一定量的首期保费后，续期保费可以不交，只要保单的个人账户价值足以支付保单的相关费用，投保人可以不再缴费，并且保单继续有效。

(3) 额外保障。如主险外添加附加重疾、住院费用、意外伤害等多种附加险；规定保费达一定年龄后仍维持不变等。

(4) 长期保障理财兼得。既有最低收益保障，又具有身价保障功能，二者兼得。

(三) 年金保险

年金保险是指保险人在约定的期限内或在指定人的生存期内，按照一定的周期给付年金领取者一定数额保险金的一种传统人寿保险产品。其特点如下：

(1) 高储蓄性，具有养老保障功能。被保险人生存至合同约定年龄时就可以领取保险金直至领取人死亡为止。

(2) 给付条件为年金领取人的生存。

(3) 保险期限由累计期和给付期组成。累计期就是交费期，给付期即给付年金到领取人死亡的期间。

经典实例

中国平安养老理财保险——护身福健康保障计划

中国平安护身福健康保障计划是一款集身故、重疾、意外、养老于一体的险种，其保险利益如下：

(1) 特定轻度重疾，筑起第一防线。

本计划专门设定了8种特定轻度重疾保障。一旦确诊，可获得重疾基本保险金额20%的赔付，且不影响“重大疾病”保障的给付。

(2) 重疾保障全面，确保大病无忧。

本计划保障45种重疾，帮您从容面对重大疾病可能产生的巨额医疗费用。

(3) 选择交清增额，保额可以长大。

选择红利购买交清增额，您的主险和重疾保障可以随着岁月一起长大，有助于抵御医疗费用上涨的风险。终身健康保障，为您设想周全。

(4) 自驾意外保障，呵护有车一族。

提供驾驶或乘坐非营运私家车、乘坐公共交通工具，意外伤害保额双倍赔付。

(5) 意外保障持久，关爱丰富贴心。

意外保险责任至70岁，不再受限于主险交费期。交费期内享有因意外伤害医疗保障。

(6) 豁免保障更保险，安心无忧享未来。扩展豁免范围（豁免重疾由30种提升到45种），更大程度帮您锁定保障。

资料来源：平安集团官网，http://chaoshi.pingan.com/baoxian/hushenfu.shtml.

四、财险类理财产品

当前我国开发的投资型非寿险类个人保险理财产品均为家庭财产保险产品，这主要由家庭对保险标的持有时间具有长期性；家庭结构相对稳定，保险标的比较分散，风险相对稳定；保险标的金额较小，单一标的的全损对整个保险行业影响不大等因素决定的。例如人保的“金牛家财险”“金娃意外险”，太平洋保险的“安居理财综合保险”，华安的“金龙家财险”，华泰的“理财一号意外险”，天安的“幸福家财综合保险”等。

经典实例

天安财险公司“保赢1号”投资型家庭财产保险

适用人群：18周岁以上。

保险期限：1年/2年/3年。

产品特色：

(1) 本产品年转化收益率在中国人民银行同期公布的1年/2年/3年期存款基准利率基础上，上浮0.7个百分点。

(2) 保险期内，客户除投资收益之外，同时还有一份贴心的高额家庭财产保障保险，客户在保险期间内出现保险标的多次出险，您也可以在保额内享有多次理赔服务。

(3) 购买本产品，将同时享有家庭财产保障和投资金增值收益，理赔保险金和满期给付金的领取额度互不影响。

资料来源：天安财险，http://www.95505.com.cn/mhtzlcproduct/42342.jhtml.

任务三　保险理财规划

保险理财规划，就是根据客户及其家庭的实际情况，分析一个家庭所面临的各种潜在风险，定量分析财务保障需求额度，并利用保险方式做出适当的财务安排，避免风险和减少风险发生所导致的损失，从而拥有高品质生活的一种财务筹划活动。

一、个人保险理财的基本目标

消费者购买个人保险理财产品的目标有两个：一是将重大风险转移给保险公司，获得经济保障；二是获得稳定的投资收益。

二、确定保费支出

投资收益越高，则所缴保费也越高，所以购买保险理财产品时，一定要充分考虑个人和家庭的财务状况，尽量以最少的保费支出获得最大的保险利益。一个家庭的保费总支出不应超过家庭年收入的10%。

三、选择合适的保险理财产品

购买保险产品必须根据家庭的实际需要和经济购买力，有选择地投保险种。家庭购买力有限时，成年人或家庭收入主要来源者应优先于子女；年轻时应侧重于保障型的险种；成长型家庭可以考虑分红保险进行投资。

四、确定保险金额

（一）财产保险的保险金额

一般财产，可以根据可保财产的实际价值自行确定，也可以按重置价值确定。对于特殊财产，如古董、字画等，则要请专家评估。保险金额可以等于财产价值（足额保险），也可以小于财产价值（不足额保险），但不能大于财产价值。

（二）人身保险的保险金额

从伦理角度看，人的价值是无法衡量的。目前保险行业根据性别、年龄、职业、收入、资产等，虚拟计算出了“人的价值”。目前对“人的价值”的评估方法主要有生命价值法、财务需求法、资产保存法等。行业常用的保险金额计算公式是：

保险金额＝每年生活费用×5＋负债金额－资产

相关链接

生命价值理论

生命价值理论是探讨个人未来净收入的资本化价值的学说，由美国保险学教授 Huebner 于 1924 年提出。该理论认为，人的生命价值是指个人未来收入或个人服务价值扣除个人衣、食、住、行等生活费用后的资本化价值。从定量角度看，他认为生命价值是一个人预期净收入的资本化价值（现值），其中资本化价值是指维持自身消费以外的余额。其计算步骤如下：

（1）确定个人的工作或服务年限。

（2）估计未来工作期间的年收入。

（3）从预期年收入中扣除税收、保险费及自我消费，得到净收入。

（4）选择适当的贴现率计算预期净收入现值，得到个人的经济价值。

【例 4-1】 王某现在 28 岁，预计工作至 60 岁退休，当前年薪收入为 8 万元，个人消费支出为 5 万元，预计在未来工作期间年收入和个人消费支出均按每年 5%递增。市场平均报酬率为 5%，试计算王某目前的生命价值。

解： 王某剩余工作年限为 32 年，现在年净收入为 3 万元，此后的增长率为 5%，贴现率为 5%，其价值为 3×32＝96（万元）。$PV=\sum_{i=1}^{n}\frac{\text{每年净收入}}{(\text{贴现率})^{i}}$，本题中，年净收入增长率和贴现率相等，所以每年净收入现值都为 3 万元，32 年的现值为 96 万元。

五、明确保险期限

财产保险、意外伤害险、健康保险等，一般多为中短期保险合同，如半年或一年。人寿保险的保险期限一般较长。选择保险理财产品时，应长短期险种综合考虑。

六、选择合适的保险公司

人们选择保险公司时，可以从保险公司的经营理念、财务实力、理赔记录、管理水平、社会声誉等方面加以考察。

七、保险计划的动态监测

随着生命周期的变化，个人和家庭所面临的风险也相应发生变化，所以投保人应根据不同阶段，及时调整保险理财规划。

任务四　保险理财规划实务

王先生，30 岁，年收入 20 万元左右。他想购买高额保障型保险产品，以保障一家三口的稳定生活。此外，王先生也希望在年轻时能够持续储蓄，到退休时能累积一笔数额不小的资金以安度晚年。

根据王先生的保险理财目标，为其制定的保险理财规划如表 4－1 所示。

表 4－1　　王先生的保险理财规划

投保险种	万能终身险	附加男性重疾险	附加住院费用医疗险	附加意外伤害险	附加意外伤害医疗险	合计
保额	30 岁保额为 30 万元，51 岁后为 20 万元	20 万元	住院费用报销比例 80%	20 万元	1万元	
保险期限	终身	20 年	1 年	1 年	1 年	
缴费期限	计划 20 年	20 年	一年一缴	一年一缴	一年一缴	
年缴保费	10 000 元	1 120 元	404 元	460 元	78 元	12 062 元

保险利益如下：

（1）王先生自 30 周岁开始即可享受保额为 30 万元的终身寿险，51 岁开始保额降为 20 万元，30～50 周岁期间还拥有 20 万元的意外身故保障及 20 万元的疾病身故保障。此外，在缴费期内王先生还拥有男性 25 种重大疾病保险、住院医疗费用保险、意外伤害保险、意外医疗保险等多个保障项目。

（2）王先生 20 年内共缴纳万能型终身寿险保险费 20 万元，计划 60 岁退休。满期时至少可以一次性领回 25.9 万元（利益表最低利率保证）作为退休生活费用。若投资收益好，可享有更高获利空间。

投资理财技能大赛模拟拓展训练

问题：根据项目二“情景写实”所给资料，回答下面的问题：

1. 分析李江家庭的优先被保险人。

2. 确定优先被保险人所购买的人寿险及意外险的保额及保费。

解：

1. 优先被保险人的确定，分析结果如表 4－2 所示。

表 4－2　　优先被保险人分析表

姓名	李江	年龄（岁）	34
职业	上班族	个人年收入	112 000
个人年收入占家庭年收入比重（百分比）			112 000÷190 800×100%＝59%

2. 保险金额的确定

提示：（1）以 30 岁男性为例，寿险及重大疾病保险每 10 万元保险金额的保费为 3 300 元，年龄每增减 1 岁，相应保费增减 100 元，30 岁女性每 10 万元基本保额的保费为3 000 元，其他同男性；（2）个人普通意外伤害保险每 10 万元保险金额保费为 200 元。

设寿险及重大疾病保险金额为 x，意外险保额为 y，根据双十原则：

$$\begin{cases}3\,700x+200y=11\,200\\100\,000(x+y)=1\,120\,000\end{cases} \text{得} \begin{cases}x=2.56\\y=8.64\end{cases}$$

所以寿险及重大疾病险金额为 26 万元，保费支出＝26÷10×3 700＝9 620（元），意外险金额为 86 万元，保费支出 86÷10×200＝1 720（元）。编制保险分析表，如表 4-3 所示。

表 4-3 保险分析表

已买意外险保额（万元）	0	保费支出（元）	0
已买寿险及重疾险金额（万元）	0	保费支出（元）	0
建议寿险及重疾险金额（万元）	26	建议保险支出（元）	9 620
建议意外险保额（万元）	86	建议保费支出（元）	1 720

概念索引

保险理财　风险　人身保险　财产保险　保险金额　生命价值理论

闯关考验

一、选择题

1. （　）是指保险公司实际的投资收益高于预计的投资收益时所产生的盈余。

A. 死差益　B. 费差益　C. 利差益　D. 险差益

2. 年金保险是以（　）为给付条件。

A. 被保险人在保险有效期内生存　B. 保险人在保险有效期内生存

C. 受益人在保险有效期内生存　D. 被保险人在保险有效期内死亡

3. 以被保险人在规定时期内死亡为条件，给付死亡保险金的保险是（　）。

A. 两全保险　B. 万能寿险

C. 终身人寿保险　D. 定期人寿保险

4. 红利分配有（　）两种方式。

A. 现金领取　B. 现金红利

C. 增额红利　D. 抵缴保险费

二、判断题

1. 按照保监会的规定，一般保险公司最少要将当年度可分配盈余的 70%分配给红利保险的投保人，保险公司最多自留 30%。（　）

2. 保单撤销权是指投保人在收到寿险保单之日起 15 天内，向保险公司申请退保险，保险公司将全额退还所收保险费。（　）

3. 被继承人投保人寿保险所取得的保险金不计入应征税遗产总额。（　）

4. 投保人获得保险金的时候仍然需要纳税。（　）

三、案例分析题

邹先生，24 岁，月薪 4 000 元，单身，有社会医疗保险，无家庭负担，想存钱但自我控制能力不强，而且朋友较多，花销较大。所以，他想通过购买某种或某些保险，强制储蓄，以备不时之需，同时取得一定的经济保障。试给邹先生制定一份保险规划。

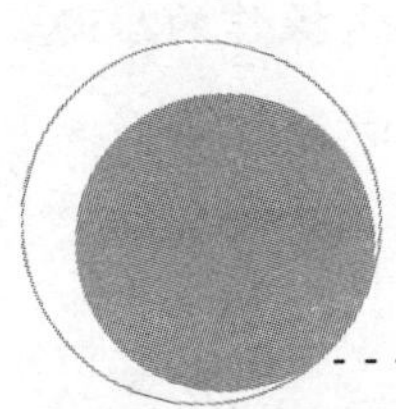

项目五 债券投资理财

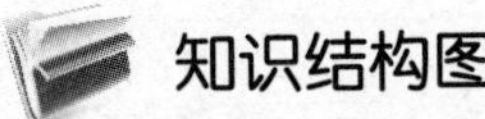

知识结构图

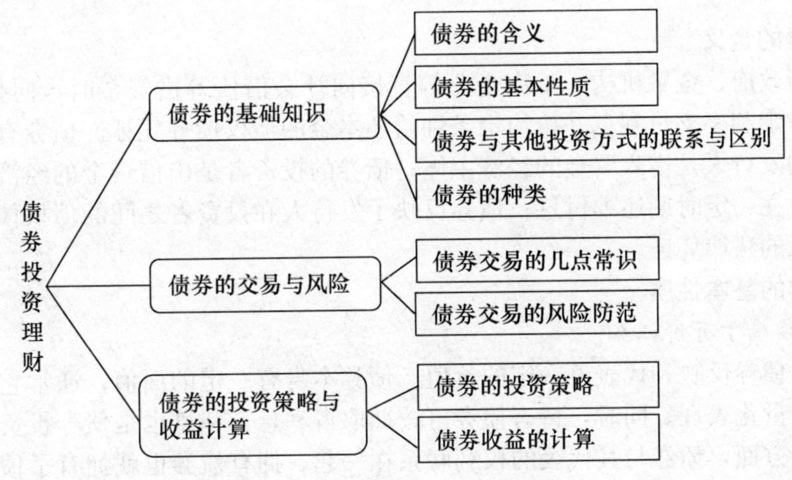

情景写实

保守型投资者的最佳选择

江苏的张大爷今年61岁，退休后享受天伦之乐，家庭和睦。张大爷是从一家事业单位退休的，每月有稳定的退休金，平时和儿子生活在一起，基本上没有开销，他准备用20万元的积蓄进行投资。张大爷对于理财没什么概念，看身边的老同事退休后炒股，买卖基金，他也想尝试一下。

张大爷的儿子张先生从事金融工作，他平时工作忙，也不怎么参与投资理财，但是多年的工作经验使他深知投资的风险，所以在他知道张大爷的想法后，给张大爷提了以下几个建议。首先，炒股需要专业知识，而且风险很大，通常都是赚钱的少，赔钱的多，他本身不在乎父亲的钱，但是他不想让老人因此受打击。所以他建议父亲放弃这个投资渠道。其次，早些年基金的效益相当不错，而且操作也不复杂，但是近几年基金的行情实在不乐观，并且基金公司的一些不透明的操作方式让张先生一直很抵触。最后，就是关于理财产品，虽然各种理财产品号称年化收益很乐观，但实际算来并不比定期存款高多少，而且一旦购买，就被锁定。所以张先生最终建议父亲将这笔积蓄要么存定期，要么买国债。

张大爷采纳了儿子的建议，购买了 3 年期储蓄国债，当时 3 年期定期存款利率为 3.75%，而张大爷购买的此类国债票面利率 4.92%，收益比定期存款高，到期支取的话，利息收入高达 29 520 元，比定期存款多了 7 020 元。这种投资方式没有什么操作的乐趣，但是对于老年人和不愿冒风险的人来说特别适合。

学习目标

1. 债券的含义、特征与种类。
2. 如何进行债券交易。
3. 债券收益的计算。

任务一 债券的基础知识

一、债券的含义

债券是指政府、金融机构、工商企业等直接向社会借债筹措资金时，向投资者发行，同时承诺按一定利率支付利息并按约定条件偿还本金的债权债务凭证。债券有四个方面的含义：债券的发行人是借入资金的经济主体；债券的投资者是出借资金的经济主体；债券的发行人需要在一定时期还本付息；债券反映了发行人和投资者之间的债权债务关系，债券是这一关系的法律凭证。

二、债券的基本性质

（一）债券属于有价证券

一方面，债券反映和代表着一定的价值。债券本身有一定的面值，通常它是债券投资者投入资金的量化表现。同时，持有债券可按期取得利息，利息也是债券投资者收益的价值表现。另一方面，债券与其代表的权利联系在一起，拥有债券也就拥有了债券所代表的权利，转让债券也就将债券代表的权利一并转移。

（二）债券是一种虚拟资本

尽管债券有面值，代表了一定的财产价值，但它也只是一种虚拟资本，而非真实资本。因为债券的本质是证明债权债务关系的证书，在债权债务关系建立时所投入的资金已被债务人占用，因此，债券是实际运用的真实资本的证书。债券的流动并不意味着它所代表的实际资本也同样流动，且债券是独立于实际资本之外的。

（三）债券是债权的表现

债券代表债券投资者的权利，这种权利不是直接支配财产，也不以资产所有权表现，而是一种债权。拥有债券的人是债权人，债权人不同于财产所有人。以公司为例，在某种意义上，财产所有人可以视作公司的内部构成分子，而债权人是与公司相对立的。债权人除了按期取得本息外，对债务人不能做其他任何干预。

三、债券与其他投资方式的联系与区别

随着经济的发展，人们投资的渠道越来越多。在众多的投资方式中，到底选择哪一种最为有利？要正确进行决策，就必须“货比三家”，对各种投资方式追根究底，了解熟悉。如今，储蓄、债券和股票已成“三足鼎立”之势，在投资参与人数和投资规模上都有较大的差别。

（一）债券和股票的异同

股票是股份公司发给投资者作为投资入股的所有权凭证，购买股票者就成为公司股东，股东凭此取得相应的权益，并承担公司相应的责任与风险。由此可见，债券与股票同为有价证券，是一种虚拟资本，是经济运行中实际运用的真实资本的证书，都起到募集社会资金，将闲散资金转化为生产和建设资金的作用。同时，股票和债券都可以在市场上流通，投资者通过投资股票和债券都可以获得相应的收益。

债券与股票的区别主要体现在以下几个方面。

1. 筹资的性质不同

债券的发行主体可以是政府、金融机构或企业（公司）；股票的发行主体只能是股份有限公司。

债券是一种债权债务关系证书，反映发行者与投资者之间的资金借贷关系，投资者是债权人，发行债券所筹集的资金列入发行者的负债；而股票是一种所有权证书，反映股票持有人与其所投资的企业之间的所有权关系，投资者是公司的股东，发行股票所筹措的资金列入公司的资产。

因为筹资性质不同，所以投资者享有的权利不同。债券投资者不能参与发行单位的经营管理活动，只能到期要求发行者还本付息；股票持有人作为公司的股东，有权参加股东大会，参与公司的经营管理活动和利润分配，但不能从公司资本中收回本金，不能退股。

2. 存续时限不同

债券作为一种投资是有时间性的，从债券的要素看，它是事先确定期限的有价证券，到一定期限后就要偿还。股票是没有期限的有价证券，企业无需偿还，投资者只能转让不能退股。企业唯一可能偿还股票投资者本金的情况是，如果企业发生破产，并且债务已优先得到偿还，根据资产清算的结果投资者可能得到一部分补偿。相反，只要发行股票的公司不破产清算，那么股票就永远不会到期偿还。

3. 收益来源不同

债券投资者从发行者手中得到的收益是利息收入，债券利息固定，属于公司的成本费用支出，计入公司运作中的财务成本。在进行债券买卖时，投资者还可能得到资本收益。对于大多数债券来说，由于在它们发行时就会定下在什么时间以多高的利率支付利息或者偿还本金，所以投资者在买入这些债券的同时，往往就能够准确地知道，如果自己持有的债券到期的话，未来收到现金的时间和数量。相反，卖出这些债券的投资者也会清楚地了解，由于卖出债券而放弃的未来现金收入。由于这一原因，债券投资一直深受固定收入者的喜爱。

股票投资者作为公司股东，有权参与公司的利润分配，得到股息、红利，股息和红利是公司利润的一部分。在股票市场上买卖股票时，投资者还可能得到资本收益。事实上，很大一部分股票投资者投资的目的并不是着眼于得到股息和红利，而是为了得到买卖股票的价差，即资本收益。

股票投资的最大特点就是其价格和股息的不确定性，这也是股票投资的魅力之一。由于股息取决于股份公司的获利情况，这是投资者所无法控制的，而且就算公司获得盈利，是否进行分配也需要召开股东大会来决定，未知因素很多，因此股票价格波动比较频繁。

4. 价值的回归性

债券投资的价值回归性，是指债券在到期时，其价值往往是相对固定的，不会随着市场的变化而波动。例如，对于贴现债券来说，其到期价值必然等于债券面值；而到期一次还本付息债券的到期价值，必然等于面值加上应收利息。

股票的投资价值依赖于市场对相关股份公司前景的预期或判断，其价格在很大程度上取决公司的成长性，而不是其股息分配情况。我们经常可以看到，一个股息支付情况较好的公司，其市盈率较低。而且从理论上讲，一只股票的价格可以是 0 到正无穷大之间的任意值。

股票投资的价格计算基于市盈率和该只股票的每股收益，而债券投资的价格计算则是基于该只债券的未来各期现金流以及相对应的贴现率。

【例 5-1】 两种投资方式的比较

Peter 把自己的闲余资金分别投资在股票和债券两个市场，某个星期一，他发现他持有的一只股票价格上涨到了 16 元，原因是该股票发行公司的年报显示其每股收益达到了 1 元，Peter 根据市场的平均 20 倍市盈率，判断该股票的价值应该在 20 元左右，因此他选择了继续买进。

当天，一只剩余期限还有 5 年的固定利率债券的价格涨到了 106 元，Peter 按照固定利率债券到期收益率的计算公式发现这只债券的到期收益率只有 2.7%。Peter 觉得该只债券已经没有上涨的空间了，因此他选择了卖出所持有的这只债券。

我们可以看到，股票和债券由于其本质上的区别，其投资策略决定是完全不同的两个过程。

5. 风险性不同

无论是债券还是股票，都有一系列的风险控制措施，如发行时都要符合规定的条件，都要经过严格的审批，证券上市后要定期并及时发布有关公司经营和其他方面重大情况的信息，接受投资者的监督。但是债券和股票作为两种不同性质的有价证券，其投资风险差别是很明显的。且不说国债和投资风险相当低的金融债券，即使是公司（企业）债券，其投资风险也要比股票投资风险小得多。主要原因有两个：

第一，债券投资资金作为公司的债务，其本金和利息收入有保障。

企业必须按照规定的条件和期限还本付息。债券利息作为企业的成本，其偿付在股票的股息、红利之前；利息数额事先已经确定，企业无权擅自变更。一般情况下，债券的还本付息不受企业经营状况和盈利数额的影响，即使企业发生破产清算的情况，债务的清偿也先于股票。

股票投资者作为公司股东，其股息和红利属于公司的利润。因此，股息与红利的多少事先无法确定，其数额不仅直接取决于公司的经营状况和盈利情况，还取决于公司的分配政策。如果企业清算，股票持有人只有待债券持有人及其他债权人的债务充分清偿后，才能就剩余资产进行分配，很难得到全部补偿。

第二，债券和股票在二级市场上的价格同样会受各种因素的影响，但二者波动的程度不同。

一般来说，债券由于其偿还期限固定，最终收益固定，其市场价格也相对稳定。二级市场上债券价格的最低点和最高点始终不会远离其发行价和兑付价这个区间，价格每天上下波动的范围也比较小，大都不会超过5元。正因为如此，债券“炒作”的周期要比股票长，“炒作”的风险也要比股票小得多。

股票价格的波动比债券要剧烈得多，其价格对各种“消息”极度敏感。不仅公司的经营状况能直接引起股价的波动，而且宏观经济形势、市场供求状况、国际国内形势的变化，甚至一些空穴来风的“小道消息”也能引发股市的大起大落，因此股票市场价格涨落频繁，变动幅度大。这种特点对投机者有极大的吸引力，投机的加剧又使股市波动加剧。因此，股票炒作的风险极大，股市成了“冒险家的乐园”。

高风险往往伴随着高收益，因此从理论上说，投资股票的收益也应当比投资债券收益高。但这是从市场预期收益率来说的，对于每个投资者则不尽然，特别是在我国股市尚不成熟的情况下。

（二）债券投资与储蓄存款的比较

1. 债券投资与储蓄存款的相似之处

（1）债券投资与储蓄存款都体现出一种债权债务关系。

储蓄存款是居民将货币的使用权暂时让渡给银行或其他金融机构的信用行为，资金的让渡者是债权人，而银行或其他金融机构是债务人。债券投资则是投资者将资金的使用权暂时让渡给债券发行人的信用行为，债券发行人（即债务人）是政府、金融机构或企业。

（2）债券投资与储蓄存款到期后都要归还本金。

债券投资和储蓄存款（活期存款除外）都有规定的期限，到期后归还本金。

（3）债券投资与储蓄存款都能够获得预期利息收益。

债券投资和储蓄存款都可事先确定适用利率或计算方法，到期后取得规定的利息收入。

2. 债券投资与储蓄存款的区别

（1）安全性不同。

债券投资的债务人是政府、金融机构和企业，而储蓄存款的债务人是银行和其他金融机构。债务人的不同使二者的安全性存在差异。从整体上看，储蓄存款的安全性高于债券投资。

我国银行信用程度很高，有国家和中国人民银行严格的监管及自身的风险防范预警机制，银行倒闭的风险极小，所以，银行存款是安全、可靠的一种资金增值方式（当然，对于一些机构的违规高息揽存的安全性应另当别论）。

债券投资的安全性与其发行主体有密切关系。一般来说，政府债券因为其发行人是政府，以财政作担保，所以其安全性最高。金融债券的发行基础是银行信用，其安全性与储蓄存款基本相同。而企业债券发行者为各类企业，数量众多且不同企业的资金实力、经营状况不同，其安全性相对较差，投资者要承担因企业亏损、破产而不能及时或按规定条件还本付息的风险。我国对企业债券的发行有相应的规章制度、限制措施，企业债券的风险得到了严格的控制。规模较大和资信级别较高的公司或企业，经过有关部门审查批准后才准予发行。例如，我国发行的电力、铁路、石化等企业债券，风险是相当小的，其利率也相对较高。尽管如此，投资者购买债券时，树立风险意识是非常重要的。

（2）期限不同。

储蓄存款的期限通常较短，定期存款期限最长为8年，而债券虽也有1年内的短期债券但多数期限较长，有的达几十年。我国近年来债券发行比较频繁，品种多样，长、中、短期相结合，适应了投资者不同期限的投资需要。

(3) 流动性不同。

流动性即投资工具在短期内不受损失地变为现金的能力。活期存款的流动性非常强，随时可以到银行转化为现金；但定期存款则缺乏流动性，储户若急需现金将未到期的定期存款提前支取时，不管需要多少，全部存款只能一次性支取，并按照活期存款的利率计息。定期存款越多，期限越长，利息的损失越大。债券具有较强的流动性。债券投资者若急需现金，可以根据需要的多少将手中持有的债券在市场上进行转让，转让价格为市场价格，债券按规定利率和已持有期限应计而尚未支取的利息收入已包含在市场价格之中。当然，债券的流动性依赖于一个比较完善、成熟和发达的债券市场，也与债券本身的质量相关。一般来说，国债具有非常强的流动性，金融债券和上市公司债券流动性也较强。

(4) 收益性不同。

储蓄存款的收益是利息收入。我国目前的利率是由中央银行统一规定的，期限越长，利率越高。存款时每笔存款的利率即已确定，因此可以确定得到的利息收入。存款利率如遇利率调整，除活期存款外，不会发生改变。

债券投资收益的构成相对复杂一些。前面已经论及，债券投资收益最基本的部分是利息收入，但买卖债券时由于价格的变化还可能得到资本收益。若考虑复利，则分期支付利息的附息债券投资收益还应计入利息的再投资收入。

债券的实际利率一般高于同期限的定期存款利率。这里存在两方面的原因：一是债券融资和银行存款在资金循环中的位置不同。债券融资是资金的最终使用者向最初的资金供应者融资，中间不经过任何环节，节省了融资成本；而银行存款属于间接融资，资金存入银行以后，必须由银行发放贷款，资金才能到达最终使用者手中，所以资金最初供应者与最终使用者之间存在银行这一中间环节。

债券融资的情况下，资金最终使用产生的利润由使用者和资金提供者两家分割；而间接融资的情况下，资金最终使用产生的利润由资金使用者、银行和资金提供者三家分割，银行的存贷款利差一般为3%～4%。上述原因使债券的实际利率高于同期限的存款利率成为可能。另一方面，从市场配置资源的一般要求来说，投资的风险越大，要求的报酬率越高。企业债券的投资风险高于银行存款，因此其投资报酬率即利率也要高于银行存款。

四、债券的种类

(一) 记账式国债

记账式国债是指没有实物形态的票券，投资者持有的国债登记于证券账户中，投资者仅取得收据或对账单以证实其所有权的一种国债。在我国，上海证券交易所和深圳证券交易所已为证券投资者建立电脑证券账户，因此，可以利用证券交易所的系统来发行债券。我国近年来通过沪、深交易所的交易系统发行和交易的记账式国债就是这方面的实例。如果投资者进行记账式国债的买卖，就必须在证券交易所设立账户。所以，记账式国债又称无纸化国债。

(二) 凭证式国债

凭证式国债的形式是一种债权人认购债券的收款凭证，而不是债券发行人制定的标准格式的债券。我国近年通过银行系统发行的凭证式国债，券面上不印制票面金额（而是根据认购者的认购额填写实际的缴款金额），是一种国家储蓄债，可记名、挂失，以“凭证式国债收款凭证”记录债权，不能上市流通，从购买之日起计息。在持有期内，持券人如果遇到特殊情况，需要提取现金，可以到购买网点提前兑取。提前兑取时，除偿还本金外，利息按实际持有天数及相应的利率档次计算，经办机构按兑付本金的0.2%收取手续费。

（三）无记名式国债

无记名式国债是一种票面上不记载债权人姓名或单位名称的债券，通常以实物券形式出现，又称实物债券或国库券。实物债券是一种具有标准格式实物券面的债券。在标准格式的债券券面上，一般印有债券面额、债券利率、债券期限、债券发行人全称、还本付息方式等各种债券券面要素。有时，债券利率、债券期限等要素也可以通过公告向社会公布，而不再在债券券面上注明。

（四）柜台国债

国债柜台交易，主要是指柜台记账式国债交易，是指银行通过营业网点（含电子银行系统）与投资人进行债券买卖，并办理相关托管与结算等业务的行为。

（五）储蓄国债

所谓储蓄国债，是政府面向个人投资者发行、以吸收个人储蓄资金为目的，满足长期储蓄性投资需求的不可流通记名国债品种。

（六）国债回购交易

国债回购交易是指证券买卖双方在成交的同时就约定于未来某一时间以某一价格双方再进行反向成交的交易，是一种以有价证券为抵押品拆借资金的信用行为。其实质内容是：证券的持有方（融资者、资金需求方）以持有的证券作抵押，获得一定期限内的资金使用权，期满后则须归还借贷的资金，并按约定支付一定的利息；而资金的贷出方（融券方、资金供应方）则暂时放弃相应资金的使用权，从而获得融资方的证券抵押权，并于回购期满时归还对方抵押的证券，收回融出资金并获得一定利息。

（七）企业债券

企业债券是指中华人民共和国国内具有法人资格的企业为筹集生产与建设资金，依照法定程序发行，约定在一定期限内还本付息的债务凭证。在中国，企业债券泛指各种所有制企业发行的债券。在西方国家，由于只有股份公司才能发行企业债券，企业债券即公司债券，它包括的范围较广，如可转换债券和资产支持证券等。

（八）可转换公司债

可转换公司债是指发行人依照法定程序发行，在一定期限内依据约定的条件可以转换成股份的公司债券。这种债券享受转换特权，在转换前是公司债形式，转换后相当于增发了股票。可转换公司债兼有债权和股权的双重性质。

（九）金融债券

金融债券是指银行及非银行金融机构依照法定程序发行并约定在一定期限内还本付息的有价证券。金融机构的资金来源很大部分靠吸收存款，但有时它们为改变资产负债结构或者用于某种特定用途，也有可能发行债券以增加资金来源。

（十）国际债券

国际债券是一种在国际上直接融通资金的金融工具，是一国政府、金融机构、工商企业或国际性组织为筹集中长期资金而在国外金融市场发行的，以外国货币为面值币种的债券。国际债券的发行者与发行地不在同一个国家，因此债券的债务人和债权人也分属不同的国家。

任务二　债券的交易与风险

一、债券交易的几点常识

申购账户	沪深证券账户或基金账户	申购代码	深市：1016** 或者说 1017**；沪市：751***
申购价格	挂牌认购价格为 100 元	申购单位	以手为单位或其整数倍，1 手代表面值 1 000 元。
申购费用	无需缴纳任何费用	交易时间	每周一至周五，每天上午 9:30 至 11:30，下午 1:00 至 3:00。法定节假日除外。
交易程序	国债的交易程序分为五个步骤：开户，委托，成交，清算和交割	价格最小变动单位	债券的申报价格最小变动单位为 0.01 元人民币。
交易方式	$T+0$，国债现货交易允许实行回转交易。即当天买进入国债当天可以卖出，当天卖出的国债当天可以买进。	交易清算	债券清算按 $T+i$ 方式进行。

相关链接

根据国债发行公告，无记名国债及记账式国债均可通过交易所交易系统进行公开发行。国债发行期间，投资者可到其指定的证券商处办理委托手续，通过交易所交易系统直接认购；投资者也可向认定的国债承销商直接认购。

上市国债发行认购办法与股票有区别。股票按发行对象分为公开发行和不公开发行。

国债采用挂牌分销和合同分销两种方式。挂牌分销为承销商在交易所交易市场挂牌卖出，各会员单位自营或代理投资者通过交易席位申报认购；合同分销为承销商同其他机构或个人投资者签订分销合同进行分销认购。

二、债券交易的风险防范

任何投资都是有风险的，风险不仅存在于价格变化之中，也可能存在于信用之中。因此正确评估债券投资风险，明确未来可能遭受的损失，是投资者在投资决策之前必需的工作。

尽管和股票相比，债券的利率一般是固定的，但人们进行债券投资和其他投资一样，仍然是有风险的。

风险意味着可能的损失，认为“投资就会有盈利”的想法是幼稚和可笑的。因此在对债券进行分析之前，我们有必要首先来关心一下投资债券的风险何在。下面我们来看一看，如果投资债券，可能会面临哪几方面的损失，以及如何去规避它。

（一）违约风险

违约风险，是指发行债券的借款人不能按时支付债券利息或偿还本金，而给债券投资者带来损失的风险。在所有债券之中，财政部发行的国债，由于有政府作担保，往往被市场认为是金边债券，所以没有违约风险。但除中央政府以外的地方政府和公司发行的债券则或多或少地存在违约风险。因此，信用评级机构要对债券进行评价，以反映其违约风险。一般来说，如果市场认为一种债券的违约风险相对较高，那么就会要求债券的收益率要较高，从而弥补可能承受的损失。

规避方法：违约风险一般是由于发行债券的公司或主体经营状况不佳或信誉不高带来的风险，所以，投资者避免违约风险的最直接的办法就是不买质量差的债券。在选择债券时，一定要详细了解公司的情况，包括公司的经营状况和公司的以往债券支付情况，尽量避免投资经营状况不佳或信誉不好的公司债券，在持有债券期间，应尽可能对公司经营状况进行了解，以便及时作出卖出债券的抉择。同时，由于国债的投资风险较低，保守的投资者应尽量选择投资风险低的国债。

（二）利率风险

债券的利率风险，是指由于利率变动而使投资者遭受损失的风险。毫无疑问，利率是影响债券价格的重要因素之一：当利率提高时，债券的价格就降低；当利率降低时，债券的价格就会上升。由于债券价格会随利率变动，所以即便是没有违约风险的国债也会存在利率风险。

规避方法：投资者应采取的防范措施是分散债券的期限，长短期配合，如果利率上升，短期投资可以迅速地找到高收益投资机会，若利率下降，长期债券则能保持高收益。总之，不要把所有的鸡蛋放在同一个篮子里。

（三）购买力风险

购买力风险，是指由于通货膨胀而使货币购买力下降的风险。通货膨胀期间，投资者的实际利率应该是票面利率扣除通货膨胀率。若债券利率为10%，通货膨胀率为8%，则实际的收益率只有2%，购买力风险是债券投资中最常出现的一种风险。实际上，在20世纪80年代末到90年代初，由于国民经济一直处于高通货膨胀的状态，我国发行的国债销路并不好。

规避方法：对于购买力风险，最好的规避方法就是分散投资，以分散风险，使购买力下降带来的风险能为某些收益较高的投资收益所弥补。通常采用的方法是将一部分资金投资于收益较高的投资方式上，如股票、期货等，但带来的风险也随之增加。

（四）变现能力风险

变现能力风险，是指投资者在短期内无法以合理的价格卖掉债券的风险。如果投资者遇到一个更好的投资机会，他想出售现有债券，但短期内找不到愿意出合理价格的买主，要把价格降到很低或者很长时间才能找到买主，那么，他不是遭受降价损失，就是丧失新的投资机会。

规避方法：针对变现能力风险，投资者应尽量选择交易活跃的债券，如国债等，便于得到其他人的认同，冷门债券最好不要购买。在投资债券之前也应考虑清楚，应准备一定的现金以备不时之需，毕竟债券的中途转让不会给持有债券人带来好的回报。

（五）再投资风险

投资者投资债券可以获得的收益有以下三种：

(1) 债券利息。

(2) 从债券买卖中获得的收益。

(3) 临时的现金流(如定期收到的利息和到期偿还的本金)进行再投资所获取的利息。实际上，再投资风险是针对第3种收益来说的。在后面的章节中我们会看到，投资者为了实现与购买债券时所确定的收益相等的收益，这些临时的现金流就必须按照等于买入债券时确定的收益率进行再投资。

规避方法：对于再投资风险，应采取的防范措施是分散债券的期限，长短期配合，如果利率上升，短期投资可迅速找到高收益投资机会，若利率下降，长期债券却能保持高收益。也就是说，要分散投资，以分散风险，并使一些风险能够相互抵消。

(六) 经营风险

经营风险，是指发行债券的单位管理与决策人员在其经营管理过程中发生失误，导致资产减少而使债券投资者遭受损失。

规避方法：为了防范经营风险，选择债券时一定要对公司进行调查，通过对其报表进行分析，了解其盈利能力和偿债能力、信誉等。由于国债的投资风险极小，而公司债券的利率较高但投资风险较大，所以，需要在收益和风险之间做出权衡。

任务三 债券的投资策略与收益计算

一、债券的投资策略

国债投资是一门很深奥的学问，完全掌握它需依赖投资者知识面的拓展和经验的积累。但是，这并不意味着国债投资没有任何策略和技巧。事实上，经过长期的探索，人们已经掌握了一些国债投资的基本原理，并用它们来制定国债投资的策略。

从总体上看，国债投资策略可以分为消极型投资策略和积极型投资策略两种，每位投资者可以根据自己资金的来源和用途来选择适合自己的投资策略。具体来说，在决定投资策略时，投资者应该考虑自身整体资产与负债的状况以及未来现金流的状况，以达到收益性、安全性与流动性的最佳结合。一般而言，投资者应在投资前明确自己是积极型投资者还是消极型投资者。积极型投资者一般愿意花费时间和精力管理他们的投资，通常他们的投资收益率较高；而消极型投资者一般只愿花费很少的时间和精力管理他们的投资，通常他们的投资收益率也相应地较低。有一点必须明确，决定投资者类型的关键并不是投资金额的大小，而是他们愿意花费多少时间和精力来管理自己的投资。大多数投资者都是消极型投资者，因为他们都缺少时间和缺乏必要的投资知识。下面介绍几种比较实用的操作方法。

(一) 消极型投资策略

消极型投资策略是一种不依赖于市场变化而保持固定收益的投资方法，其目的在于获得稳定的债券利息收入和到期安全收回本金。因此，消极型投资策略也常常被称作保守型投资策略。下面介绍最简单的消极型国债投资策略——购买持有法，并介绍几种建立在此基础上的国债投资技巧。

1. 购买持有法

购买持有是最简单的国债投资策略，其步骤是：在对债券市场上所有的债券进行分析之后，根据自己的爱好和需要，买进能够满足自己要求的债券，并一直持有至到期兑付之日。在持有期间，并不进行任何买卖活动。

购买持有虽然十分粗略，但却有其自身的好处：

(1) 这种投资策略所带来的收益是固定的，在制定投资决策的时候就完全知道，不受市场行情变化的影响。它可以完全规避价格风险，保证获得一定的收益率。

(2) 如果持有的债券收益率较高，同时市场利率没有很大的变动或者逐渐降低，则这种投资策略也可以取得相当满意的投资效果。

(3) 这种投资策略的交易成本很低。由于中间没有任何买进卖出行为，因而手续费很低，从而也有利于提高收益率。因此，这种购买持有的投资策略比较适用于市场规模较小、流动性比较差的国债，适合不熟悉市场或者不善于使用各种投资技巧的投资者。

实行购买持有策略时，投资者应注意以下两个方面：首先，根据投资者资金的使用状况来选择适当期限的债券。一般情况下，期限越长的债券，其收益率也往往越高。但是期限越长，对投资资金锁定的要求也就越高，因此最好是根据投资者的可投资资金的年限来选择债券，使国债的到期日与投资者需要资金的日期相近。其次，投资者投资债券的金额也必须由可投资资金的数量来决定。一般在购买持有策略下，投资者不应该利用借入资金来购买债券，也不应该保留剩余资金，而是最好将所有准备投资的资金投资于债券，这样就能保证获得最大数额的固定收益。

但是，购买持有投资策略也有其不足之处。首先，从本质上看，这是一种比较消极的投资策略。在购进债券后，投资者可能不关心市场行情的变化，漠视市场上出现的投资机会，因而往往会丧失提高收益率的机会。其次，虽然投资者可以获得固定的收益率，但是，这种被锁定的收益率只是名义上的，如果发生了通货膨胀，那么投资者的实际投资收益率就会发生变化，从而使这种投资策略的价值大大下降。特别是在通货膨胀比较严重的时候，购买持有投资策略可能会带来比较大的损失。最后，也是最常见的情况是，由于市场利率的上升，使得购买持有投资策略的收益率相对较低。由于不能及时卖出低收益率的债券，投资者转而购买高收益率的债券，因此，在市场利率上升时，这种策略会带来损失。但是无论如何，投资者也能得到原先约定的收益率。

2. 梯形投资法

梯形投资法，又称等期投资法，就是每隔一段时间，在国债发行市场认购一批相同期限的债券，每一段时间都如此，接连不断，这样，投资者在以后的每段时间都可以稳定地获得一笔本息收入。

【例 5-2】 Peter 的投资策略 (1)

Peter 在 2012 年 6 月购买了 2012 年发行的 3 年期债券，在 2013 年 3 月购买了 2013 年发行的 3 年期债券，在 2014 年 4 月购买了 2014 年发行的 3 年期债券。

这样，在 2015 年 7 月，Peter 就可以收到 2012 年发行的 3 年期债券的本息和，此时，Peter 又可以购买 2015 年发行的 3 年期国债，这样，他所持有的三种债券的到期期限又分别为 1 年、2 年和 3 年。如此滚动下去，Peter 就可以每年得到投资本息和，既能够进行再投资，又可以满足流动性需要。

只要 Peter 不停地用每年到期的债券的本息和购买新发行的 3 年期债券，则其债券组合的结构就与原来的相一致。

梯形投资法的优点是投资者能够在每年得到本金和利息，因而不至于产生很大的流动性问题，投资者在用钱时不至于急着卖出尚未到期的债券。同时，在市场利率发生变化时，梯形投资法下的投资组合的市场价值不会发生很大的变化，因此国债组合的投资收益率也不会发生很大的变化。此外，这种投资方法每年只进行一次交易，因而交易成本比较低。但是，梯形投资法不能保证收到约定的收益。

3. 三角投资法

三角投资法，就是利用国债投资期限不同所获本息和也就不同的原理，使得在连续时段内进行的投资具有相同的到期时间，从而保证在到期时收到预定的本息和。这个本息和可能已被投资者计划用于某种特定的消费。三角投资法和梯形投资法的区别在于，虽然投资者都是在连续时期（年份）内进行投资，但是，这些在不同时期投资的债券的到期期限是相同的，而不是债券的期限相同。

【例 5-3】 Peter 的投资策略（2）

Peter 决定在 2020 年进行一次国际旅游，因此，他决定投资国债以便能够确保到时得到所需资金。他可以在 2014 年投资 2014 年发行的 5 年期债券，在 2016 年购买 2016 年发行的 3 年期债券，在 2017 年购买 2017 年发行的 2 年期债券。这些债券都在 2019 年到期，在到期时都能收到预定的本息和，从而能保证 Peter 有足够资金来实现国际旅游。

这种投资方法的特点是，在不同时期进行的国债投资的期限是递减的，因此被称作三角投资法。它的优点是能获得较固定的收益，又能保证到期得到预期的资金以用于特定的目的。

（二）积极型投资策略——利率预测法

积极型投资策略，是指投资者通过主动预测市场利率的变化，采用抛售一种国债并购买另一种国债的方式来获得差价收益的投资方法。这种投资策略着眼于债券市场价格变化所带来的资本损益，其关键在于能够准确预测市场利率的变化方向及幅度，从而能准确预测出债券价格的变化方向和幅度，并充分利用市场价格变化来取得差价收益。因此，积极型投资策略一般也被称作利率预测法。这种方法要求投资者具有丰富的国债投资知识及市场操作经验，并且要支付相对比较多的交易成本。投资者追求高收益率的强烈欲望导致了利率预测法受到众多投资者的欢迎，同时，市场利率的频繁变动也为利率预测法提供了实践机会。

利率预测法的具体操作步骤：投资者通过对利率的研究获得有关未来一段时期内利率变化的预期，然后利用这种预期来调整其持有的债券，期以在利率按其预期变动时能够获得高于市场平均水平的收益率。因此，正确预测利率变化的方向及幅度是利率预测投资法的前提，而有效地调整所持有的债券就成为利率预测投资法的主要手段。

1. 利率预测及其方法

由前面的分析可知，利率预测已成为积极型投资策略的核心。但是利率预测是一项非常复杂的工作。利率作为宏观经济运行中的一个重要变量，其变化受到多方面因素的影响，并且这些影响因素对利率作用的方向、大小都十分难以判断。

从宏观经济的角度看，利率反映了市场资金供求关系的变动状况。在经济发展的不同阶段，市场利率有着不同的表现。在经济持续繁荣增长时期，企业家开始为了购买机器设备、原材料、建造工厂和拓展服务等原因而借款，于是，会出现资金供不应求的状况，借款人会为了日益减少的资金而进行竞争，从而导致利率上升；相反，在经济萧条、市场疲软时期，利率会随着资金需求的减少而下降。利率除了受到整体经济状况的影响之外，还受到以下几个方面的影响：

(1) 通货膨胀率。

通货膨胀率是衡量一般价格水平上升的指标。一般而言，在发生通货膨胀时，市场利率会上升，以抵消通货膨胀造成的资金贬值，保证投资的真实收益率水平。而借款人也会预期到通货膨胀会导致其实际支付的利息的下降，因此，他会愿意支付较高的名义利率，从而导致市场利率水平的上升。

(2) 货币政策。

货币政策是影响市场利率的重要因素。货币政策的松紧程度将直接影响市场资金的供求状况，从而影响市场利率的变化。一般而言，宽松的货币政策，如增强货币供应量、放松信贷控制等都将使市场资金的供求关系变得宽松，从而导致市场利率下降。相反，紧缩的货币政策，如减少货币供应量，加强信贷控制等都将使市场资金的供求关系变得紧张，从而导致市场利率上升。

(3) 汇率变化。

在开放的市场条件下，本国货币汇率上升会引起国外资金的流入和对本币的需求上升，短期内会引起本国利率的上升；相反，本国货币汇率下降会引起外资流出和对本币需求的减少，短期内会引起本国利率下降。

我国的利率体系受到经济发展水平的影响，呈现出一种多利率并存的格局，各资金市场是分割的，资金在市场间的流动受到较大的限制。目前，我国主要有以下的两种利率：

(1) 官方利率。

官方利率是由中国人民银行确定的不同期限或不同类别的存、贷款利率，即管制利率。这是我国金融市场上的主导利率，对整个金融市场，包括债券市场都有较大的影响。

(2) 场外无组织的资金拆借利率。

由于某些金融机构和工商企业缺乏正常的融资渠道，尤其是非国有企业在信贷上受到限制，使得它们只能通过私下资金的拆借来融资。由于这些拆借主体的资金来源和资金获得条件都不尽相同，因而利率十分混乱。当然，在对非国有经济的政策支持和对私下融资的限制下，这种状况会逐渐得以改善。

在考虑影响国债价格的利率时，应注重分析官方利率和国债回购、同业拆借市场利率。其中，官方利率变动次数虽然较少，但由于每次变动的幅度都较大，加上它在整个金融市场上的地位，因而对债券价格的影响是很大的，并且会持续很长的时间。而国债回购、同业拆借市场利率在每个交易日都在变动，且变动幅度比较小，因而对于债券价格的影响的持续时间不长，程度也不大。

投资者在对社会经济运行态势和中央银行货币政策抉择进行综合分析后，可尝试对未来市场利率的变动方向和变动幅度做出较为理性的预测，并据此做出国债投资决策。

2. 债券调整策略

在预测了市场利率变化的方向和幅度之后，投资者可以据此对其持有的债券进行重新组合。这是因为，市场利率将直接决定债券的投资收益率。很显然，债券投资的收益率应该同市场利率密切相关：在市场利率上升时，债券投资的要求收益率也会相应上升，在市场利率下降时，债券的要求收益率也会相应下降。一般地，在计算债券价格时，我们就直接用市场利率作为贴现率，对债券的未来现金流进行贴现。因此，我们可以对市场利率变化和债券价格变化之间的关系做出准确的判断，据此来调整持有的债券。调整组合的目的是，在对既定的利率变化方向及其幅度做出预期后，使持有的债券的收益率最大化。

（1）由于市场利率与债券的市场价格呈反向变动关系，因此，在市场利率上升时，债券的市场价格会下降；在市场利率下降时，债券的市场价格会上升，因而前者的正确调整策略是卖出所持有的债券，而后者的正确调整策略是买入债券。

例如，上交所的9908券在2000年2月28日的收盘价为99.38元，计算得到其相应的到期收益率为3.55%。若2月29日，市场利率下降到3.29%，则9908券的价格将上升到101.49元，上涨了2.11元；若2月29日，市场利率上升到3.81%，则9908券的价格将下降到97.38元，下跌了2.2元。

但是问题在于，债券的种类有很多，它们的期限、票面利率都各不相同，到底应该选择哪种类型的债券呢？下面两个策略将告诉投资者如何选择不同类型（不同期限、不同票面利率）的债券。

（2）债券的期限同债券价格变化之间的关系是有规律可循的：无论债券的票面利率的差别有多大，在市场利率变化相同的情况下，期限越长的债券，其价格变化幅度越大。因此，在预测市场利率下降时，应尽量持有能使价格上升幅度最大的债券，即期限比较长的债券。也就是说，在预测市场利率将下跌时，应尽量把手中的期限较短的债券转换成期限较长的债券，因为在利率下降相同幅度的情况下，这些债券的价格上升幅度较大。

相反，在预测市场利率上升时，若投资者仍想持有债券，则应该持有期限较短的债券，因为在利率上升相同幅度的情况下，这些债券的价格下降幅度较小，因而风险较小。

（3）债券的票面利率同债券的价格变化之间也是有规律可循的：在市场利率变化相同的情况下，息票利率较低的债券所发生的价格变化幅度（价格变化百分比）会比较大。因此，在预测利率下跌时，在债券期限相同的情况下，应尽量持有票面利率低的债券，因为这些债券的价格上升幅度（百分比）会比较大。但是这一规律不适用于周年期的债券。

因此，我们可以得到有关债券调整策略的总原则：在判断市场利率将下跌时，应尽量持有能使价格上升幅度最大的债券，即期限比较长、票面利率比较低的债券。也就是说，在预测市场利率将下跌时，应尽量把手中的短期、高票面利率国债转换成期限较长的、低息票利率的债券，因为在利率下降相同幅度的情况下，这些债券的价格上升幅度较大。

反之，若预测市场利率将上升，则应尽量减少低息票利率、长期限的债券，转而投资高息票利率、短期限的债券，因为这些债券的利息收入高、期限短，因而能够很快地变现，再购买高利率的新发行债券，同时，这些债券的价格下降幅度也相对较小。

需指出的是，利率预测法作为一种积极的国债投资方法，虽然能够获得比较高的收益率，但是这种投资方法具有很大风险。一旦利率向相反的方向变动，投资者就可能遭受比较大的损失，因此，利率预测法只适合熟悉市场行情、具有丰富操作经验的投资者运用，初学者不适宜采用此种投资方法。

（三）其他若干实用的积极型国债投资技巧

1. 等级投资计划法

等级投资计划法，是公式投资计划法中最简单的一种，它由股票投资技巧得来，方法是投资者事先按照一个固定的计算方法和公式计算出买入和卖出国债的价位，然后根据计算结果进行操作。其操作要领是“低进高出”，即在低价时买进、高价时卖出。只要国债价格处于不断波动中，投资者就必须严格按照事先拟订好的计划来进行国债买卖，而是否买卖国债则取决于国债市场的价格水平。具体地，当投资者选定一种国债作为投资对象后，就要确定国债变动的一定幅度作为等级，这个幅度可以是一个确定的百分比，也可以是一个确定的常数。每当国债价格下降一个等级时，就买入一定数量的国债；每当国债价格上升一个等级时，就卖出一定数量的国债。

【例 5-4】 Peter 的投资过程（1）

Peter 选择 2012 年国债作为投资对象（假设 2012 年国债期限为 5 年，利率为 10.5%），确定每个等级国债价格变动幅度为 2 元，第一次购买 100 张面值为 100 元的国债，购进价为 120 元，那么每当国债价格变动到 118、120、122、124、126 元时，按照国债价格下降时买进、上升时抛出的原则进行操作。根据等级投资计划法，当国债价格下降到 118 元时，Peter 再买进 100 张国债，当价格继续下降为 116 元时，Peter 继续买进 100 张国债。但是，当国债价格回升为 118 元时，Peter 就卖出 100 张国债，在价格继续回升到 120 元时，Peter 就继续卖出 100 张国债。这样一个过程结束后，Peter 最初投入 12 000 元购买 100 张国债，价格为 120 元，经过一段操作调整后，虽然国债价格最后还是 120 元，Peter 仍持有 100 张，但他的投入成本已经不是 12 000 元，而是 11 600 元了，也就是说，Peter 在这一过程中获得了 400 元的收益。

等级投资计划法适用于国债价格不断波动的时期。由于国债最终还本付息，因此，其价格呈缓慢上升趋势。在运用等级投资法时，一定要注意国债价格的总体走势，并且，国债价格升降幅度即买卖等级的间隔要恰当。国债市场行情波动较大，买卖等级的间隔可以大一些；国债市场行情波动较小，买卖等级的间隔就要小一些。如果买卖等级间隔过大，会使投资者丧失买进和卖出的良好时机，而过小又会使买卖差价太小，在考虑手续费因素后，投资者获利不大。同时，投资者还要根据资金实力和对风险的承受能力来确定买卖的批量。

2. 逐次等额买进摊平法

如果投资者对某种国债投资时，该国债价格具有较大的波动性，并且无法准确地预期其波动的各个转折点，投资者可以运用逐次等额买进摊平法。

逐次等额买进摊平法就是在确定投资于某种国债后，选择一个合适的投资时期，在这一段时期中定量定期地购买国债，不论这一时期该国债价格如何波动都持续地进行购买，这样可以使投资者的每百元平均成本低于平均价格。运用这种操作法，每次投资时，要严格控制所投入资金的数量，保证投资计划逐次等额进行。

【例 5-5】 Peter 的投资过程（2）

Peter 选择 2012 年 5 年期国债为投资对象，在确定的投资时期中分 5 次购买，每次购入国债 100 张，第 1 次购入时，国债价格为 120 元；第 2 次购进时，国债价格为 125 元；第 3 次购入时，国债价格为 122 元；第 4 次、第 5 次 Peter 的购入价格分别是 126 元、130 元。

到整个投资计划完成时，Peter 购买国债的平均成本为 124.6 元，而此时国债价格已涨至 130 元，这时如果 Peter 抛出此批国债，将获得收益为：(130－124.6)×500＝2 700（元）。

因为国债具有长期投资价值，所以按照这一方法操作，投资者可以稳妥地获取收益。

3. 金字塔式操作法

与逐次等额买进摊平法不同，金字塔式操作法实际上是一种倍数买进摊平法。当投资者第一次买进国债后，发现价格下跌时可加倍买进，以后在国债价格下跌过程中，每一次购买数量比前一次增加一定比例，这样就成倍地加大了低价购入的国债占购入国债总数的比重，降低了平均总成本。由于这种买入方法呈正三角形趋势，形如金字塔，所以称为金字塔式操作法。

【例 5-6】 Peter 的投资过程（3）

Peter 最初以每张 120 元价格买入 2012 年 5 年期国债，投入资金 12 000 元；在国债价格下降到 118 元时，他投入 23 600 元，购买 200 张国债；当国债价格下降到 115 元时，他投入 34 500 元，购入 300 张国债。他三次投入资金 70 100 元，买入 600 张国债，每张平均购入成本为 116.83 元，如果国债价格上涨，只要超过平均成本价，Peter 即可抛出获利。

在国债价格上升时运用金字塔式操作法买进国债，则需每次逐渐减少买进的数量，以保证最初按较低价买入的国债在购入国债总数中占有较大比重。

【例 5-7】 Peter 的投资过程（4）

Peter 最初以每张 115 元的价格购入国债 300 张，在国债价格上升过程中，他按金字塔式操作法进行投资。当国债上升到每张 118 元时，他购入 200 张，当国债价格上升到每张 120 元时，他购入 100 张，这样他投入资金 70 100 元，购入 600 张国债，平均成本为每张 116.83 元，如果国债价格不低于平均成本价，他就可以获利。

国债的卖出同样可以采用金字塔式操作法，在国债价格上涨后，每次加倍抛出手中的国债，随着国债价格的上升，卖出的国债数额越大，以保证高价卖出的国债在卖出国债总额中占较大比重而获得较大盈利。

运用金字塔式操作法买入国债，必须对资金作好安排，避免最初投入资金过多，以后的投资无法加倍摊平。

二、债券收益的计算

债券的收益水平通常用到期收益率来衡量。到期收益率是指以特定价格购买债券并持有至到期日所能获得的收益率。它是使未来现金流量现值等于债券购入价格的折现率。

债券收益率有三种：当期收益率；到期收益率；提前赎回收益率。

当期收益率：当期收益率又称直接收益率，是指利息收入所产生的收益，通常每年支付两次，它占公司债券所产生收益的大部分。当期收益率是债券的年息除以债券当前的市场价格所计算出的收益率。它并没有考虑债券投资所获得的资本利得或是损失，只衡量债券某一期间所获得的现金收入相较于债券价格的比率。

到期收益率：所谓到期收益，是指将债券持有到偿还期所获得的收益，包括到期的全部利息。到期收益率又称最终收益率，是投资购买国债的内部收益率，即可以使投资购买国债获得的未来现金流量的现值等于债券当前市价的贴现率。它相当于投资者按照当前市场价格购买并且一直持有到满期时可以获得的年平均收益率。

提前赎回收益率：债券发行人在债券规定到期日之前赎回债券时投资人所取得的收益率。

1. 债券票面收益率

债券票面收益率又称债券名义收益率或债券票息率，是指债券票面上的固定利息率，即年利息收入与债券面额的比率，其计算公式为：

$$债券票面收益率=\frac{债券票面收益额}{同一单位债券面额}\times 100\%$$

2. 债券直接收益率

直接收益率又称为本期收益率、当前收益率，是指债券的年利息收入与买入债券的实际价格的比率。买入价格可能是发行价，也可能是流通市场交易价，这个价格可能等于、大于或小于票面额。债券直接收益率的计算公式为：

$$债券直接收益率=\frac{债券年利息}{债券买入价}\times 100\%$$

3. 债券持有期收益率

债券持有期收益率是指投资者买入债券后持有一段时间，在债券到期之前将债券出售所得到的收益率。债券持有期收益率的计算公式有两种，一种是息票债券持有期收益率，另一种是一次还本付息债券持有期收益率。

（1）息票债券持有期收益率。

$$息票债券持有期收益率=\frac{年买卖差价收益}{买入价}\times 100\%$$

【例5-8】 2008年10月15日，某投资者按照每手1 040元的价格买入10手2006年10月18日发行的10年期的债券，年利息率为5%，每年10月30日支付当年利息。2013年5月15日，该投资者已获得5年的利息，如以每手1 030元的价格将10手债券出售，计算息票债券持有期收益率。

解：

$$持有年限=4+7\div 12=4.583$$

$$\begin{aligned}债券持有期收益率&=[(1\,000\times 5\%\times 5+1\,030-1\,040)\div 4.583]\div 1\,040\times 100\%\\&=5.04\%\end{aligned}$$

（2）一次还本付息债券持有期收益率。

$$\begin{aligned}\begin{matrix}一次还本付息\\债券持有期收益率\end{matrix}&=[债券面额\times(1+债券票面利率\times 债券年限)-债券买入价]\\&\quad\div 持有年限\div 债券买入价\times 100\%\end{aligned}$$

【例5-9】 某一投资者在某债券发行满1年时按照每手1 020元的价格买入该债券10手，该债券期限为3年，3年后一次还本付息，票面年利息率为4%。发行期满3年时，该投资者将该债券10手赎回。计算持有期投资收益率。

解：

$$持有期收益率=[1\,000\times(1+4\%\times 3)-1\,020]\div 2\div 1\,020\times 100\%=4.9\%$$

4. 债券到期收益率

债券到期收益率又称为债券最终收益率，是指投资者持有债券到期后所得到的收益率。一种是息票债券的到期收益率，另一种是一次还本付息债券到期收益率。

（1）息票债券到期收益率。

$$\text{息票债券到期收益率}=\frac{[\text{债券年利息}+(\text{债券面额}-\text{债券买入价})\div\text{到期年限}]}{\text{债券买入价}}\times 100\%$$

【例 5－10】 2008 年 10 月 15 日，某一投资者按照每手 1 040 元的价格买入 10 手 2006 年 10 月 18 日发行的 10 年期的债券，年利息率为 5%，每年 10 月 30 日支付当年利息。投资者持有到期。计算息票债券持有期收益率。

解： 获利息收入为：

利息总额＝1 000×5%×9＝450(元)

持有期共计 8 年零 3 天，3 天可以忽略不计。平均每年的利息收入为：

年利息＝450÷8＝56.25(元)

债券到期收益率＝[56.25＋(1 000－1 040)÷8]÷1 040×100%＝4.93%

（2）一次还本付息债券到期收益率。

一次还本付息债券到期收益率＝[债券面额×(1＋债券票面利率×债券年限)－债券买入价]÷持有年限÷债券买入价×100%

【例 5－11】 某一投资者按照 1 010 元的价格买入某债券 10 手，票面利率为 3%，持有 2 年后到期，一次性还本付息，债券期限 3 年，计算到期收益率。

解： 到期收益率＝[1 000×(1＋3%×3)－1 010]÷2÷1 010×100%＝3.96%

5. 贴现债券收益率

贴现债券又称为贴水债券，是指低于面值发行，发行价与票面金额的差额相当于预先支付利息，债券期满时按面值偿付的债券。贴现债券一般用于短期债券的发行。

贴现债券收益率又分为贴现债券的到期收益率和贴现债券持有期收益率。

当投资者按照贴现价格购入新发行的贴现债券，持有到期后按照面额得到偿付时，可以按以下公式计算到期收益率：

贴现债券到期收益率＝(债券面额－发行价格)÷债券年限×365÷发行价格×100%

公式中的发行价格按以下公式计算：

贴现债券发行价格＝债券面值×(1－年贴现率×债券有限年限)

【例 5－12】 某贴现债券面值 1 000 元。期限 180 天，以 10%的贴现率公开发行。计算到期收益率。

解：

发行价格＝1 000×(1－10%×180÷360)＝950(元)

到期收益＝(1 000－950)÷180×365÷950×100%＝10.67%

当投资者中途出售贴现债券时，可以计算持有期收益率：

贴现债券持有期收益率＝(债券卖出价－债券买入价)÷持有期限×365÷债券买入价×100％

式中的卖出价要根据证券行情表公布的折扣率计算，公式为：

卖出价＝债券面值×(1－折扣率×债券剩余年限)

【例5-13】某贴现债券面值1 000元，期限180天，以10％的贴现率公开发行。某投资者按照950元的价格买入10张100元面值的贴现债券。发行60天后，市场公布的折扣率为9％，计算此时出售贴现债券的持有期收益率。

解：先计算贴现债券卖出价：

卖出价＝1 000×(1－9％×120÷360)＝970(元)

再计算收益率：

贴现债券持有期收益率＝(970－950)÷60×365÷950×100％＝12.81％

概念索引

债券　记账式国债　凭证式国债　债券回购交易　企业债券　可转换公司债　金融债券　梯形投资法　到期收益率　当期收益率　提前赎回收益率

闯关考验

1. 以下关于债券的说法正确的是（　　）。

A. 不同于股票，投资债券没有任何风险

B. 只有当持有到期时，投资债券没有任何风险

C. 赎回权是到期条款中投资者可以行使的权利

D. 回售权是到期条款中有利于投资者的条款

2. 以下债券全部属于信用债券的是（　　）。

A. 国债和公司债　　B. 央票和企业债

C. 政策性金融债和中期票据　　D. 短融和企业债

3. 债券按照交易场所可以分为（　　）。

A. 公募债券和私募债券　　B. 银行间债券和交易所债券

C. 利率产品和信用产品　　D. 以上说法均不正确

4. 李先生买入一只剩余期限为3年的公司债，并打算持有到期，则该投资者面临（　　）。

A. 信用风险　　B. 利率风险

C. 流动性风险　　D. 以上三者都有

5. 关于利率水平的说法正确的是（　　）。

A. 通胀水平走高，市场预期利率水平会走高

B. 经济增长超预期，市场预期利率水平会走低

C. 央行采用宽松的货币政策，市场预期利率水平会走高

D. 以上说法均不正确

6. 银行间市场的主要结算和托管机构是（　　）。

A. 中国证券登记结算公司　　B. 中央国债登记结算有限责任公司

C. 上海清算所　　D. 中国银行间市场交易商协会

7. 债券投资风险包括（　　）。

A. 利率风险　　B. 信用风险

C. 流动性风险　　D. 再投资风险

E. 价格风险

8. 以下有关交易所市场和银行间市场的比较，错误的是（　　）。

A. 交易所市场是场外市场，银行间市场是场内市场

B. 交易所市场主要是集中撮合成交；银行间市场采取询价，逐笔交收成交

C. 交易所市场品种有公司债、企业债和可转债；银行间市场有短期融资券、中期票据和企业债

D. 交易所市场的主要监管机构是证监会。银行间市场的主要监管机构是中央国债登记结算有限责任公司、全国银行间同业拆借中心和中国银行间交易商协会

9. 按照发行量和托管量衡量，我国债券市场的主体市场是（　　）。

A. 银行间市场　　B. 交易所市场

C. 商业银行柜台市场　　D. 其他市场

10. 以下关于市场利率的期限结构说法错误的是（　　）。

A. 利率的期限结构是指债券收益率与到期日之间的关系

B. 预期理论认为长期收益率是由现在的和未来的短期利率预期决定的

C. 市场分割理论认为长期收益率是由整个债券市场的供需关系决定的

D. 风险溢价理论认为长期收益率是由投资者风险偏好决定的

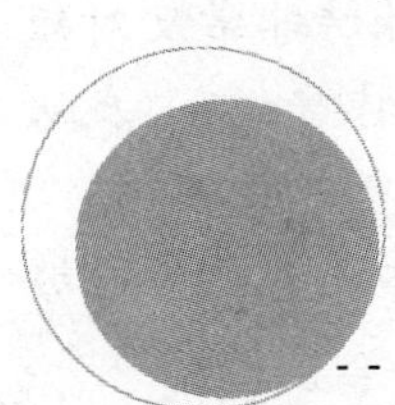

项目六 股票投资理财

知识结构图

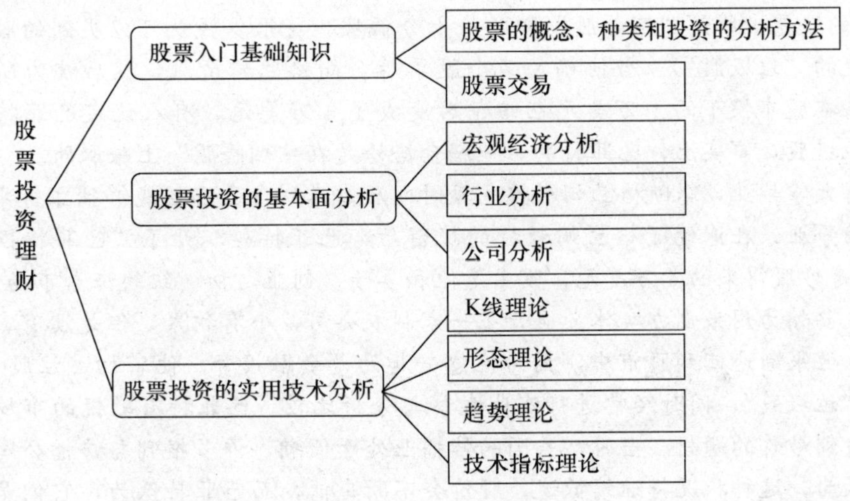

情景写实

沃伦·巴菲特的故事

1930年沃伦·巴菲特出生在美国内布拉斯加州奥马哈市的一个证券推销员家庭，他从小就有赚钱的强烈欲望，梦想在35岁时成为富豪。受家庭影响，他对股票特别着迷，当其他孩子还在玩飞机模型、玩棒球或赛马的时候，他却一门心思盯着华尔街的股市图表，像大人一样，专心致志地画各种股票价格波动的曲线，并且画得像模像样，这令他的父母惊叹不已。11岁时，他说服姐姐与自己共同购买股票，他们合资买了3股“城市服务公司”的股票，每股38美元。他满怀信心地等待出手赚钱，然而，该股票价格不断下跌，姐姐很气愤，不断埋怨他选错了股。值得庆幸的是，该股票价格很快反弹，上涨到每股40美元，小巴菲特沉不住气了，将股票全部出手，赚了6美元。正当他得意的时候，该股票价格狂升，姐姐又埋怨他卖早了。这是他第一次涉足股市，虽然赚得不多，但收获了教训：在股市中一定要不为震荡所动，相信自己的判断，持之以恒。巴菲特不断地在股市中尝试，不断总结经验，加上父母的指点，逐渐小获成果。初中刚毕业，他就用炒股赚的钱在拉斯维加斯州购置了一块40亩的农场，成为了一个“小地主”。

正因为小时候的炒股经验，锻造出巴菲特决定长线投资的心态。巴菲特选择投资标的物时，从来不会把自己当作市场分析师，而是把自己视为企业经营者。巴菲特非常反对短线交易，认为那是浪费时间及金钱的行为，而且会影响到操作绩效。巴菲特曾说：“我从不打算在买入股票的次日就赚钱，我买入股票时，总是会先假设明天交易所就会关门，5年之后才又重新打开，恢复交易。”他告诫投资人，任何一只股票，如果你没有把握能够持有10年，那就连10分钟都不必考虑持有。

进入高中，巴菲特一边学习，一边炒股，兴趣越来越浓，越来越倾向到大学攻读金融学。21岁时，巴菲特在股市获利达9 800美元，这笔钱是他日后赚钱的“种子”，是致富的孵化器。大学期间，巴菲特醉心投资之道，成为“金融教父”——本杰明·格兰姆教授的得意门生。大学毕业后，格兰姆邀请巴菲特到自己的公司——“纽约投资”公司共事。巴菲特仔细研究《股市导向》杂志，以教授的理论与实践经验来寻找那些被格兰姆称作“烟蒂股”的股票。所谓“烟蒂股”即股价十分低廉，花很少钱就可以买到的股票（就是我们经常说的“垃圾股”）。当他确定某个股票后会向格兰姆请教，然后就力所能及地购买。巴菲特在股市投下的1万美元在四年后变成了4万美元。有人认定巴菲特只买绩优股，不买垃圾股，事实上，巴菲特的第一桶金恰恰是在“烟蒂股”上赚取的。

巴菲特大学毕业，跟随格兰姆教授一段时间后，感到自己已经能够独立行事，他决心开创自己的事业。在谢绝了格兰姆教授的挽留后，巴菲特辞职开了“巴菲特投资有限公司”，资产是炒股得来的4万美元，股东是他和妻子。创业之初，纽约证券市场处于熊市，巴菲特将主要精力用来创办实体。他开了一家制衣公司，小有积累，但是没有富起来。一段时间后，他果断地回到股市中，因为他感兴趣的是金融投资。他密切关注股市的发展，精心挑选“垃圾股”，同时经常进行实地考察与分析比较。巴菲特有敏锐的市场眼光，比其他人先看到炒作的题材。当时，美国的传播业处于低潮，许多报刊与广播公司亏损，绝大多数人认为，这种状况将继续低迷，股价会不断走低，而巴菲特认为，它们是成长性企业，后期看好，其股市价值远远低于实际价值。在股市上，别人抛出，他偏吃进，巴菲特尽一切可能大量吃进包括《华盛顿邮报》、美国广播公司等在内的多种传媒业的股票。很快，这些企业因业绩前景好而止跌上涨，巴菲特再度高价位出手，赚到上百万美元。巴菲特就是以这种方式勤奋耕作，创业2年后，他的投资公司市值达2 200万美元。伯克希尔·哈撒韦公司原来是一家不错的投资公司，规模不大，但有较好的声誉，1965年，因经营不善，该公司濒临破产，每股价格仅12美元。通过反复调查比较，巴菲特力排众议，以合作的方式买下该公司，出任董事长兼总经理。巴菲特做出了人生中最重要的选择，他有了自己的立足之地，一家独立的投资公司。后来，他以此公司进入证券市场，如鱼得水，赚尽天下财富。伯克希尔公司开始活跃起来，不断全盘收购或部分收购多家纺织公司、百货公司、食品公司、糖果公司的股票。一些股票评论家对此非常不理解，认为巴菲特做法保守，净吃“垃圾股”。巴菲特不为世人的讥笑而动摇自己的选择，因为他看中的是企业的实际价值。后来，伯克希尔公司的市值不断上涨，股票从无人问津的12美元一直攀升到20美元、40美元、80美元，直至成为纽约证券交易所最昂贵的股票。人们惊奇地发现，巴菲特的财富如神话般地增长，他成为了纽约以投资证券致富的新贵族。2015年美国当地时间9月29日，《福布斯》发布美国富豪400强榜单，巴菲特凭借620亿美元财富排名美国富豪第二名，这也是巴菲特自2001年以来的一贯排名。巴菲特在股票投资中坚持中长期投资，至少是5～10年，坚持投资自己熟悉的领域，坚持做自己熟悉的股票，"做熟不做生"是他一贯的操作方法。巴菲特就是这样成为了世界上靠股市暴富的大富豪。

学习目标

1. 掌握股票入门的基础知识。
2. 掌握宏观经济分析方法。
3. 掌握行业分析方法。
4. 掌握实用技术分析方法。

任务一　股票入门基础知识

一、股票的概念、种类和投资的分析方法

（一）股票的概念

股票是一种由股份制有限公司签发的用以证明股东所持股份的凭证，它表明股票的持有者对股份公司的部分资本拥有所有权。由于股票包含经济利益，且可以上市流通转让，所以股票是一种有价证券。我国上市公司的股票是在上海证券交易所和深圳证券交易所发行的，投资者一般在证券经纪公司开户交易。

（二）股票的种类

根据不同的划分标准，股票可以分为以下几类。

1. 普通股

普通股是指在公司的经营管理和盈利及财产的分配上享有普通权利的股份，代表满足所有债权偿付要求及优先股股东的收益权与求偿权要求后对企业盈利和剩余财产的索取权，它是构成公司资本的基础，是股票的一种基本形式，也是发行量最大、最为重要的股票。

在上海证券交易所和深圳证券交易所交易的股票都是普通股。普通股股票持有者按其所持有股份比例享有以下基本权利：

（1）公司决策参与权。普通股股东有权参与股东大会，并有建议权、表决权和选举权，也可以委托他人代表其行使其股东权利。

（2）利润分配权。普通股股东有权从公司利润分配中得到股息。普通股的股息是不固定的，由公司盈利状况及其分配政策决定。普通股股东必须在优先股股东取得固定股息之后才有权享受股息分配权。

（3）优先认股权。如果公司需要扩张而增发普通股股票时，现有普通股股东有权按其持股比例，以低于市价的某一特定价格优先购买一定数量的新发行股票，从而保持其对企业所有权的原有比例。

（4）剩余资产分配权。当公司破产或清算时，若公司的资产在偿还欠债后还有剩余，其剩余部分按先优先股股东，后普通股股东的顺序进行分配。

2. 优先股

优先股是相对于普通股而言的，主要指在利润分红及剩余财产分配的权利方面，优先于普通股。

优先股有两种权利：

（1）在公司分配盈利时，拥有优先股的股东比持有普通股的股东分配在先，而且享受固定数额的股息，即优先股的股息率都是固定的。普通股的红利却不固定，视公司盈利情况而定，利多多分，利少少分，无利不分，上不封顶，下不保底。

（2）在公司解散分配剩余财产时，优先股在普通股之前分配。

3. 绩优股

绩优股是指那些业绩优良，但增长速度较慢的公司的股票。这类公司有实力抵抗经济衰退，但并不能给投资者带来可观的利润。这类公司业务较为成熟，不需要花很多钱来扩展业务，所以投资者投资这类公司的目的主要在于拿股息。另外，投资这类股票时，市盈率不要太高，同时要注意股价在经济不景气时的波动记录。

4. 后配股

后配股是在利益或利息分红及剩余财产分配时比普通股处于劣势的股票，一般是在普通股分配之后，对剩余利益进行再分配。如果公司的盈利巨大，后配股的发行数量又很有限，则购买后配股的股东可以获得很高的收益。发行后配股，一般所筹措的资金不能立即产生收益，投资者的范围又受限制，因此利用率不高。后配股一般在下列情况下发行：

（1）公司为筹措扩充设备资金而发行新股票时，为了不减少对旧股的分红，在新设备正式投用前，将新股票作后配股发行。

（2）企业兼并时，为调整合并比例，向被兼并企业的股东交付一部分后配股。

（3）在有政府投资的公司里，私人持有的股票股息达到一定水平之前，把政府持有的股票作为后配股。

（三）股票投资的分析方法

人们对于股市波动逻辑的认知，是一个极富挑战性的世界级难题。迄今为止，尚没有任何一种理论和方法能够令人信服并且经得起时间检验——2013 年 10 月 14 日，瑞典皇家科学院在授予美国经济学家尤金·法玛、拉尔斯·彼得·汉森以及罗伯特·席勒该年度诺贝尔经济学奖时，明确指出：几乎没有什么方法能准确预测未来几天或几周股市、债市的走向，但也许可以通过研究，对三年以上的价格进行预测。

股票投资的分析方法主要有基本分析、技术分析、演化分析。

1. 基本分析

基本分析（fundamental analysis）是以传统经济学理论为基础，以企业价值作为主要研究对象，通过对决定企业内在价值和影响股票价格的宏观经济形势、行业发展前景、企业经营状况等进行详尽分析，测算上市公司的长期投资价值和安全边际，并与当前的股票价格进行比较，形成相应的投资建议。基本分析认为股价波动轨迹不可能被准确预测，而只能在有足够安全边际的情况下买入股票并长期持有。

2. 技术分析

技术分析（technical analysis）是以传统证券学理论为基础，以股票价格作为主要研究对象，以预测股价波动趋势为主要目的，从股价变化的历史图表入手，对股票市场波动规律进行分析的方法总和。技术分析认为市场行为包容消化一切，股价波动可以定量分析和预测，如道氏理论、波浪理论、江恩理论等。

3. 演化分析

演化分析（evolutionary analysis）是以演化证券学理论为基础，将股市波动的生命运动属性作为主要研究对象，从股市的代谢性、趋利性、适应性、可塑性、应激性、变异性和节律性等方面入手，对市场波动方向与空间进行动态跟踪研究，为股票交易决策提供机会和风险评估的方法总和。演化分析从股市波动的本质属性出发，认为股市波动的各种复杂因果关系或者现象，都可以从生命运动的基本原理中找到它们之间的逻辑关系及合理解释，并为股票交易决策提供令人信服的依据。

股票投资的分析方法之间既相互联系，又有重要区别。

(1) 相互联系主要表现在投资决策的具体应用层面。技术分析要有基本分析做支持，才能避免“缘木求鱼”；技术分析和基本分析要纳入演化分析的基本框架，才能提高其科学性、适用性、有效性和可靠性。

(2) 重要区别主要表现在如何理解人与市场的关系。技术分析派认为市场是对的，股价走势已经包含了所有有用的信息，其基本理念是“顺势而为并及时纠错”；基本分析派认为投资者自己的分析是对的，市场会经常出错，其基本理念是投资者利用市场出错机会“低价买入并长期持有”；演化分析派则认为市场和投资者的对与错，无论在时间和空间上，还是在形式和内容上，都不存在恒定、统一的评判标准，对与错在很大程度上取决于人性的弱点与市场生态的协同演化进程，其基本理念是“一切以生物本能与进化法则考量为前提”。

需要强调的是，由于受到机械论的思维定式和各种先入为主的理论或方法的严重影响，投资者在股票交易决策活动中，存在着许多误区与困境。最常见的误区是：在认识论上将复杂问题简单化，在方法论上却又将简单问题复杂化；最主要的困境是：技术分析的有效性“此一时彼一时”已属常态，其科学性和可靠性一直受到广泛质疑，而基本分析的客观性显然是“见仁见智”，其适用性、准确性、可行性也受到严峻挑战。

二、股票交易

（一）股票交易的相关术语

1. 开盘价

以竞价阶段第一笔交易价格为开盘价，如果没有成交，以前一日收盘价为开盘价。

2. 收盘价

收盘价指每天成交的最后一笔股票的价格，也就是收盘价格。

3. 最高价

最高价指当日所成交价格中的最高价位。有时最高价只有一笔，有时不止一笔。

4. 最低价

最低价指当日所成交价格中的最低价位。有时最低价只有一笔，有时不止一笔。

5. 洗盘

投机者先把股价大幅度杀低，使大批小额股票投资者（散户）产生恐慌而抛售股票，然后再把股价抬高，乘机渔利。

6. 回档

在股市上，股价呈不断上涨的趋势，终因股价上涨速度过快而反转回跌到某一价位，这一调整现象称为回档。一般来说，股票的回档幅度要比上涨幅度小，通常是反转回跌到前一次上涨幅度的1/3左右时，又恢复原来上涨趋势。

7. 反弹

在股市上，股价呈不断下跌趋势，终因股价下跌速度过快而反转回升到某一价位，这一调整现象称为反弹。一般来说，股票的反弹幅度要比下跌幅度小，通常是反弹到前一次下跌幅度的1/3左右时，又恢复原来的下跌趋势。

8. 买空

投资者预测股价将会上涨，但自有资金有限不能购进大量股票，于是先缴纳部分保证金并通过经纪人向银行融资以买进股票，待股价上涨到某一价位时再卖出，以获取差额收益。

9. 卖空

投资者预测股票价格将会下跌，于是向经纪人交付抵押金，并借入股票抢先卖出。待股价下跌到某一价位时再买进股票，然后归还借入股票，并从中获取差额收益。

10. 多杀多

多杀多即多头杀多头。股市上的投资者普遍认为当天股价将会上涨，于是大家抢多头帽子买进股票，然而当天股价并没有大幅度上涨，无法高价卖出股票，等到股市结束前，持股票者竞相卖出，造成股市收盘价大幅度下跌的局面。

11. 轧空

轧空即空头倾轧空头。股市上的股票持有者一致认为当天股票将会大幅度下跌，于是多数人去抢空头帽子卖出股票，然而当天股价并没有大幅度下跌，无法低价买进股票。股市结束前，做空头的只好竞相补进，从而出现收盘价大幅度上升的局面。

12. 跳空

跳空指受强烈利多或利空消息刺激，股价开始大幅度跳动。跳空通常在股价大变动的开始或结束前出现。

13. 补空

补空是空头买回以前卖出的股票的行为。

14. 套牢

套牢是指进行股票交易时所遭遇的交易风险。例如，投资者预计股价将上涨，但在买进后股价却一直呈下跌趋势，这种现象称为多头套牢。相反，投资者预计股价将下跌，将所借股票放空卖出，但股价却一直上涨，这种现象称为空头套牢。

15. 阻力线

股市受利多信息的影响，股价上涨至某一价格时，做多头的认为有利可图，但实际却有大量卖出，使股价至此停止上升，甚至出现回跌。股市上一般将这种遇到阻力时的价位称为关卡，股价上升时的关卡称为阻力线。

16. 支撑线

股市受利空信息的影响，股价下跌至某一价位时，做空头的认为有利可图，大量买进股票，使股价不再下跌，甚至出现回升趋势。股价下跌时的关卡称为支撑线。

17. 首次公开发行股票（initial public offerings，IPO）

首次公开招股是指一家企业第一次将它的股份向公众出售。通常，股份公司根据出具的招股书或登记声明中约定的条款通过承销商进行销售。一般来说，一旦首次公开上市完成后，这家公司就可以申请到证券交易所或报价系统挂牌交易。

18. 涨停板

证券市场中交易当天价格的最高限度称为涨停板，涨停板时的价格叫涨停板价。

（二）股票交易的时间、单位和涨跌幅限制等

1. 股票交易的时间

我国股票交易时间：周一至周五（法定休假日除外），上午 9:30—11:30，下午 13:00—15:00 竞价成交。

（1）竞价原则：价格优先、时间优先。价格较高的买进委托优先于价格较低的买进委托；价格较低的卖出委托优先于价格较高的卖出委托；同价位委托，则按时间顺序优先。

（2）竞价方式：上午 9:15—9:25 进行集合竞价；上午 9:30—11:30 和下午 13:00—15:00 进行连续竞价（对有效委托逐笔处理）。

2. 股票交易单位

（1）股票交易单位为“股”，100 股=1 手，委托买入数量必须为 100 股或其整数倍。

（2）基金交易单位为“份”，100 份=1 手，委托买入数量必须为 100 份或其整数倍。

（3）国债现券和可转换债券的交易单位为“手”，1 000 元面额=1 手，委托买入数量必须为 1 手或其整数倍。

（4）当委托数量不能全部成交或分红送股时可能出现零股（不足 1 手的为零股），零股只能委托卖出，不能委托买入零股。

3. 报价单位

股票以“股”为报价单位；基金以“份”为报价单位；债券以“手”为报价单位。例如，行情显示“深发展 A”30 元，即“深发展 A”股现价 30 元/股。

交易委托价格最小变动单位：A 股、债券为人民币 0.01 元；基金为人民币 0.000 1 元；深 B 为港币 0.01 元；沪 B 为美元 0.001 元；上海债券回购为人民币 0.005 元。

4. 涨跌幅限制

在一个交易日内，除首日上市证券外，每只证券的交易价格相对上一个交易日收市价的涨跌幅度不得超过 10%，超过涨跌限价的委托为无效委托。

在股票名称前冠以“ST”和“*ST”的股票表示该上市公司最近两年连续亏损，或亏损一年，但净资产跌破面值、公司经营过程中出现重大违法行为等情况之一，交易所对该公司股票交易进行特别处理。股票交易日涨跌幅限制为 5%。

5. T+1 交收制度

自 1995 年 1 月 1 日起，为了保证股票市场的稳定，防止过度投机，股市实行“T+1”交收制度，当日买进的股票，要到下一个交易日才能卖出，同时对资金仍然实行“T+0”交收制度，即当日回笼的资金马上可以使用。这种交收方式适用于我国的 A 股、基金、国债交易。

任务二　股票投资的基本面分析

一、宏观经济分析

宏观经济分析以整个国民经济活动作为考察对象，研究各个有关的总量及其变动情

况，特别是研究国民生产总值和国民收入的变动及其与社会就业、经济周期波动、通货膨胀、经济增长等之间的关系，因此宏观经济分析又称总量分析或整体分析。J. M. 凯恩斯是现代西方宏观经济分析方法的创立者，他运用这种方法建立了凯恩斯经济理论体系。

宏观经济分析（总量分析）和微观经济分析（个量分析）都被认为是经济学中的数量分析。这些分析方法的共同特征是：只研究经济中的数量（总量或个量）的变动以及数量之间的关系，而以既定的制度结构作为分析的前提，与数量分析相对的是经济学中的制度结构分析。

（一）宏观经济分析的方向

宏观经济分析从总供给和总需求两方面入手。

1. 总供给分析

在进行总供给形势分析时，人们会考虑全国完成工业增加值和这一数值的同比增长情况。进一步细分，人们会区别所有制分析国有及国有控股企业、集体企业、股份制企业、“三资”企业等不同类型的公司的增长情况。重工业增长与轻工业增长的比较也十分重要。在 1999 年上半年，重工业增长快于轻工业，反映出政府投资拉动的力度和消费低迷的状况。成品钢材、铜材、铝材、水泥、化肥、化学农药等主要原材料的产量，耐用消费品及信息通信产品生产情况，以及全国发电量、运输量增长情况均能反映总供给状况。不过，在分析基础产品增长的时候，应当意识到基础产品对经济增长的决定性作用正在逐渐发生变化。例如，发电量的多少以往一直作为经济发展的指标之一，但许多行业已从高能耗变为低能耗，因此即使发电量增长速度相对缓慢也不能像过去那样同比例推断经济增长速度减慢了。

2. 总需求分析

总需求分析一般从固定资产投资需求、外贸需求和内需三个方面入手。

(1) 固定资产投资是增是减，反映出投资需求整体情况。不过对于不同经济类型的固定资产投资应进行具体分析。如果国有单位固定资产增加较多，那么可以推断政府的调控力度较大。技术更新改造投资体现了企业对未来的预期。对未来预期好，就会在技术更新上投入更多的资金。

(2) 外贸需求用出口减去进口的净出口数值来表示。例如，2016 年上半年，我国净出口总额为 1.67 万亿元。如果净出口出现下降，不仅减弱了对经济增长的直接拉动力，更为严重的是出口受阻的产品不得不在国内寻找市场，这样就会出现外需压迫内需的局面。

(3) 内需以社会消费品零售总额来表示。2016 年社会消费品零售总额为 332 316 亿元，比上年同期增长 10.4%。有关部门还编制了反映消费者对家庭经济状况和总体经济走向预期的消费者信心指数。指数值越大，消费者信心也越大。

物价是反映消费状况的一个重要指标。一般使用消费者物价指数和零售物价指数来反映物价整体水平。如果物价指数持续下跌，对消费者和投资者的信心有较大负面影响，人们会认为今天消费不如明天消费，企业也因为市场对产品的需求不旺而缺乏资金进行生产。

物价指数的涨跌在很大程度上取决于一些基本产品的价格。例如，某年粮食和生猪产量较往年高时，与粮食和猪肉相关的商品价格均会下调，这会带动物价整体下滑。

进行宏观经济分析还需要关注财政和金融运行状况。财政收支情况，尤其是税收政策变化，主要税种的征收情况以及国家的国债政策对宏观经济具有很大的影响。货币供应量增幅大小反映出国家宏观金融的调节力度。

（二）宏观经济分析的意义

1. 把握证券市场的总体变动趋势

在证券投资领域中，宏观经济分析非常重要，只有把握住经济发展的大方向，才能把握证券市场的总体变动趋势，做出正确的长期决策；只有密切关注宏观经济因素的变化，尤其是货币政策和财政政策因素的变化，才能抓住证券投资的市场时机。

2. 判断整个证券市场的投资价值

证券市场的投资价值与国民经济整体素质、结构变动息息相关。这里的证券市场的投资价值是指整个市场的平均投资价值。从一定意义上说，整个证券市场的投资价值就是整个国民经济增长质量与速度的反映，因为不同部门、不同行业与成千上万的不同企业相互影响、互相制约，共同影响国民经济发展的速度和质量。宏观经济是各个体经济的总和，因而企业的投资价值必然在宏观经济的总体中综合反映出来，所以，宏观经济分析是判断整个证券市场投资价值的关键。

3. 掌握宏观经济政策对证券市场的影响力度与方向

证券市场与国家宏观经济政策息息相关。在市场经济条件下，国家通过财政政策和货币政策来调节经济，或挤出泡沫，或促进经济增长，这些政策直接作用于企业，从而影响经济增长速度和企业效益，并进一步对证券市场产生影响。因此，证券投资者必须认真分析宏观经济政策，掌握其对证券市场的影响力度与方向，以准确把握整个证券市场的运动趋势和各个证券品种的投资价值变动方向。这无论是对投资者、投资对象，还是对证券业本身乃至整个国民经济的快速健康发展都具有重要的意义。

（三）宏观经济分析的指标

1. 评价宏观经济形势的主要指标

（1）GDP（国内新创造的产品与劳务的价值总额）。

（2）货币供应量。

（3）通货膨胀率。

（4）利率水平。

（5）汇率。

（6）国际收支。

（7）固定资产投资规模。

（8）其他经济指标（如外商投资规模、失业率等）。

2. 主要指标与证券投资的关系

（1）经济周期。

经济周期是指市场经济体制下国家总体经济活动的景气循环。测度经济周期波动的主要指标有 GDP 或 GNP。判断经济周期所处阶段应当全面考察工业产量、销售量、资本借贷规模等。经济周期扩张期，股市势旺，证券价格相应上升；经济周期收缩期，股市势弱，证券价格相应下降。

（2）利率。

一般说来，利率上升，企业的经营成本增加，利润减少，可供分配的股息、红利也会随之减少，这时股票的投资吸引力下降，股票市场可能出现供过于求的局面，股价下跌。反之，若利率下降，股价则上升。股价与利率的这种反向变动关系，从股票理论价格的计算公式中可以得出。

1）利率变化对公司发展的影响。

利率上升，导致公司筹资困难，公司被迫压缩生产规模或改变原已拟定的生产计划，这将使公司的预期利润减少，导致股价下跌。相反，利率下降会使公司的预期利润增加，从而导致股价上升。

2）利率变化对资金流向的影响。

当利率上升时，非金融性公司的境况相对恶化，投资者会在规避风险的心理驱使下，从股市抽走资金而存入银行，以取得较高的利息；反之，资金则会流入股市。资金的流向影响股市的供求，从而导致股价的变化。

由此可见，利率对股价的影响主要是通过影响公司的利润和股票供求来实现的。

（3）汇率（以本币升值为例）。

汇率对股市的影响分为短期影响和长期影响：

1）从短期分析，当某种货币存在升值预期，从国外的经历来看，汇率与股市的关系是：预期本国货币升值→热钱流入→股市价格上涨→吸引更多热钱流入→加大升值压力→汇率升值→热钱流出→股市大幅下挫。

2）从长期分析，宏观经济增速的减退和股市对经济促进作用的减弱必将影响到股市主体——上市公司，进而影响整个证券市场的发展。

汇率变动对股市的影响：

a. 汇率的升降对股市的影响依上市公司总的进出口贸易情况而定。

b. 在汇率上升的情况下，贸易顺差引起外汇储备增加（流入本国的资金增多），使股市价格上扬。

c. 汇率下跌导致进口商品和服务价格上涨，这可能导致通货膨胀的增长，从而对股市形成压力。

d. 汇率的变动和利率的变动一样，会导致投机资金在不同的投资市场间转移。

（4）通货膨胀与通货紧缩。

通货膨胀就是指物价水平的持续上涨。通货膨胀会给经济的长期发展带来不良影响。尽管通货膨胀在短期内有利于经济繁荣、就业增加，使证券市场交易活跃，但是，长期来看，通货膨胀会导致市场利率的上升，失业的增加，经济出现混乱，证券市场低迷。

通货紧缩表现为物价水平的持续下跌。在通货紧缩的初期，由于货币购买力增强，公众的消费和投资增加，会带动证券市场的兴旺。随着物价水平的持续下跌，生产规模缩减，公众对未来的预期收入趋于悲观，他们会相应地减少支出，从而整个经济将陷入萧条的状态，证券市场也会进入长期低迷的阶段。

（四）宏观经济政策分析

1. 货币政策

货币政策指政府为实现一定的宏观经济目标所制定的关于货币供应和货币流通组织管理

的基本方针和基本准则。其主要手段是：通过调控货币供应量达到对社会总需求的平衡；通过调控利率和货币总量控制通货膨胀，保持物价总水平的稳定；其他调控与引导手段。

货币政策通常可以分为紧缩的货币政策和宽松的货币政策。

货币政策对证券市场的影响可以从四个方面来分析：

（1）利率政策对证券价格的影响，通常证券价格对利率变动较为敏感。

（2）中央银行的微调政策对证券价格的影响，如公开市场业务对证券价格产生的影响。

（3）货币政策的综合影响，货币供应量过多而造成通货膨胀时，人们为保值而购买证券（尤其是股票），推动证券需求上升，价格上涨。

（4）为公司的发展提供充足的资金，公司利润提升，从而实现其股价上涨。

2. 财政政策

财政政策是国家干预经济与货币政策并重的一项手段，它主要通过国家预算、税收、国债、财政补贴等手段来影响宏观经济的走向。财政政策可以分为扩张性财政政策、紧缩性财政政策和中性财政政策。

（1）财政支出增加时，会刺激经济的发展，引起的“廉价货币”效应，可能促使证券价格上升；财政支出减少时则会降低需求、造成经济不景气，使证券价格下跌。

（2）当财政收支出现巨额赤字时，虽然扩大了需求，却增大了经济发展的不稳定因素。

3. 收入政策

收入政策是指国家为实现宏观调控的总目标和总任务，针对居民收入水平高低、收入差距大小在分配方面制定的原则和方针。

收入政策的目标包括收入总量目标和收入结构目标。

收入政策影响着社会大众的收入高低、分配格局和消费储蓄比重，因此对证券市场具有重要影响。

4. 产业政策

产业政策是指政府对产业结构变化进行定向干预指导的方针和原则，它包括产业结构政策、产业组织政策、产业技术政策和产业布局政策。

产业政策与证券市场的关系表现在两个方面：一方面，政府的产业政策借助于证券市场的投资、融资行为来实施；另一方面，国家的产业政策也是人们从事证券投资的依据，因为每一种产业都会受到不同程度的政府管制和产业政策措施的影响。

因此，投资时应考虑该行业与国家发展战略、资源政策和产业政策的一致性。

二、行业分析

行业分析是介于宏观和微观之间的重要的经济因素。

投资者在投资过程中，对行业的正确选择必定建立在对行业的正确分析的基础上。

在行业分析中，主要分析行业的市场类型、一般特性和影响行业兴衰的有关因素。

（一）行业分类

行业，一般是指按生产同类产品或具有相同工艺过程或提供同类劳务划分的经济活动类别。

1. 道琼斯分类法

道琼斯分类法将大多数股票分为三类：工业、运输业和公用事业。在道·琼斯指数中，工业类股票取自工业部门的30家公司，包括了采掘业、制造业和商业。运输业包括了航空、铁路、汽车运输和航运业。公用事业类主要包括电话公司、煤气公司和电力公司等。

2. 标准行业分类法

联合国经济和社会事务统计局制定《全部经济活动国际标准行业分类》把国民经济划分为以下21个门类：

(1) 农、林、牧、渔业；

(2) 采矿和采石；

(3) 制造业；

(4) 电、煤气、蒸气和空调供应；

(5) 供水；污水处理、废物管理和补救；

(6) 建筑业；

(7) 批发和零售业；汽车和摩托车修理；

(8) 运输与存储；

(9) 食宿服务；

(10) 信息和通信；

(11) 金融和保险；

(12) 房地产；

(13) 专业、科学和技术；

(14) 行政和辅助；

(15) 公共管理与国防；强制性社会保障；

(16) 教育；

(17) 人体健康和社会工作；

(18) 艺术、娱乐和文娱；

(19) 其他服务；

(20) 家庭作为雇主的；家庭自用、未加区分的物品生产和服务；

(21) 国际组织和机构。

3. 我国国民经济的行业分类

2011年，我国推出的《国民经济行业分类》(GB/T 4754—2011) 中对我国国民经济行业分类进行了详细的划分。它按照公司主要涉及的活动类型，将国民经济行业分为20个门类，96个大类，432个中类，1 094个小类。

4. 我国上市公司行业分类

我国证券市场也对行业进行了划分。中国证券会于2012年公布了《上市公司行业分类指引2012年修订》。该分类指引将上市公司分为19个门类和90个大类。上海证券交易所曾对在该所上市的全部上市公司（包括A股和B股）按其所属行业分成五大类，即工业、商业、地产业、公用事业和综合类，并分别计算和公布各分类股价指数。深圳证券交易所把在深市上市的全部上市公司分成六类，即工业、商业、金融业、地产业、公用事业和综合类，并分别计算和公布各分类股价指数。

（二）行业的一般特性分析

1. 行业对经济周期的敏感性

(1) 销售量对于经济周期的敏感性。必需品的销量对于经济周期的敏感性很低，相反，钢铁、汽车等行业对宏观经济环境的敏感程度则要大得多。

（2）经营杠杆的大小，即产品生产成本中固定成本与可变成本所占的比例。生产成本中可变成本所占比例较高的公司对经济周期的敏感程度较小，反之则高。

2. 行业的生命周期

行业的生命周期可分为以下四个阶段：

（1）幼稚期。

行业幼稚期的特点是高风险、低收益。处在幼稚期的行业是新行业，需要投入大量的研究开发费用，经营者的盈利不多，甚至可能亏损乃至破产。

对处在幼稚期的行业进行投资会面临很大风险。以投资为目的的投资者不适合在此时进入高风险投资，而投机者则对幼稚期的行业感兴趣。

（2）成长期。

行业成长期的特点是高风险、高收益。新行业的产品经过广泛宣传和消费者的试用，市场需求逐渐上升，新行业逐渐繁荣，投资新行业的厂商大量增加，竞争日益激烈。产品逐步从单一、低质、高价向多样、优质和低价的方向发展。

（3）成熟期。

成熟期是一段比较长的时期。在这一时期，在竞争中生存下来的少数厂商垄断了整个行业的市场，每个厂商都占有一定比例的市场份额，行业利润达到较高水平。

由于市场比较稳定，新企业难以进入，所以垄断企业的经营风险较低，但行业的增长速度也大大降低，除非有技术创新，否则行业会停止增长。

（4）衰退期。

在行业衰退期，原行业的市场需求呈萎缩趋势，替代品和新产品在市场上出现并且其销售量呈扩大趋势，某些厂商将资本转向其他更有利可图的行业，原行业厂商数目减少，利润率不断下降或停滞。

投资者选择处于成长期和稳定期的行业的证券进行投资比较可行，因为这些行业的基础逐渐稳定，盈利逐年增加，投资收益比较丰厚和稳定。

对于处于幼稚期的行业，如果投资者经过各方面分析后确认其前途光明可投资介入；如果对其前景难以把握则可回避，因为投资风险太大。

至于处在衰退期的行业，不建议初入证券市场的投资者选择其作为主要投资对象。

（三）影响行业兴衰的因素分析

1. 政府管制

实际上每一种行业都受到不同程度的政府管制，管制程度的高低能影响一种行业的发展和利润率。

（1）受政府管制的行业。

按照我国宪法，一些“与大众利益紧密相关”的行业必须服从政府的管制（见表6-1）。

表6-1　　受政府管制的行业

交通运输业	铁路、航空公司和空运公司
金融行业	银行和非银行金融机构、保险公司、证券和商品经纪人及交易商
公用事业	煤气、电力、自来水、天然气管道、下水管道等，电信电报，无线电和电视广播
其他	教育、卫生、文化、军工等

（2）政府对行业垄断的管制。

垄断不利于行业内厂商提高生产效率、降低产品价格，它大大损害了消费者的福利。而对处于垄断地位的厂商而言，则不利于行业整体竞争力的提高，无法形成行业的良性增长局面。因此，许多国家的法律都试图对行业垄断进行控制。

（3）政府的产业政策。

产业政策对投资活动产生直接的影响：

1）促进和保护一国幼稚产业的发展。

2）加快资源配置的优化过程，促使资本向有利于国民经济的产业流动。

3）促进市场机制和市场结构的完善。

4）给公司提供一个透明度较高的发展环境。

5）使产业结构能不断适应世界科学技术的新发展等。

2. 技术

技术进步对行业的影响是巨大的。伴随着新技术的出现，会出现许多新的行业，而一批旧的行业则会因为消费者对这些行业产品需求的大大降低而走向衰落。因此，投资分析人员要考察一个行业产品的前途，分析其被优良产品的消费需求替代的趋势。

3. 社会习惯的改变

随着人们生活水平和受教育程度的提高，消费心理、消费习惯、文明程度和社会责任感会逐渐改变，从而引起对某些商品的需求变化并进一步影响行业的兴衰。

4. 相关行业变动因素的影响

相关行业变动对股价的影响表现在三个方面：

（1）如果相关行业的产品是该行业生产的上游产品，那么相关行业产品价格变化与该行业的生产成本直接相关。

（2）如果相关行业的产品是该行业产品的替代品，那么若相关行业产品价格上涨，公司盈利将提高，股价上升。

（3）如果相关行业的产品与该行业生产的产品是互补关系，那么相关行业产品价格上升，对该行业内部的公司股票价格将产生不利影响。

三、公司分析

（一）公司的基本素质分析

对公司的基本素质的分析可以从以下几个方面着手。

1. 技术水平

决定公司竞争能力的首要因素是公司的技术优势。对公司技术水平高低的评价可以分为技术硬件部分和软件部分。

2. 经营管理水平

对公司经营管理水平高低的评价可以从以下几个角度分析：

（1）各层管理人员的素质和能力分析。

美国著名的企业巨子艾柯卡于 1978 年 11 月到濒临倒闭的克莱斯勒汽车公司上任的第一天，该公司的股票价格就以比前一天上升 37.7%的升幅收盘。

艾柯卡杰出的企业管理才华为世人公认，投资者预期，由于艾柯卡的加盟，克莱斯勒汽车公司的经营管理水平会上一个新台阶。据报道，1980 年，克莱斯勒汽车公司的股票价格为每股 3 美元，而几年后涨到每股 35 美元。

（2）公司战略的制订和实施情况。

1）成本领先战略：低成本可以使自己在同样的销售价格下获得高于竞争对手的利润率，并通过降价竞争的方式将高成本的对手挤出市场。

2）差异化战略：产品差异源自超凡的质量、创新的款式或是便捷的服务，表现为品牌、外观、卓著声誉等。

3）目标集聚战略：以整体市场的一个狭窄部分——某一细分市场为其目标市场，针对这种细分市场的需要，集中生产和经营，以满足该狭窄市场特定的部分购买者的要求，从而比竞争对手更好地服务该细分市场的购买者，并在该细分市场赢得竞争优势。

（3）公司的经营效率分析。

公司的经营效率既包括公司内部的管理效率，又包括公司对外界环境的反应能力。

内部管理效率包括优秀的管理团队、完善的企业制度、合理的薪酬制度和有效的激励机制等。

企业外部环境分为宏观环境（人文、经济、自然、政治等）和微观环境（顾客、供应商、竞争者等）。

通过对这两个方面的环境进行分析可以得出，哪些是利于公司发展的环境，哪些是阻碍公司发展的环境，通过对环境的观察，找到正在发生的趋势和变化，并评估机会和威胁。机会实际上指的是那些能帮助企业获得竞争优势的环境条件，劣势反之。

一个组织的资源分为有形资源和无形资源。反应能力就是将这些资源结合运用来完成一项任务的才能。优势是擅长的活动或专有的资源，劣势反之。

3. 市场开拓能力和市场占有率

公司的市场占有率是公司利润之源。效益好并能长期存在的公司，其市场占有率必须是长期稳定并呈增长趋势的。高市场占有率一般是依赖于强大的市场开拓能力来实现的。

4. 资本与规模效益

汽车、钢铁、造船等是资本密集型行业，这些行业的基本特征是“高投入、大产出”。由资本的集中程度而确定的规模效益是确定公司效益、发展前景的基本因素。一般规模越大，公司的效益越容易得到保证。

（二）公司财务报表分析

1. 对资产负债表的分析

资产负债表是反映上市公司会计期末全部资产、负债和所有者权益情况的报表。通过资产负债表，能了解企业在报表日的财务状况，长短期的偿债能力，资产、负债、权益和结构等重要信息。

（1）对资产负债表中资产类科目的分析。

资产负债表中资产类的科目很多，但投资者在进行上市公司财务报表的分析时重点应关注应收款项、预付账款等项目。

1）应收款项：一般来说，公司存在三年以上的应收账款是一种极不正常的现象，这是因为在会计核算中设有“坏账准备”这一科目，正常情况下，三年的时间已经把应收账款全部计提了坏账准备，因此它不会对股东权益产生负面影响。现实中，存在大量“三角债”，以及利用关联交易通过该科目来进行利润操纵等情况。因此，当投资者发现一个上市公司的资产很高，一定要分析该公司的应收账款项目是否存在三年以上的应收账款，同时要结合“坏账准备”科目，分析是否存在资产不实、潜亏挂账等现象。

b. 预付账款：该账户同应收账款一样是用来核算企业间的购销业务的。这也是一种信用行为，一旦接受预付款方经营恶化、缺少资金支持正常业务，那么付款方的这笔货物也就无法取得，其科目所体现的资产也就不可能实现，从而出现虚增资产的现象。

c. 其他应收款：主要核算企业发生的非购销活动的应收债权，如企业发生的各种赔款、存出保证金、备用金以及应向职工收取的各种垫付款等。但在实际工作中，并非这么简单。例如，大股东或关联企业往往将占用上市公司的资金挂在其他应收款下，形成难以解释和收回的资产，这样就形成了虚增资产。因此，应该注意到，当上市公司报表中的“其他应收款”数额出现异常放大时，投资者应该加以警惕。

d. 待处理财产净损失。不少上市公司的资产负债表上挂账列示巨额的“待处理财产净损失”，有的甚至挂账达数年之久。这种现象明显不符合收益确认中的稳健原则，不利于投资者正确评价企业的财务状况和盈利能力。

e. 待摊费用和递延资产。待摊费用和递延资产除摊销期不同并无实质上的重大区别，它们均为本期公司支出。“待摊费用”的摊销期在一年以内，而“递延资产”的摊销期超过一年。从严格意义上讲，待摊费用和递延资产并不符合资产的定义，但它们似乎又同未来的经济利益相联系，而且在会计实务中，不少人也习惯于把已发生的成本描绘为资产。

（2）对资产负债表中负债类科目的分析。

投资者在对上市公司资产负债表中负债类科目进行分析时，应重点关注其偿债能力。

1）短期偿债能力分析。

流动比率：流动比率即流动资产和流动负债的比率，是衡量公司短期偿债能力常用的指标。一般来说，流动资产应远高于流动负债，起码不得低于 1：1，一般以大于 2：1 较合适。其计算公式是：流动比率＝流动资产/流动负债。但是，对于公司和股东，流动比率也不是越高越好。因为，流动资产还包括应收账款和存货，尤其是由于应收账款和存货余额大而引起的流动比率过大，会加大企业短期偿债风险。因此，投资者在对上市公司短期偿债能力进行分析的时候，一定要结合应收账款及存货的情况进行判断。

速动比率：速动比率是速动资产和流动负债的比率，即用于衡量公司到期清算能力的指标。一般认为，速动比率最低限为 0.5：1，如果保持在 1：1 则流动负债的安全性较有保障。因为，当此比率达到 1：1 时，即使公司资金周转发生困难，也不致影响其即时偿债能力。其计算公式为：速动比率＝速动资产/流动负债。该指标剔除了应收账款及存货对短期偿债能力的影响，一般来说投资者利用这个指标来分析上市公司的偿债能力比较准确。

2）长期偿债能力分析。

资产负债率、权益比率、负债与所有者权益比率，这 3 个比率的计算公式为：

资产负债率＝负债总额/资产总额

所有者权益比率＝所有者权益总额/资产总额

负债与所有者权益比率＝负债总额/所有者权益总额

资产负债率反映企业的资产中有多少负债，一旦企业破产清算，债权人得到的保障程度如何；所有者权益比率反映所有者在企业资产中所占份额，所有者权益比率与资产负债率之和为 1；负债与所有者权益比率反映的是债权人得到的利益保护程度。投资者在看财务报表时，只要看一下资产、负债、所有者权益、无形资产总额这几项，便可大概看出该企业的长期偿债能力状况，这 3 个比率只有在同行业、不同时间段相比较才有一定价值。

长期资产与长期资金比率。其公式为：

长期资产与长期资金比率＝(资产总额－流动资产)/(长期负债＋所有者权益)

这一指标主要用来反映企业的财务状况及偿债能力，该值应该低于 100%，如果高于 100%，则说明企业动用了一部分短期债务来购置长期资产，这样就会影响企业的短期偿债能力，其经营风险也将加大，实为危险之举。

2. 对利润表的分析

在财务报表中，企业的盈亏情况是通过利润表来反映的。利润表反映企业一定时期的经营成果和经营成果的分配关系。它是企业生产经营成果的集中反映，是衡量企业生存和发展能力的主要尺度。投资者在分析利润表时，应主要抓住以下几个方面：

(1) 利润表的结构分析。

利润表是把上市公司在一定期间的营业收入与同一会计期的营业费用进行配比，以得到该期间的净利润（或净亏损）的情况。由此可知，该报表的重点是相关的收入指标和费用指标。"收入－费用＝利润"可以视作阅读这一报表的基本思路。当投资者看到一份利润表时，会注意到以下几个会计指标。它们分别是："主营业务利润""营业利润""利润总额""净利润"。在这些指标中应重点关注主营业务利润与净利润的盈亏情况。许多投资者往往只关心净利润的情况，认为净利润为正就代表公司盈利。实际上，企业长期发展的动力来自对自身主营业务的开拓与经营。严格意义上来说，主营业务亏损但净利润有盈余的企业比主营业务盈利但净利润亏损的企业更加危险。

(2) 通过分析关联交易判断上市公司利润的来源。

上市公司为了向社会公众展现自己的经营业绩，提高社会形象，往往利用关联方间的交易来调节其利润，主要分析方法有以下几种：

1) 增加收入，转嫁费用。投资者在进行投资分析时，一定要分析其关联交易，特别是母子公司是否存在着关联交易、转嫁费用的现象，对于有母子公司关联交易的，一定要将其上市公司的当年利润剔除掉关联交易虚增利润。

2) 资产租赁。由于上市公司大部分都是从母公司剥离出来的，上市公司的大部分资产主要是从母公司处以租赁方式取得的。从而租赁资产的租赁数量、租赁方式和租赁价格就是上市公司与母公司之间可以随时调整的阀门。有的上市公司还可将从母公司租来的资产同时转租给母公司的子公司，以分别转移母公司与子公司之间的利润。

3) 委托或合作投资。

委托投资。当上市公司接受一个周期长、风险大的项目时，则可将某一部分现金转移给母公司，以母公司的名义进行投资，将其风险全部转嫁给母公司，却将投资收益确定为上市公司当年的利润。

合作投资。上市公司要想配股，其净资产收益率要达到一定的标准，公司一旦发现其净资产收益率很难达到这个要求，便倒推出利润缺口，然后与母公司签订联合投资合同，投资回报按倒推出的利润缺口确定，其实这块利润是由母公司出的。

4）资产转让置换。一般来说上市公司通过与母公司资产转让置换，从根本上改变自身的经营状况。长期拥有“壳资源”所带来的配股能力，对上市公司及其母公司都是一个双赢战略。通常上市公司购买母公司优质资产的款项挂往来账，不计利息或资金占用费，这样上市公司不仅获得了优质资产的经营收益，而且不需付出任何代价，把风险转嫁给母公司。另外上市公司往往将不良资产和等额的债务剥离给母公司或母公司控制的子公司，以达到避免不良资产经营所产生的亏损或损失的目的。

3. 现金流量表

现金流量表是反映企业在一定时期内现金流入、流出及其净额的报表，它主要说明公司本期现金来自何处、用往何处以及现金余额如何构成。投资者在分析现金流量表时应注意以下几个方面：

（1）现金流量的分析。

一些公司会通过往来资金操纵现金流量表。上市公司与其大股东之间通过往来资金来改善原本难看的经营现金流量。本来关联企业的往来资金往往带有融资性质，但是借款方并不作为短期借款或者长期借款，而是放在其他应付款中核算，贷款方不作为债权，而是在其他应收款中核算。这样其他应付、应收款变动额在编制现金流量表时就作为经营活动产生的现金流量，而实质上这些变动反映的是筹资、投资活动业务。当其他应付、应收款的变动是增加现金流量时，经营活动所产生的现金流量净额就可能被夸大。

（2）注意上市公司的现金股利分配的状况。

现金股利分配有很强的信息含量。财务状况良好的公司往往能够连续分配较好的现金股利，有一些上市公司虽然账面利润好看，但是利润是虚假的，财务状况恶劣，一般不能经常分配现金股利。

（3）“每股现金流量”这一指标反映的问题。

“每股现金流量”和“每股税后利润”应该是相辅相成的，有的上市公司有较好的税后利润指标，但现金流量较不充分，这就是典型的关联交易所导致的，另外有的上市公司在年度内变卖资产而出现现金流大幅增加，这也不一定是好事。

现金流量多大才算正常呢？作为一家抓牢主业并靠主业盈利的上市公司，其每股经营活动产生的现金流量净额，不应低于其同期的每股收益。道理其实很简单，如果其获得的利润没有通过现金流进公司账户，那这种利润极有可能是通过做账“做”出来的。投资者最好选择每股税后利润和每股现金流量净额双高的个股，作为中线投资品种。

总之，进行报表分析不能单一地关注某些科目，而应将公司财务报表与宏观经济一起进行综合判断，与公司历史进行纵向深度比较，与同行业进行横向宽度比较，把其中偶然的、非本质的东西舍弃掉，得出与决策相关的实质性的信息，以保证投资决策的正确性与准确性。

任务三　股票投资的实用技术分析

一般将实用技术分析理论分为以下五类：K 线类、指标类、形态类、切线类、波浪类。本书主要对K线理论进行介绍。

一、K线理论

K线又称阴阳线，它能将每一个单位交易时间（一天、一周等）的开盘与收盘的涨跌以阴线和阳线实体表现出来，并将同一时间内出现的最高价、最低价以上影线、下影线的形式直观地反映出来。

（一）单根K线及其应用

1. 光头光脚K线

光头光脚表示K线图没有上下影线，分为光头光脚的阳线和阴线。光头光脚的阳线即该证券当日交易一开盘就是最低价，而收盘在最高价。光头光脚的阴线表示一日交易中，开盘价就是当日最高价，收盘价即是当日最低价。

2. 仅有上影线的开盘光脚阳线

仅有上影线的开盘光脚阳线表示多空搏杀过程中，多方上升势头明显受阻，遭受空方顽强抵抗，上影线的长度说明空方阻击的力度，长度越长，空方力度越强。

3. 带有下影线的收盘光头阳线

带有下影线的收盘光头阳线属于先抑后扬型，在开盘后，股价一度下滑，但不久即被买盘奋力拉起，股价调头向上，并获得大量买盘支持。下影线的长度表明空方打压的力度。

4. 带上影线的光脚阴线

带上影线的光脚阴线属于先扬后抑。开盘后，股价可能承接昨日势头，继续攀升，但后劲不足，缺乏买盘支撑，只能掉头向下，回落到开盘价处仍未阻止跌势。

5. 带下影线的光头阴线

带下影线的光头阴线属于股价开盘价即为全天的最高价，股价不断下跌，下影线就是多方反击的过程，如果下影线的长度超过阴线实体，更是说明多方抵抗卓有成效。

6. 带上下影线的阳线

带上下影线的阳线的市场形态是，开盘后价位下跌，遇买方支撑，双方争斗之后，买方增强，价格一路上推，临收盘前，多头获利回吐，在最高价之下收盘。这是一种反转信号。如在大涨之后出现，表示高档震荡，如成交量大增，后市可能会下跌。如在大跌后出现，后市可能会反弹。

7. 带上下影线的阴线

带上下影线的阴线的市场形态是，在交易过程中，股价在开盘后，有时多方力量增强，随着卖方力量的增加，买方不愿追逐高价，卖方渐居主动，股价逆转，在开盘价下交易，股价下跌。在低价位又遇买方支撑，最后以高于最低价收盘。这也是一种反转试探。如在大跌之后出现，表示低档承接，行情可能反弹。如大涨之后出现，后市可能下跌。

8. 十字星K线图

十字星K线图是带有上下影线，开盘价等于收盘价的图形。上下影线看似等长的十字线，称为转机线，在高价位或低价位，意味着出现反转。上影线长于下影线，说明空方力量稍强；反之，则说明多方力量强些。

9. T字形与倒T字形K线图

T字形K线图是开盘价、收盘价和最高价三价合一，K线图只有下影线K线图。

倒T字形K线图是开盘价、收盘价和最低价三价合一，K线图只有上影线K线图。

10. 一字形K线图

一字形K线图是开盘价、收盘价、最高价和最低价四价合一的结果。我国证券市场实行涨跌停板制度，当上升行情极强当天始终处于涨停或下跌行情中当天始终处于跌停时，K线图也呈现出这种状态。

（二）双日K线组合形态及实战应用

1. 曙光初现

曙光初现K线组合由两根走势完全相反的实体较长K线构成，前一天为阴线，后一天为阳线。第二天阳线向下跳空低开，开盘价远低于前一天的收盘价，但第二天的收盘价却高于前一天的收盘价，并且阳线的收盘价深入第一根阴线的实体部分中，几乎达到前一天阴线实线的一半以上的位置。曙光初现K线图，如图6-1所示。

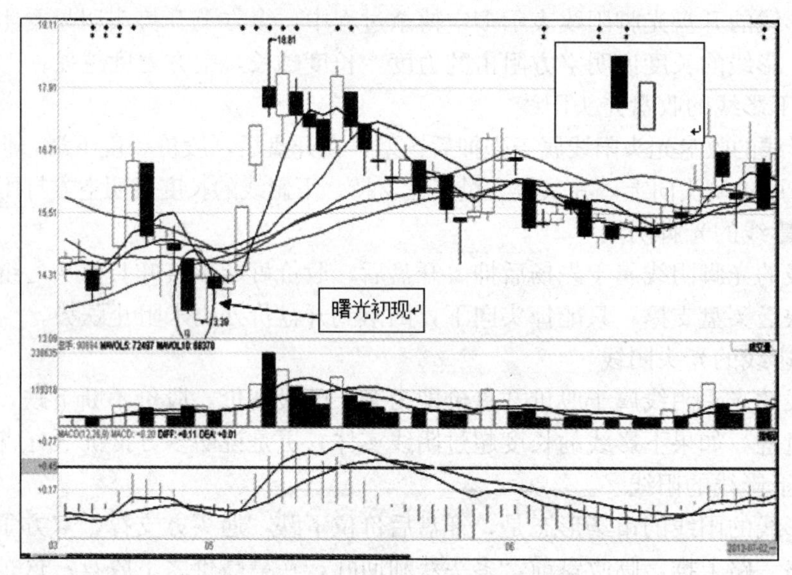

图6-1 曙光初现K线图

曙光初现具有以下形态特征：

（1）第一根K线一般为大阴线，承接之前的下跌行情。

（2）第二根K线为大阳线，并且其收市价应该在第一根实体的一半之上。如果吞噬之前的实体，则更有效。

（3）第二天开盘价跳空低开，低于第一天的收盘价。

曙光初现的市场含义如下：

在一段持续下跌的行情中，整体下跌动能开始消耗殆尽，但卖方依然想再创新低，大力打压价格。曙光初现形态第一天疲软的阴线加强了这种预期。第二天市场以向下跳空形式开盘，到此为止，卖方力量依然强大，可是后来，出现大量承接盘，价格上扬，并最终收出大阳线，并且一般上穿前一实体50%以上。卖方开始对手中的空头不安起来，加上一些一直寻求低位的待机买进者，市场不能维持在这个低位，可能结束前期跌势，开始回暖，这也是入市做多的一个机会。

曙光初现K线组合的应用主要体现在以下几个方面：

（1）曙光初现形态出现后，投资者可以制定做多策略，但最初还要轻仓。也不要被第一天的大阴线所迷惑，还要观看第三天走势是否上涨，确定反转上扬。

（2）曙光初现K线组合在熊市中应用时，要加上一个附加条件，就是曙光初现第二根阳线的最低价必须是13个交易日以来的最低价，这主要是用于避免投资者在熊市中贸然追高。

（3）如果市场趋势向好，股市运行在牛市行情中时，投资者则不必过于拘泥这条规则。因为，牛市中股价涨多跌少，如果强调买入13天以来的最低价，有可能错失良机。

（4）曙光初现K线组合也可以用于对大盘的分析，常常能把握市场的拐点。投资者需要注意的是，用于大盘分析的曙光初现K线组合形态的技术要求，与用于个股分析的技术要求有所不同。因此，在分析大盘的K线组合形态时，对技术要求的标准可以适当放宽。

（5）投资者在运用曙光初现K线组合时，可以结合其他技术指标使用，这样可以提高研判的准确性。

2. 乌云盖顶

乌云盖顶是由两根不同颜色且处于图表顶部的阴阳烛组成，属于一种见顶回落的转向形态，通常在一个上升趋势后出现。第一支烛为升势阳烛，显示升势持续向上发展，短期向好。第二支烛则为大阴烛，其开市价比上日阳烛为高，而收市价则必须低于第一支烛身的一半为标准。事实上，若投资者将第一支烛的开市价与第二支烛的收市价一并分析，便会出现一个射击之星形态，同样代表利淡后市发展。乌云盖顶K线图，如图6-2所示。

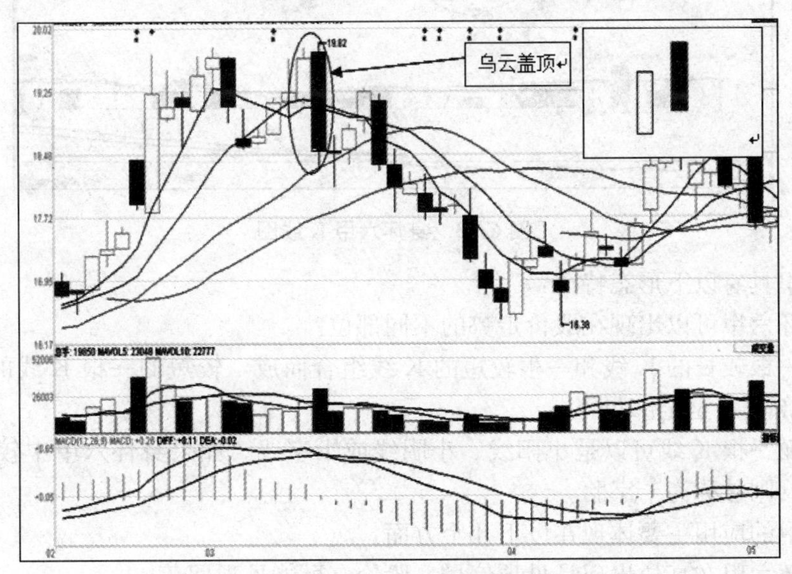

图6-2　乌云盖顶K线图

乌云盖顶具有以下形态特征：

（1）第一根K线为大阳线，承接前期上涨行情。

（2）第二根K线为大阴线，收市价深入第一根大阳线实体一半以下。如果全部吞噬该实体，就是看跌吞没形态，见顶意味更强。

乌云盖顶的市场含义：

市场本来处于上升趋势中，有一天，出现一根大阳线，第二天市场开市向上跳空。此刻为止，买方完全掌握着主动权。然而市场并没有继续上冲，市场收市价在当日最低处或接近最低处，并明显地深深扎入了前一天实体内部。这意味着市场价格上升动能耗尽，买方策划的最后一番上攻失利，结果被卖方控制局面，形成下跌。

乌云盖顶的应用主要体现在以下几个方面：

(1) 投资者在见到乌云盖顶形态后，可以制定初始的看空策略，轻仓建空。在一段上涨趋势中，不要被第一天的大阳线迷惑，但也要观看第三天走势是否下跌，确定下跌形态。

(2) 在乌云盖顶做空时候，一种设定止损的方法，是在第二天形成的K线高点之上设立止损单。

(3) 投资者不要仅仅熟悉K线形态，而忽略相关的策略，要注意通过设立止损单管理、风险报酬关系等整体技术面的研习，来提高交易的胜算，这是K线交易的正途。

3. 身怀六甲

身怀六甲又名“母子线”“孕线”，它是由两根K线组成，前一根K线的实体较长，后一根K线的实体相对来说要短一些。身怀六甲K线图，如图6-3所示。

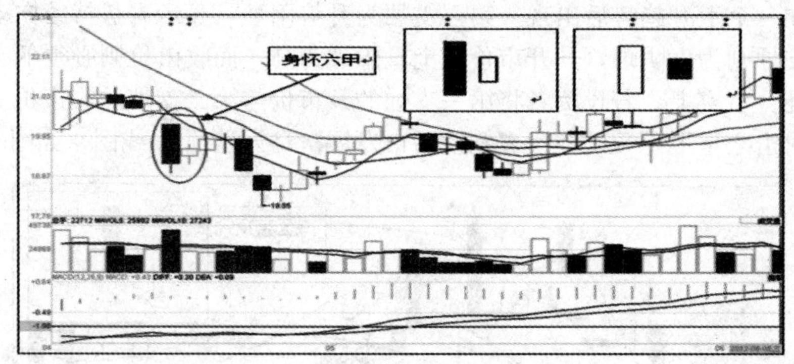

图6-3 身怀六甲K线图

身怀六甲具有以下形态特征：

(1) 身怀六甲可以出现在股价走势的不同部位。

(2) 由一根较长的K线和一根较短的K线组合而成，较短的一根K线的实体被较长的一根K线部分甚至全部包容。

(3) 后面一根K线可以是小阳线、小阴线或十字线。如果身怀六甲中较短的K线是一根十字线，则被称为十字胎。

身怀六甲的应用主要体现在以下几个方面：

(1) 身怀六甲在高位出现是见顶信号，股价有可能见顶回落。

(2) 在下降途中出现，是续跌信号，股价还会继续下跌。

(3) 若在低位出现，是见底信号，股价有可能见底回升。

(4) 在上升途中出现，是续涨信号，股价仍会上升。

4. 十字胎

作为身怀六甲的一种特殊形态，十字胎指的股价在收出一根大阳线或大阴线之后，出现了一颗十字星。十字胎K线图，如图6-4所示。

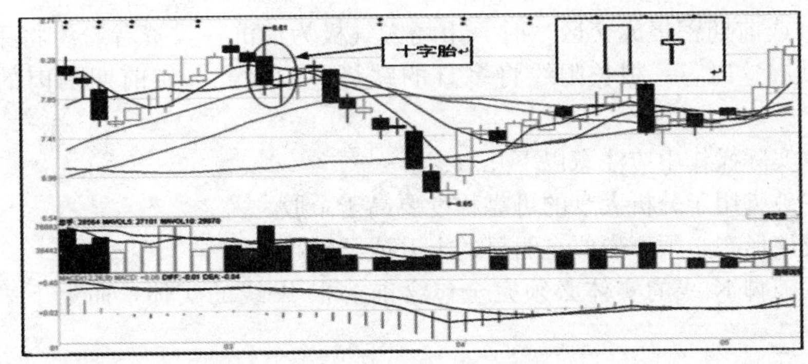

图 6-4　十字胎 K 线图

十字胎形态的出现具有以下市场意义：

（1）十字胎只代表市场原来的趋势难以维持，但并不是说市场会即刻发生反转。

（2）十字胎也可能是市场多空力量暂时的平衡，若市场原有的力量仍占主导，则其演变成盘整状态的可能性较大。

（3）十字胎出现在上升趋势中，看跌的效力要比其出现在下跌趋势中看涨的效力强许多。

（4）十字胎是比身怀六甲重要许多的主要反转形态。

5. 穿头破脚

穿头破脚是由两根 K 线所构成的一种组合形态，其中后一根 K 线的实体部分要将前一根 K 线的实体部分覆盖掉。该形态是股票市场中最为激烈的一种 K 线形态，它的出现不是带来市场的大跌就是暴涨。穿头破脚有两种形态，即底部穿头破脚和顶部穿头破脚。底部穿头破脚的特征是在下一步跌趋势中出现，第二根 K 线必须足以吃掉第一根 K 线，即阴线的全部。顶部穿头破脚的特征是在升势中出现，第二根 K 线必须足以吞吃第一根 K 线，即阳线的全部。穿头破脚 K 线图，如图 6-5 所示。

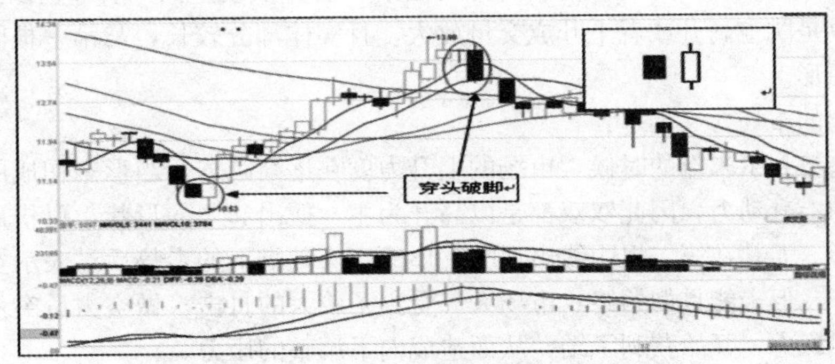

图 6-5　穿头破脚 K 线图

从技术上来说，底部穿头破脚是股价回升的信号。

穿头破脚的市场含义如下：

当股票的运行趋势处在明显的上升通道之中，股价面临突破前期高点（或前期成交密集区）阻力位时，一根大阴线将多日的涨幅全部吃掉，使得市场人气骤然突变，众多前期追涨的投资者被套其中。而当股票运行趋势处在明显的下降通道之中，股价面临突破前期低点（或前期密集成交区）时，市场人气极为消沉，投资者纷纷将手中的股票割肉出局，可就在这时，一根长阳线将多日的跌势一扫而光，使前期割肉的投资者后悔不已。

投资者在实际操作中应注意以下几点：

（1）穿头破脚用于分析大盘的可靠程度要高于个股。

（2）形成该形态必须事先要有明显的上升或下跌趋势。

（3）穿头破脚K线的实体必须完全包含前一根K线的实体，而上下影线可以不做考虑。

（4）穿头破脚K线包含的K线数目越多，说明反转就越强烈。

（5）穿头破脚的同时，如果上升，成交量应有明显的放大，单日换手率应在3%以上，若能达到8%～10%，则上升的可能性极大；如果下跌成交量无明显放大。

6. 双飞乌鸦

双飞乌鸦是由两根阴线构成的转向组合，一般出现在上升趋势中。双飞乌鸦K线图，如图6-6所示。双飞乌鸦作为典型的头部K线组合，在实战中的作用是非常大的。

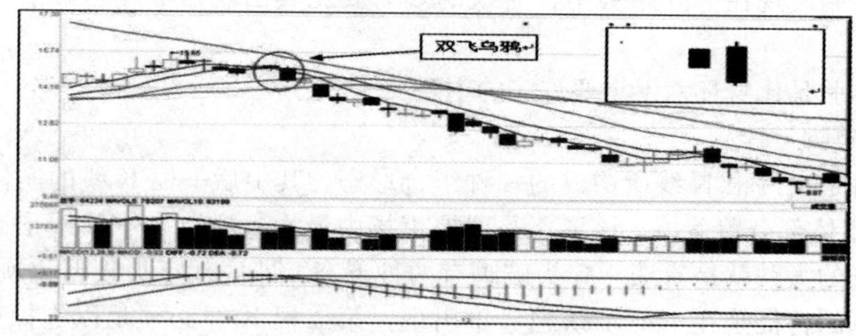

图6-6 双飞乌鸦K线图

双飞乌鸦的形态特征：两根阴线的排列是第一根K线跳空高开后却仍以阴线报收，而第二根阴线也是跳空高开或者平开成交量放大，且实体部分较长，与第一根阴线形成类似穿头破脚的图形。

双飞乌鸦的市场含义如下：

在上升趋势到了末端的时候，市场的上升力度在逐渐减弱，当形态初成的时候，市场仍存在一定的上升动力，因此双双都是以高开为主，摆出起飞的形状，可惜后继乏力，出现低收的情形。尤其在第二根阴线出现时，形成穿头破脚下的走势后，表示在上升趋势中连续两日高开，但未能贯彻始终，市场人气受到了较大的打击，做空力量突然剧增，使多头对后市产生疑虑，开始获利了结，从而造成向下调整的压力。

7. 并列线

并列线由两条开盘价和收盘价基本接近、实体长度大体相当的图线组成。并列线分为并列阳线和并列阴线两种形态，并列阳线的是阴线在前阳线在后，而并列阴线指的阳线在前阴线在后。并列线K线图，如图6-7所示。

（三）三日及三日以上K线组合形态及实战应用

1. 早晨之星

早晨之星是由三根K线组成的K线组合形态，它是一种行情见底转势的形态，如图6-8

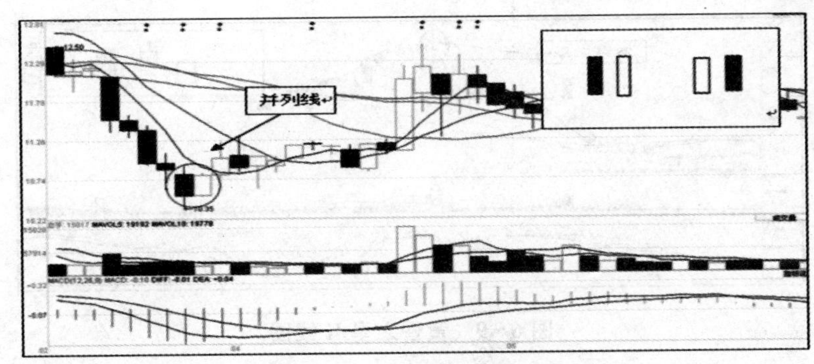

图 6-7　并列线 K 线图

所示。这种形态如果出现在下降趋势中应引起注意，因为此时趋势已发出比较明确的反转信号，是一个非常好的买入时机。

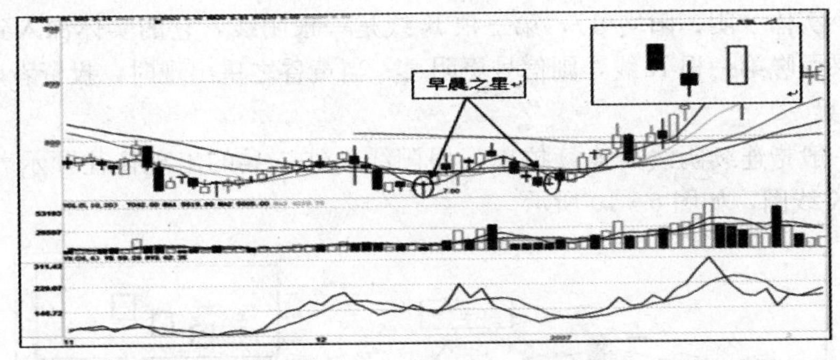

图 6-8　早晨之星 K 线图

早晨之星具有以下形态特征：

(1) 在下降趋势中某一天出现一根抛压强劲的长阴实体，显示短期趋势可能会仍然向下，跌势可能会继续。

(2) 第二天出现一根向下跳空低开的十字形或锤形，且最高价可能低于第一天的最低价，与第一天的阴线之间产生个缺口，显示跌幅或波幅已略有收缩，带来可能转好信号。第二根 K 线的位置有时会不同，需要灵活掌握。

(3) 第三天出现一根长阳实体，买盘强劲，显示市况已转好，逐步收复失地。

早晨之星的 K 线形态一般出现在下降趋势的末端，是一个较强烈的趋势反转信号。投资者可以把早晨之星与其他技术指标配合使用，这样可以提高行情研判的准确性。

2. 黄昏之星

黄昏之星又称“暮星”，是一种类似早晨之星的 K 线组合形态。黄昏之星的情况同早晨之星正好相反，它是较强烈的向上升趋势中出现反转的信号，如图 6-9 所示。黄昏之星通常出现在股价连续大幅上涨和数浪上涨的中期顶部和大顶部。它的出现预示着夜幕即将降临，一轮上涨行情已经结束。黄昏之星是反转形态，具有很强的杀伤力。

黄昏之星具有以下形态特征：

(1) 一般出现在一波行情的高位。

(2) 股价经过一段时间的上涨后，出现加速上扬，在拉出一根长阳后紧接着出现向上

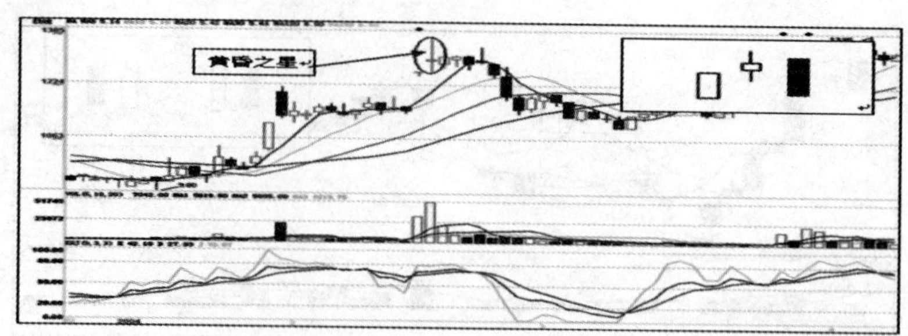

图 6-9　黄昏之星 K 线图

跳空开盘，开盘价与收盘价相向或非常接近，而且留有上下影线，形成一颗“十字星”。

(3) 第三天跳空拉出一根下跌的阴线。

黄昏之星的市场含义如下：

黄昏之星是由三根 K 线组成的。第一根 K 线是一根长阳线，第二根 K 线是一个可带上下影线的小实体（阴、阳均可），第三根 K 线是一根阴线，它的实体深入到第一根阳 K 线内部，如果吞噬第一根 K 线，则信号更明显。当黄昏之星出现时，投资者应及早离场。

3. 红三兵

红三兵一般指连续阴线后连续拉出三根阳线，红三兵的出现往往预示着股价后市看涨。红三兵 K 线图，如图 6-10 所示。

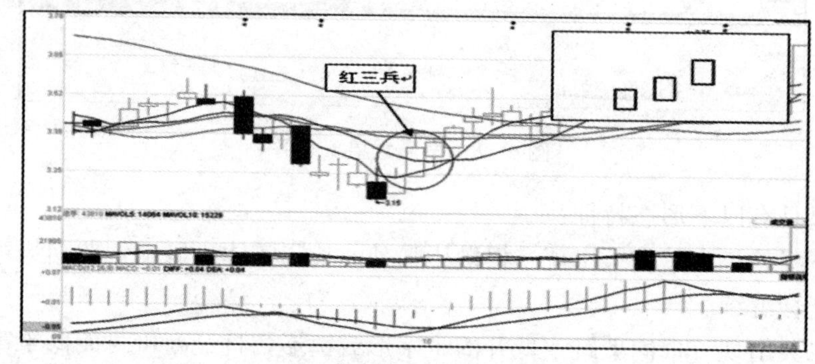

图 6-10　红三兵 K 线图

红三兵具有以下形态特征：

(1) 在股票运行过程中连续出现三根阳线，每天的收盘价高于前一天的收盘价。

(2) 每天的开盘价在前一天阳线的实体之内。

(3) 每天的收盘价在当天的最高点或接近最高点。

红三兵的市场含义如下：

在股价连续数日下跌后，机构或多数投资者认为股票已经跌到自己能够接受的价位了，开始逐步建仓，股价由于主动性买盘的增加而慢慢上涨。一些持币观望的投资者看见股价已经止跌，也积极跟进，主动拉抬股价。由于投资者买入股票信心逐步恢复，股票受到投资者的积极买入，一般说明股价还有进一步上涨的空间。

红三兵如果出现在市场底部，说明市场发出强烈的反转信号：股价将逐步拉升，后市看好。如果股票在较长时间横盘后出现红三兵的走势形态，并且伴随着成交量的放大，则是股票即将启动的前奏。

红三兵的应用主要体现在以下几个方面：

(1) 股价在上升阶段初期、中期、末期出现较强的红三兵结构时，投资者可以进行短线操作。

(2) 股价在上升阶段初期和中期出现较强的红三兵结构时，投资者可以进行中线加仓操作。

(3) 股价在上升阶段末期出现较弱的红三兵结构时，投资者可以进行中线或中长线波段减仓操作。

4. 三只乌鸦

三只乌鸦由三根阴线构成，指三日的收盘价都下跌，它是红三兵的反面“副本”。三只乌鸦K线图，如图6-11所示。

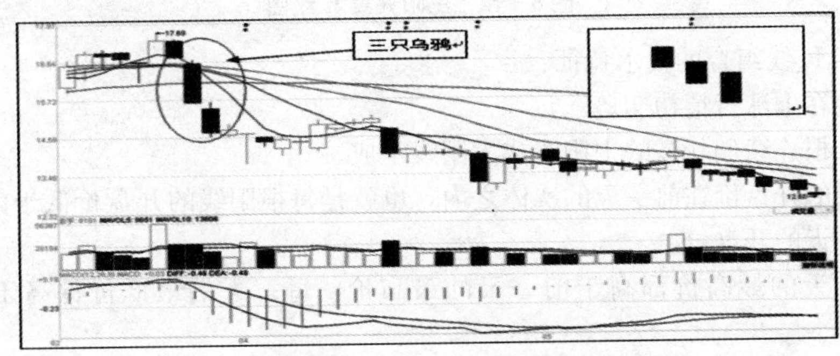

图6-11 三只乌鸦K线图

在上升趋势中，三只乌鸦呈阶梯形逐步下降，当出现三只乌鸦的组合形态时，表明当前市场要么靠近顶部，要么经过一时间已处在较高的位置上了，出现此类K线形态往往预示着股价后市将会进一步下跌。

三只乌鸦具有以下形态特征：

(1) 连续出现三根阴线。

(2) 每日收盘价都向下跌。

(3) 收盘价接近每日的最低价位。

(4) 每日的开盘价都在上根K线的实体之内。

(5) 第一根K线的实体部分，最好低于上日的最高价位。

三只乌鸦的应用法则：

如果看见三只乌鸦形态，应在形态确立之后立即清仓。一般来说，第一天多为观望期，此时市场前景不明朗，市场信心不强烈，后市走向把握度不高；第二天，三只乌鸦形态雏形已现，可考虑轻仓建空。止损点可设在重要阻力位之上；第三天，三只乌鸦形态确立，可果断清仓。

投资者应特别注意以下两个方面：

(1) 三只乌鸦出现在下跌趋势启动之初，空头取得优势并开始发力。务必注意这种K线成立的前提，是发生在下跌趋势成立的初期。在下跌趋势的末端，有时也会有三连阴的K线形态，但这与三只乌鸦无神似之处。

(2) 如果每一根阴线几乎没有上下影线，称为“三胎乌鸦”，表明后市下跌更加明显。

5. 三阳开泰

三阳开泰 K 线组合为股市加速上涨的信号，如图 6－12 所示。

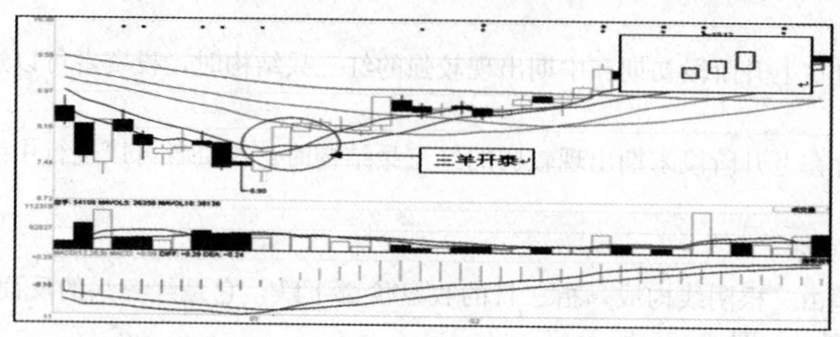

图 6－12　三阳开泰 K 线图

三阳开泰 K 线组合的技术特征：

(1) 出现在上涨行情初期。

(2) 由 3 根连续创新高的中阳线或大阳线组成。

(3) 每天的开盘价在前一天的实体之内，也就是每根阳线的开盘价低于前一天的收盘价但高于前一天的开盘价。

(4) 每一天的最高价都高于前一天的最高价，每一天的最低价都高于前一天的最低价。

三阳开泰 K 线组合是在股价有所企稳之后与加速上扬之前，多头能量在短时期内的快速爆发，稳中有升并连拉三根中阳线或大阳线，呈现加速上升，显示多方力量的强大。

三阳开泰 K 线是重要的底部 K 线组合，如果在低位或在盘整市道中出现此类图形，反映出继续上升的可能性居大。在研判过程中要注意第三根阳线的实体的大小与上影线的长短，如阳线的实体呈现逐渐缩短或者出现上影线较长时，说明该三阳开泰 K 线形态缺乏进一步上涨动力。

红三兵与三阳开泰的区别：

红三兵与三阳开泰都是重要的底部 K 线组合，在形式上都是于低位时连拉三根阳线，预示着后市可能见底回升，但从本质上看两者还是有一定的区别的。红三兵的三根阳线皆为小阳线，为短期见底信号；三阳开泰的三根阳线为中阳线或大阳线，一般为加速扬升的信号。

红三兵的技术特征表现为，在暴跌之后空方已无力继续打压，股价在低价区窄幅波动时小阳线与小阴线交替出现，经过较长时间整理之后，多方积蓄了足够上升的能量伴随着成交量的放大出现连续上升使股价突破盘局开始上升。三根阳线称为“红三兵”，它的出现预示后市企稳转强的可能性很大。

三阳开泰的技术特征表现为，在股价有所企稳之后与加速上扬之前，多头能量在短时间内的快速爆发，稳中有升并连拉三根中阳线或大阳线，呈现加速上升特征。

在研判过程中要注意第三根阳线的实体大小与上影线长短，如阳线的实体呈现逐渐缩短或者出现长上影线时，此红三兵或三阳开泰有可能为失败形式。实战中并不能简单套用传统理论，一出现红三兵就预示见底，一出现三阳开泰就预示加速扬升。此时加码买入反有可能步入多头陷阱，在你忍无可忍出局后，才开始了真正的飙升。

因此在实战中，当红三兵或三阳开泰出现时，投资者不必过于心急，应多观察几日，等再出现放量突破时再加码介入。

6. 两阴夹一阳

两阴夹一阳的K线形态又称为空方炮，它由两根较长的阴线和一根较短的阳线组成。阳线夹在阴线之中，通常代表的是空方力量爆发式的出现，股价短期下跌的可能性较大。两阴夹一阳K线图，如图6-13所示。

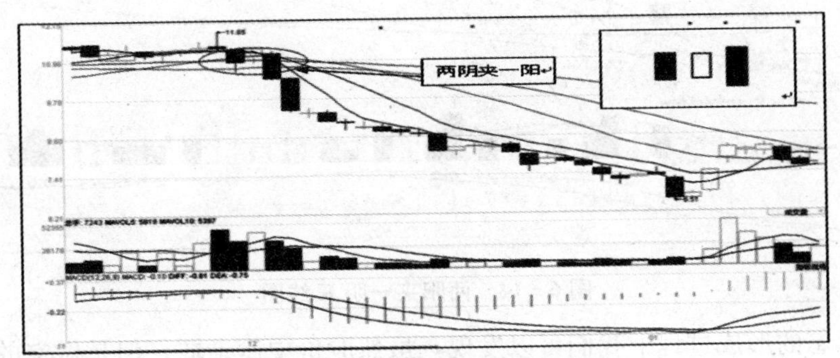

图6-13　两阴夹一阳K线图

两阴夹一阳具有以下形态特征：

(1) 三根K线呈下跌态势。

(2) 阴线的顶部尽量低，阳线的实体尽量短。

两阴夹一阳的市场含义如下：在多空双方的力量对比中，空方取得支配地位，多方虽有反抗，但力量微弱，明显不敌空方，后市看跌。

两阴夹一阳的应用主要体现在以下几个方面：

(1) 此种形态在涨势和跌势中都会出现，在涨势中出现，是见顶信号；在跌势中出现，继续看跌。

(2) 在涨势已持续很长时间或股价有了很大涨幅后出现两阴夹一阳，是头部信号。第一天阴线可能是庄家大量出货，将股价压低，由于长期的上涨使人们逢低即买，第二天买入盘涌入收阳线，第三天庄家见高价再次大量出货，再收阴线。这样，股价会在大量抛售的情况下继续往下跌。

(3) 两阴夹一阳出现在跌势中，继续看跌。此时多方的力量已经十分微弱，下跌途中虽有反抗，但却改变不了下跌的大局。

(4) 投资者在操作时要注意：股价在高位区域出现两阴夹一阳K线组合时，应立即卖出手中股票，以回避头部风险；两阴夹一阳K线组合形态中的阳线也可以是“十”字小阳线。有时出现两根大阴线夹数根小阳线，且第二根阴线把前几根小阳线全部收复时的K线组合形态出现时，同样具有看空意义，应卖出手中股票。

7. 两阳夹一阴

两阳夹一阴K线形态又称多方炮，就是一根小阴线夹在两根阳线中间。此形态经常会出现在股价上涨的中途，或者出现在股价经过长期下跌之后的底部区域。

当股价在明显的上升通道中运行时，股价在买盘的推动下不断地向上攀升，但在中途的某一天，股价突然走弱，并在收盘时收出一根阴线。形成这根阴线之后的第二天，股价并没有延续前一天的弱势继续走低，而是出现了走强的现象，在当天的运行中买盘明显增强，收盘时收出一根上涨的阳线，在这个过程中形成的阴线被前后两根阳线夹在中间，这种走势我们就称之为“两阳夹一阴”，如图 6-14 所示。

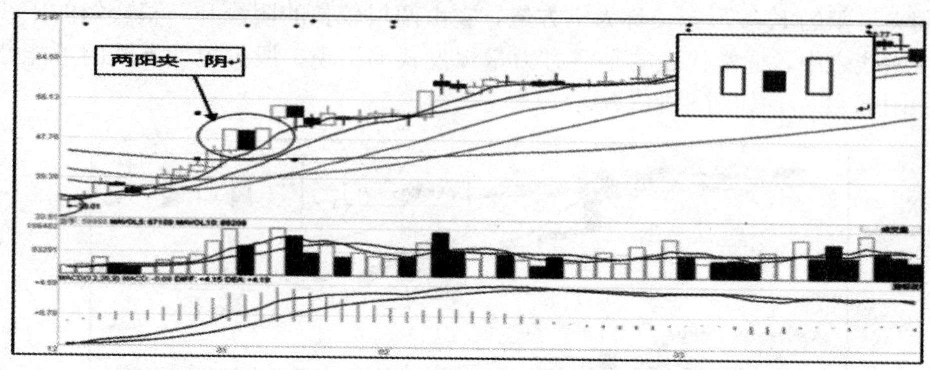

图 6-14 两阳夹一阴 K 线图

从这种形态的形成过程中我们可以发现，虽然股价中途走弱，但是做空的能量还是十分有限的，做多力量很快就出来反击并最终夺回了主导权。因此，从这种形态本身的形成过程来看，是一种看多的形态。

两阳夹一阴的实战应用技巧：

(1) 在出现两阳夹一阴之前，股价必须有止跌回升的过程，否则投资者就不要买进，至少在股价没有明显出现走强之前绝对不能急于买进，此时风险要远远大于收益。

(2) 如果在出现两阳夹一阴之前，股价经历了一个明显的止跌回升过程，而且在股价回升的过程中，买盘比较积极，成交量也呈现出温和放量迹象，那么只要在形成这种形态中出现阴线当天的成交量呈现出萎缩状态，或者盘中出现了大量的对倒单才导致成交量放大的话，一旦出现这种形态的第二天股价出现走强的迹象，投资者就可以入场买进，特别是在股价一开盘就大幅高开的情况下可以放心买进，后市股价必将迎来一波上涨行情。

(3) 如果在出现这种形态之前，股价在底部区域经过了长时期的横盘整理，而且在整理的过程中很少有主动性的卖单涌现，随后股价在向上拉升脱离这个整理平台时出现了这种形态，只要在形成这种形态的过程中成交量没有放大，投资者就可以放心买进。

8. 上升三部曲

在股价经过一段时期的上涨后，在一根大阳线或是中阳线之后，连续出现三根小阴线，但三根小阴线都没有跌破前面这根大阳线的开盘价，并且成交量也开始减少，随后就出现一根大阳线，这就是上升三部曲形态。上升三部曲 K 线图，如图 6-15 所示。

上升三部曲具有以下形态特征：

(1) 它出现在上升途中。

(2) 它由大小不等的 5 根（甚至多根）K 线组成。

(3) 先拉出一根大阳线或中阳线，接着连续出现 3 根（也可能是 4 根或 5 根）小阴线，但都没有跌破前面的开盘价，随后出现一根大阳线或中阳线，其走势有点类似英文字母“N”。

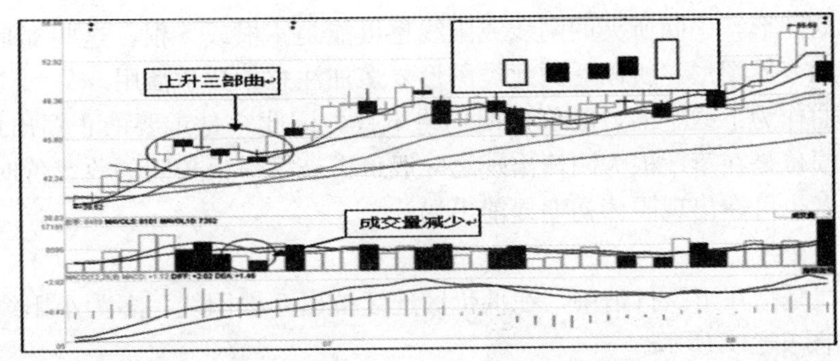

图 6-15 上升三部曲 K 线图

上升三部曲的市场含义如下：

主力发动行情前先拉出一根大阳线进行试盘，接着就连接小阴线，或者以阴多阳少的方式进行压盘，以此来洗清浮筹，正当一些投机客纷纷看淡时，主力突然发力，再度拉出一根大阳线，宣告一轮震仓洗盘暂告一个段落，接下去就要发动一轮向上攻势了。

上升三部曲的实战应用技巧：

(1) 具体操作中，中间的小阴线不一定是 3 根，也可能是 4 根、5 根或多根，也不一定全是阴线，只是阴多阳少。

(2) 小阴线是主力清洗浮筹的手段。

9. 下降三部曲

股价在下跌途中出现了一根实体较长的阴线，随后拉出 3 根向上攀升但实体较为短小的阳线，但最后一根阳线的收盘价仍比前一根长阴线的开盘价要低，之后紧接着又出现一根长阴线，把前面 3 根小阳线全部或大部分都吞吃了，这就是下降三部曲的标准形态。下降三部曲 K 线图，如图 6-16 所示。

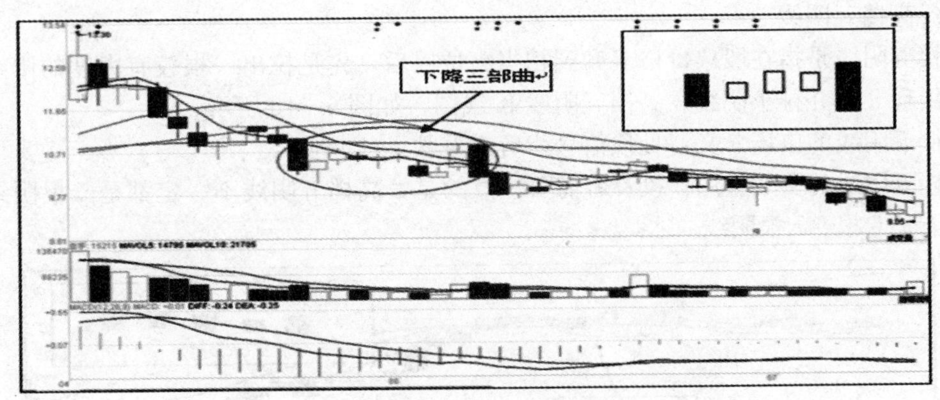

图 6-16 下降三部曲 K 线图

下降三部曲的市场含义如下：

下降三部曲的出现，表明多方虽然想反抗，但最终在空方的打击下显得不堪一击。这表明股价还会进一步向下滑落，因此，投资者见此 K 线图形后宜做减仓操作或者空仓保持观望。

投资者在实战中需要注意的是，不论是上升三部曲还是下降三部曲，在 K 线图形中都很难找到标准的图形，中间所夹的阴线或阳线也可能是 4 根或 5 根，这些都是上升三部曲或下降三部曲的变异图形。所以看到此类图形要多加注意，活学活用。

下跌三部曲作为下跌中继，股价预期仍将下挫，因此它是重要的止损出局逃命信号。其最有效的止损位是在第二根大阴棒出现之际股价击破第一根长阴的收盘价时，当然市场感觉好的投资者也可在出现阴棒初期提前出局。

10. 低档五阳线

低档五阳线是指在下跌行情中，在低价区连续拉出 5 根阳线，多为小阳线。低档五阳线 K 线图，如图 6－17 所示。

低档五阳线的市场含义：低档五阳线说明逢低吸纳者多，买盘强劲，股价可能见底或者到了一个阶段性底部，后市上升的可能性极大，是买入良机。

低档五阳线的实战应用：投资者需要注意的是，低档五阳线不一定都是 5 根阳线，有时也可能是 6 根、7 根阳线。

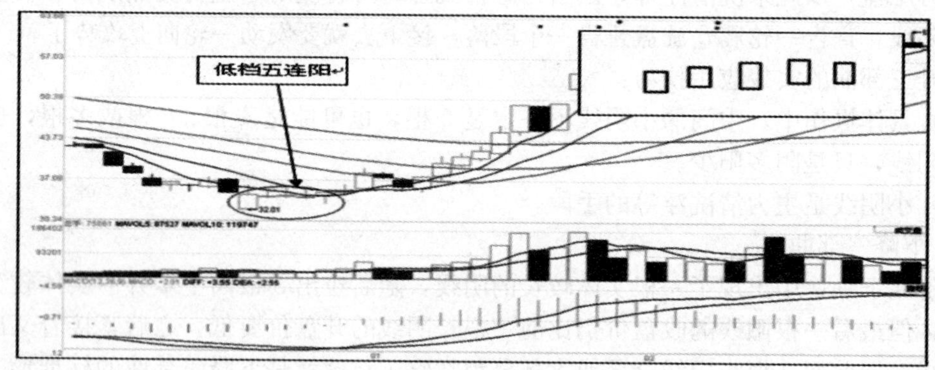

图 6－17 低档五阳线 K 线图

11. 高档五阴线

高档五阴线是指在股票价格上升到相当高位以后，先是拉出一根较有力度的阳线，接着连续出现 5 根并排小阴线。高档五阴线 K 线图，如图 6－18 所示。

高档五阴线的市场含义：见顶信号，后市看跌。

高档五阴线的实战应用：投资者需要注意的是，高档五阴线不一定都是 5 根阴线，有时也可能是 6 根、7 根阴线。

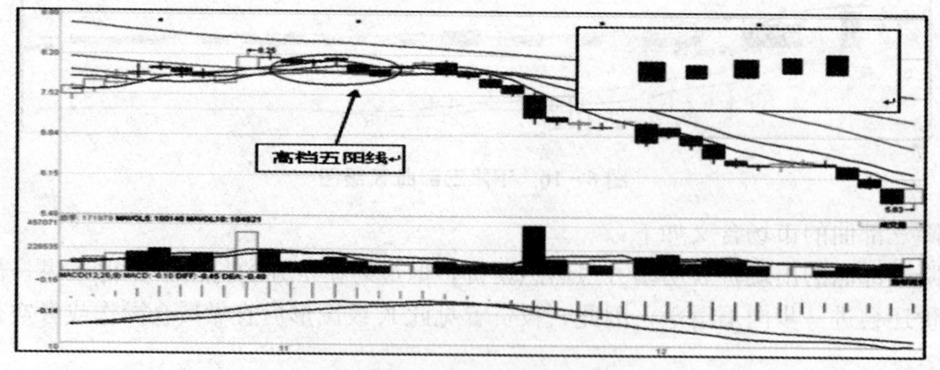

图 6－18 高档五阴线 K 线图

12. 一阳包多阴

一阳包多阴的图形特征：一根大阳线孕育后面两根或两根以上的小阴线，也就是说后面两根或两根以上的小阴线实体都在大阳线的实体之内。一阳包多阴K线图，如图6－19所示。

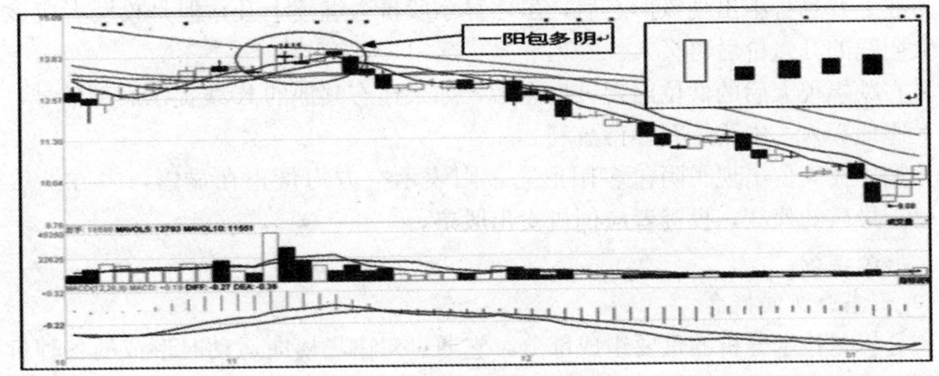

图6－19　一阳包多阴K线图

一阳包多阴的市场含义如下：

(1) 该形态如果在下跌趋势中出现，是后市将继续下跌的信号。

(2) 该形态如果在涨幅较小的波段高位出现，是阶段性顶部信号。

(3) 该形态如果在涨幅很大后的高位出现，是顶部信号。

一阳包多阴的实战应用：

(1) 个股在经过较小幅度的下跌后出现该形态，阳线对企稳作用有限，还会下跌，投资者应继续卖出股票。

(2) 个股在上涨了一定的幅度后出现该形态，表示上升行情告一段落，短期见顶，投资者应卖出股票。

(3) 如果是涨幅很大的高位出现该形态，投资者要坚决卖出股票，离场休息。

13. 一阴包多阳

一阴包多阳的图形特征是一根大阴线孕育后面两根或两根以上的小阳线，也就是说后面两根或两根以上的小阳线实体都在大阴线的实体之内。一阴包多阳K线图，如图6－20所示。

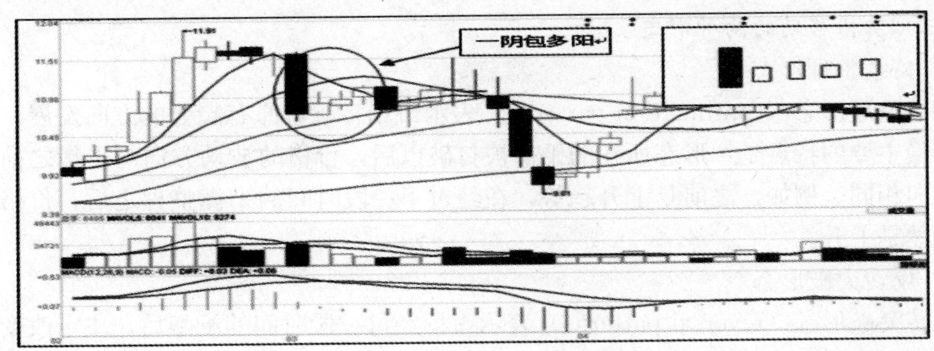

图6－20　一阴包多阳K线图

一阴包多阳的市场含义如下：

（1）该形态如果在上升趋势中出现，显示后市将继续上升的信号。

（2）该形态如果在跌幅很大后的低位出现，显示底部信号。

（3）该形态如果出现在涨幅很大后的高位，显示卖出信号。

一阴包多阳的实战应用：

（1）在上升趋势中出现该形态后，虽然显示股价会继续上升，但是投资者应该等到股价超过大阴线的开盘价后再买入。

（2）在跌幅很大后的低位出现该形态后，如果还有其他的K线提示底部信号，投资者应坚决大胆地买入，中线持有等待盈利。

（3）如果在高位出现一阴包多阳形态，则表示空方力量正在显露，多方虽然还在抵抗，但已近最后的疯狂，投资者应伺机卖出股票。

二、形态理论

（一）形态分析的概念

形态分析是技术分析的重要组成部分，它通过对市场横向运动时形成的各种价格形态进行分析，并且配合成交量的变化，推断出市场现存的趋势将会延续或反转。

（二）价格移动规律

1. 价格的移动是由多空双方力量大小决定的

作为一般规律，价格的高低由供求关系决定。在证券市场中，价格是完全按照多空双方力量对比大小而波动的，或者说按照双方所占优势的大小而波动的。

在某一时期，多方处于优势，力量增加，价格将向上移动。同样，在另一个时期，如果空方处于优势，占据上风，则价格将向下移动。证券市场价格正是在多空双方不断地“领先”中上下波动的。

2. 价格波动的过程是不断地寻找平衡和打破平衡

根据多空双方力量对比可能发生的变化，可以知道价格的移动应该遵循这样的规律：

（1）价格应在多空双方取得均衡的位置上下来回波动。

（2）原有的平衡被打破后，价格将寻找新的平衡位置。

价格移动的规律可以作如下描述：

持续整理→保持平衡→打破平衡→寻找新的平衡→再打破新的平衡→再寻找更新的平衡→……

（三）价格移动的两种形态

1. 持续整理形态

持续整理形态（continuation patterns）表示市场将顺着原有趋势的方向发展。持续整理形态最主要的特点是：形态所在的平衡被打破以后，价格的波动方向与平衡之前的价格趋势方向相同。例如，之前是上升趋势，在经过了一段时间的平衡整理之后，价格的波动趋势仍然是上升。

2. 反转突破形态

反转突破形态（reversal patterns）表示市场经过一段时间的酝酿后，决定改变原有趋势，而采取相反的发展方向。反转突破形态最主要的特点是：形态所在的平衡被打破以后，价格的波动方向与平衡之前的价格趋势方向相反。例如，之前是上升趋势，在经过了一段时间的平衡整理之后，价格的波动趋势是下降。

三、趋势理论

（一）趋势线理论概述

1. 趋势与趋势线的定义

在股市中，看清长期趋势，分清中期趋势，不为短期趋势的反向波动所困惑，是每一个想在股市中生存、发展的投资者必须认真对待的。

2. 趋势的方向

趋势的方向有上升方向、下降方向、水平方向。

3. 趋势的类型

趋势的类型有主要趋势、次要趋势、短暂趋势。

这 3 种趋势类型的最大区别是时间的长短和波动幅度的大小，大趋势中包含着小趋势，上升趋势中有短暂的回调休整，下降趋势中也有短暂的上升反弹。

4. 上升趋势线和下降趋势线

（1）上升趋势线，就是上涨行情中两个以上的低点的连线。上升趋势线的功能在于能够显示出股价上升的支撑位，一旦股价在波动过程中跌破上升趋势线，就意味着行情可能出现反转，由涨转跌。上升趋势线，如图 6－21 所示。

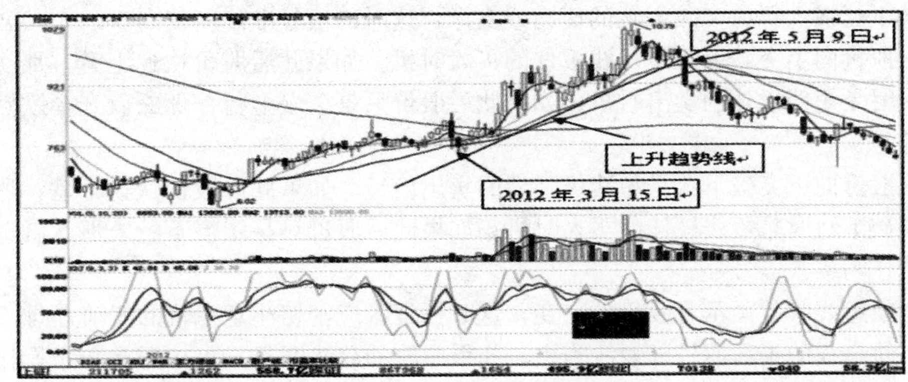

图 6－21　上升趋势线

（2）下降趋势线，就是下跌行情中两个以上的高点的边线。下降趋势线的功能在于能够显示出股价下跌过程中的压力位，一旦股价在波动过程中上穿下降趋势线，并伴随着成交量放大，就意味着行情可能出现反转，由跌转涨。下降趋势线，如图 6－22 所示。

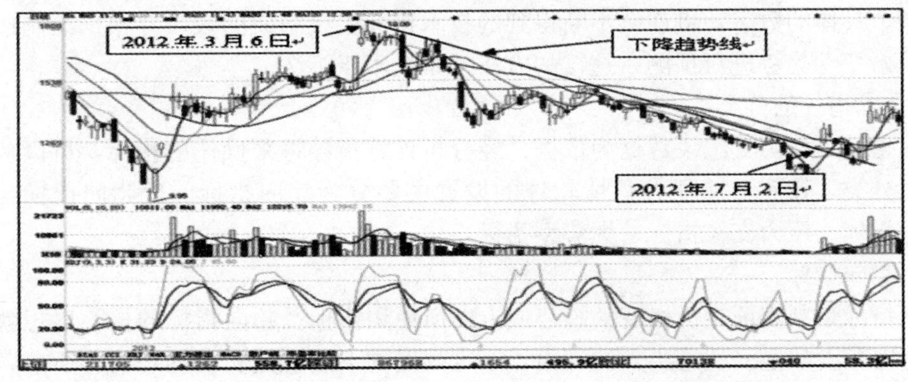

图 6－22　下降趋势线

（二）轨道线

1. 轨道线的概念

轨道线是趋势线概念的延伸，当股价沿着趋势上涨到某一价位水准，会遇到阻力，回档至某一水准价格又获得支撑，轨道线就在接高点的延长线及接低点的延长线之间上下来回，当轨道线确立后，股价就非常容易找出高低价位所在，投资人可依此判断来操作股票。

2. 轨道线与趋势线的区别和联系

（1）与突破趋势线不同，对轨道线的突破并不是趋势反向的开始，而是趋势加速的开始，即原来的趋势线的斜率将会增加，趋势线的方向将会更加陡峭。

（2）同趋势线一样，轨道线也有是否被确认的问题。股价在A的位置如果的确得到支撑或受到压力而在此掉头，并一直走到趋势线上，那么这条轨道线就可以被认可了。

（3）轨道线和趋势线是相互合作的一对。很显然，先有趋势线，后有轨道线。趋势线比轨道线重要得多。趋势线可以独立存在，而轨道线则不能独立存在。

3. 轨道线的研判法则

（1）股价向上突破中轨是短线买入信号，股价向下突破中轨是短线卖出信号。尤其当股价持续下行或上行后突破中轨的压力或支撑，这时的信号准确度较高。

（2）股价向上突破上轨是短线极佳的买入时机。如果此后股价快速上升，那么当股价跌破上轨时是短线极佳的卖出时机；如果此后股价只是缓慢上行，那么就选择跌破中轨作为卖出信号。

（3）股价向下突破下轨是短线极强烈的卖出信号。如果此后股价快速下跌，那么当股价向上突破下轨时是短线极佳的买入时机；如果此后股价只是缓慢下行，那么就选择向上突破中轨作为买入信号。

（4）轨道线收敛预示着股价的突变，这时投资者应密切注意中轨的变动方向。

（5）轨道线的买卖信号以短线为主。如果中轨的趋势明显，可按照趋势来操作，如果中轨的趋势不明显，应该采取快进快出的操作。

四、技术指标理论

（一）技术指标的含义与分类

1. 技术指标的含义

技术指标是指应用一定的数学模型，对原始数据进行处理得到的具体结果。处理后的结果是某个具体的数字，将连续不断得到的技术指标值绘制成图表，并根据绘制成的图表对市场价格变动趋势进行预测，这样的方法就是技术指标法。

2. 技术指标的分类

技术指标是以历史纪录数据为依据，经分析计算指导将来操作的指标，可以从不同的角度进行分类。按照目前证券行情软件的设置主要分为趋向指标、反趋向指标、量价指标、能量指标、压力支撑指标、大势型指标。

（1）趋向指标。

趋向指标是判定证券价格变动趋势或方向所使用指标。趋向指标的核心思想就是捕捉趋势，一定幅度的上涨就是买入的理由，一定幅度的下跌就是卖出的理由。所以，当市场行情有明显趋势可寻的时候，用趋向指标（如移动平均线，即MA）判断行情变化最有效果。趋势指标的始祖就是移动平均线，后期又逐步发展出指数平滑移动平均线（EXPMA）、指数平滑异同移动平均线（MACD）、抛物线指标（SAR）等。

（2）反趋向指标。

反趋向指标是限定涨跌幅度和强度的指标。该指标的波动范围通常为0～100。反趋向指标的核心思想就是捕捉整理行情，一定幅度（强度）的上涨就是卖出的理由，一定幅度（强度）的下跌就是买入的理由。反趋向指标主要有：乖离率（BIAS）、顺势指标（CCI）、随机指标（KDJ）、威廉指标（W&R）、相对强弱指标（RSI）、变动速率指标（ROC）、区间震荡线（DPO）、异同离差乖离率（DBCD）、过滤指标（ALF）等。

（3）压力支撑指标。

压力支撑指标也称为路径型指标。图形区分为上限带和下限带，上限代表压力，下限代表支撑。其指标图形的特点是：股价向上触碰上限会可能会回档；股价向下触碰下限可能会反弹。压力支撑指标主要有：布林线（BOLL）、多空布林线（BBIBOLL）、麦克压力支撑指标（MIKE）、逆势操作系统（CDP）、通道线（CHANNELS）、薛斯通道（XS）等。

（4）量价指标。

量价指标主要有：能量潮（OBV）、能量潮（SOBV）、阻力指标（QHLSR）、资金流量指标（MFI）、简易波动指标（EMV）、威廉变异离散量（WAVD）、当日成交密度（II）、佳庆指数（CHO）、量价趋势（VPT）。

（5）能量指标。

能量指标是测度股价热度的指标，用于测量投资者买卖股票意愿。该指标数据过高，表示高很多投资者情绪高亢，积极买进；反之，不愿意买进。该类指标包括：人气意愿指标（BRAR）、能量指标（CR）、心理线（PSY）、VCI、容量比率（VR）等。

（6）大势型指标。

大势型指标是专门用于判断大盘走势的指标。该指标一般不用于个股的技术分分析，最主要：ABI、ADL、ADR、ARMS、BTI、C&A、COPPOCK、MCL、MSI、OBOS、TRIM、STIX、TBR。

（二）技术指标应用的法则

1. 指标分布区域

（1）指标分布的极限区域。

技术指标数值极限分布区域是指技术指标的取值极其大或极其小，这样的情况称为技术指标处于“超买区和超卖区”。大多数技术指标是用数字描述市场的某个方面的特征的，如果技术指标数值太大或太小，则说明市场的某个方面已经达到了极端的地步，行情可能向相反的方向转化。

（2）强势区域与弱势区域。

有些技术指标数值在极限区域以外可分布于不同区间，一般来说当指标值始终处于50以上，则说明证券价格走势比较强，在投资策略上选择持有证券；当指标值始终处于50以下，则说明证券价格走势比较弱，在投资策略上选择持币。

2. 指标的交叉

指标的交叉是指技术指标图形中两条曲线发生相交现象，包括同一指标按不同时间参数所计算两条曲线发生了相交现象，也包括变动速度不同的两条曲线相交以及指标所表示

的曲线与坐标 O 轴的相交。

（1）黄金交叉与死亡交叉。

黄金交叉与死亡交叉是同一个技术指标的不同参数的两条曲线之间的交叉。两条指标线，一个是快线，是指较短时间的指标或均值所对应的曲线，该曲线波动比较大。另一个是慢线，是指较长时间的指标均值所对应的曲线，该曲线较快线波动较小。当快线从下上穿慢线就是黄金交叉，是买入信号；当快线从上下穿慢线就是死亡交叉，是卖出信号。

（2）与固定曲线交叉。

第二种交叉是技术指标曲线与固定的水平直线之间的交叉。水平直线通常是横坐标轴，也就是指标取值正负的分界线，技术指标与横坐标轴的交叉表示技术指标由正变负或由负变正。

技术指标的交叉表明买卖双方力量对比发生了改变，技术指标由正变负说明买方力量减弱，反之则买方力量增强。

3. 多头排列与空头排列

当快速线在慢速线之上，且排列方向向上时是多头排列。多头排列是在快速线与慢速线出现黄金交叉以后形成的，当快速线与慢速线呈现多头排列后，行情趋势看涨，这时投资者应以持有证券为主。

当快速线在慢速线之下，且排列方向向下时是空头排列。空头排列是在快速线与慢速线出现死亡交叉以后形成的，当快速线与慢速线形成空头排列后，行情看淡，这时投资者应以持币或卖空为主。

4. 技术指标与价格的背离

指标的背离是指技术指标曲线的波动方向与价格曲线的趋势方向不一致。指标背离有两种表现形式，第一种是顶背离，第二种是底背离。

当证券价格一峰比一峰高，股价一直在向上涨，而技术指标图形走势一峰比一峰低，这种现象为顶背离。顶背离现象一般是股价在高位即将反转转势的信号，表明股价短期内即将下跌，是卖出股票的信号。

底背离一般出现在股价的低位区。当证券价格走势，一底比一底低，股价还在下跌，而技术指标图形的走势是一底比一底高，这种现象叫底背离。底背离一般预示股价在低位可能反转向上，表明股价可能反弹向上，是买入股票的信号。

5. 指标的形态和趋势

技术指标的形态是指技术指标曲线在波动过程中出现了形态理论中的反转形态。在实际中，出现的形态主要是双重顶、底和头肩形。

技术指标趋势是指在进行分析时还可以将技术指标曲线看成价格曲线，根据技术指标曲线走势画出上升趋势线、下降趋势线和水平趋势线，通过确定指标曲线支撑线和压力线预测证券价格的涨跌。

6. 技术指标的钝化

技术指标也存在着盲点或钝化现象，即超卖再超卖，超买再超买。

钝化现象是一些反趋向指标无法克服的缺点，在遇到超强市或者超弱市时投资者就容易判断错误。

我国目前对于技术指标的使用，在此方面也存在着一定的偏差。投资者应留意技术指标钝化现象，以免投资判断出现失误。

概念索引

股票　曙光初现　乌云盖顶　身怀六甲　十字胎　穿头破脚　双飞乌鸦　早晨之星　黄昏之星　红三兵　三只乌鸦　三阳开泰　两阳夹一阴　两阴夹一阳　上升三部曲　下降三部曲　低档五阳线　高档五阴线　一升趋势线　量价指标

闯关考验

一、选择题

1. 我国有关法律规定，公司缴纳所得税后的利润，在支付普通股票的红利之前，应按如下顺序分配（　　）。

A. 弥补亏损→提取法定公积金→提取任意公积金

B. 提取任意公积金→提取法定公积金→弥补亏损

C. 提取法定公积金→提取任意公积金→弥补亏损

D. 提取法定公积金→弥补亏损→提取任意公积金

2. 我国按投资主体的不同性质，将股票划分为（　　）。

A. 国家股　B. 法人股　C. 社会公众股　D. 外资股

3. 国家股的资金主要来源于（　　）。

A. 现有国有企业改组为股份公司时所拥有的净资产

B. 现阶段有权代表国家投资的政府部门向新组建的股份公司的投资

C. 经授权代表国家投资的投资公司、资产经营公司、经济实体性总公司等机构向新组建股份公司的投资

D. 具有法人资格的事业单位以其依法可支配的资产向新组建股份公司的投资

4. 境内居民个人可以用（　　）从事B股交易。

A. 现汇存款　B. 外币现钞存款

C. 外币现钞　D. 从境外汇入的外汇资金

5. 境外上市外资股包括（　　）。

A. H股　B. B股　C. N股　D. S股

6. 关于红筹股的描述不正确的是（　　）。

A. 红筹股不属于外资股

B. 红筹股指在中国境外注册、在香港上市但主要业务在中国内地或大部分股东权益来自中国内地的股票

C. 红筹股已经成为内地企业进入国际资本市场筹资的一条重要渠道

D. 红筹股属于境外上市外资股

7. 下面属于国有股权的组成部分的是（　　）。

A. 国家股　B. 国有法人股　C. 社会公众股　D. 法人股

8. 股权分置改革是为解决A股市场相关股东之间的利益平衡问题而采取的举措，对

于同时存在H股或B股的A股上市公司，由（　　）协商解决股权分置问题。

A. A股市场相关股东　　B. H股市场相关股东

C. D股市场相关股东　　D. 股东大会

9. 下列说法正确的是（　　）。

A. 公司的股份采取股票的形式。股份的发行，实行公平、公正的原则，同种类的每一股份应当具有同等权利

B. 股票一经发行，购买股票的投资者即成为公司的股东

C. 股票实质上代表了股东对股份公司的所有权

D. 股票作为一种所有权凭证，有一定的格式

10. 我国的股权分置是指（　　）市场上的上市公司股份按能否在证券交易所上市交易，被区分为非流通股和流通股。

A. A股　　B. B股　　C. 红筹股　　D. 法人股

11. 下面对股票的性质叙述正确的是（　　）。

A. 股票本身具有价值

B. 股票的转让就是股东权的转让

C. 股票与它代表的财产权有不可分离的关系，它们两者合为一体

D. 股票是一种代表财产权的有价证券

12. 下面关于股票收益性描述正确的是（　　）。

A. 股票的收益只来源于股份公司

B. 其实现形式可以是从公司领取股息和分享公司的红利

C. 其实现形式可以是资本利得

D. 收益性是股票最基本的特征

13. 下面影响股票价格的因素中，通常会刺激股票价格上涨的因素有（　　）。

A. 股份公司进行股票分割

B. 中央银行提高法定存款准备金率

C. 政府扩大财政赤字、发行国债筹集资金

D. 政府大幅提升存贷款利率

14. 所谓有面额股票，指在股票票面上记载一定金额的股票，这一金额也称为（　　）。

A. 票面价值　　B. 股票价格　　C. 股票面值　　D. 票面金额

15. 作为发起人的企业法人或具有法人资格的事业单位和社会团体，在认购股份时的出资方式有（　　）。

A. 货币　　B. 实物　　C. 知识产权　　D. 土地使用权

16. 股东大会的下列决议无须经出席会议的股东所持表决权的1/3以上通过的是（　　）。

A. 修改公司章程

B. 增加或减少注册资本的决议

C. 对发行公司债券作出决议

D. 公司合并、分立、解散或者变更公司形式的决议

二、判断题

1. 有价证券是财产价值和财产权利的统一表现形式。（　　）

2. 设权证券是指证券所代表的权利本来不存在，而是随着证券的制作而产生的。股票就是一种设权证券。（　　）

3. 股票不属于无权证券，也不属于债券证券，而是一种综合权利证券。（　　）

4. 记名股票是指在股票票面和股份公司的股东名册上记载股东姓名的股票。（　　）

5. 永久性是指股票所载有权利的有效性是始终不变的，因为它是一种无期限法律凭证。（　　）

6. 从股票发展史看，最初股票票面格式既不统一，也不规范，由发行公司自行决定。（　　）

7.《中华人民共和国公司法》规定，股份有限公司的资本划分为股份，每一股的金额相等，并且不允许发行无面额股票。（　　）

8. 形式股票所代表的财产权，必须以持有股票为条件，股东权利的转让应与股票占有的转移同时进行，股票的转让就是股东权利的转让。（　　）

9. 股票的内在价值即理论价值，也即股票未来收益的期值。（　　）

10. 股票分割由于不能给投资者带来现实的利益，所以通常会刺激股价下滑。（　　）

11. 股票不是一种现实的资本，股份公司通过发行股票筹措的资金，是公司用于营运的真实资本。（　　）

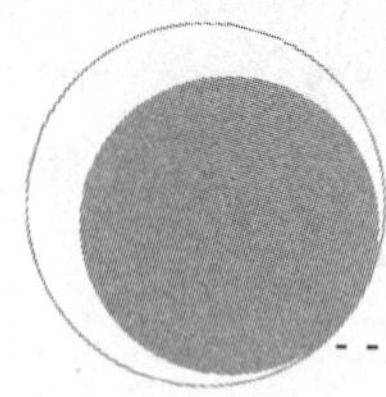

项目七 基金投资理财

知识结构图

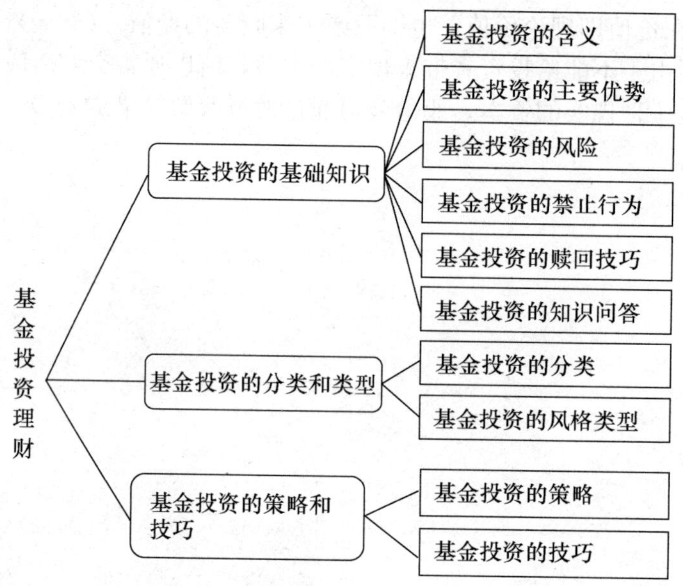

情景写实

在某理财大讲堂上，孙杰女士讲述了她5年来投资基金的成功故事。

先说一下我是怎么进入基金投资的？

我首先要感谢的是美联储前主席——格林斯潘，这可能听起来不可思议。当时美联储主席的去留问题正在各大媒体上热播。有一天我正在看财经类的节目，听到有记者问格林斯潘先生：您买股票吗？他说我从来不买股票，我只买基金。这引起了我的注意。2002年的时候利率已经跌到低点，这意味着放在银行里的钱一天一天在缩水。那时候我也被如何保值所困扰。所以无意间听到的信息让我想了解基金是怎么回事？我以前是一个彻底的“基”盲，我问了一个曾经买过基金的朋友，他说不赚钱，早就卖了。

可是，格林斯潘这么大的人物都把基金作为理财的工具，其中一定另有门道。于是我查资料了解到基金分为开放式和封闭式两种，想必我朋友卖的是封闭式基金，那时封闭式基金也确实是低迷，他说的那番话也是很自然的。为了了解基金，我特意买了一本书，阅读后，我才知道封闭式基金和开放式基金的区别以及各自的特点。我觉得不妨投资开放式基金试一试，反正可以随时赎回。

那时候刚好有几只基金在发行，我就随便认购了一只，开始了我的基金理财。现在看来，朋友的建议、别人的建议都只能作为参考。如果你想真金白银地去投资？最好还是事先了解清楚再做决定。这是我要说的第一点。

第二点就是我投资基金的一点体会。首先，我觉得应该根据你自己的风险承受能力设计一个适合自己的基金组合。如果你的风险承受能力强，可以购买股票型基金；风险承受能力相对弱一点可以购买债券型基金。我一般是选 4～6 只基金，这样既可以分散风险，也便于管理。

其次，就是要选择业绩优秀、运作相对稳定的、有实力的公司。特别要考虑公司的整体业绩，这一点非常重要。大公司除了投研力量非常强大以外，应对突发事件的能力也非常强大。

再次，一旦你买了基金，最好长期持有。因为进出基金的成本比较高，进出的周期也比较长，一般是 3～7 天，如果做波段的话很难把握。

以我自己为例，我第一次购买基金是在 2002 年，那时候我对如何打理基金一无所知，稀里糊涂地投了一年多，结果我居然获利了。我当时的感觉就像中了彩票。我第二次投资基金是在 2004 年—2006 年，那是在我被初战告捷的胜利冲昏了头脑的情况下购买的，很不幸，当时正值下跌。直到 2006 年年初，我做基金配置调整时才赎回。我第三次投资基金是在 2006 年年底至现在，这次我有备而来，我预先为自己设计了一个基金组合，而且耐心等待机会，有计划地分批介入。所以直到现在，我的收益还不错。

现在回过头来看，我经历了三个阶段，懵懂阶段、冲动阶段、理智阶段，而在这期间，大盘也经历了 50％的下跌和 400％的上涨。在整个波动过程中，我都在获利，我想这完全得益于我的长期持有。

最后我要说的是，如果机会来临，要果断抓住。做到这一点很不容易，我曾经在这个问题上跌过跟头。2006 年年初，我见到某只基金表现得非常突出，我耐心等待机会准备介入。2006 年七八月份大盘开始调整，可是这只基余的净值仍然高居在 1.6 元上下。我因为恐高迟迟没敢介入，结果大盘调头向上，它的净值也飞速上升，最终我只能放弃，现在其净值已经 5 元多了，我也只有观望的份儿。

学习目标

1. 掌握基金投资的基础知识。
2. 掌握基金投资的类型。
3. 掌握基金投资的技巧。

任务一　基金投资的基础知识

一、基金投资的含义

基金投资是一种间接的证券投资方式。基金管理公司通过发行基金份额，集中投资者的资金，由基金托管人（即具有资格的银行）托管，由基金管理人管理和运用资金，从事股票、债券等金融工具投资，然后共担投资风险、分享收益。通俗地说，证券投资基金是通过汇集众多投资者的资金，交给银行保管，由基金管理公司负责投资于股票和债券等证券，以实现保值增值目的的一种投资工具。

二、基金投资的主要优势

（1）具有专家理财的优势（投资专家投资技术熟练、信息灵通、深刻领悟国家政策等）。

（2）具有积少成多的优势。

（3）注重投资组合，分散基金投资风险。

（4）费用相对低廉（有税收优惠）。

（5）透明度相对较高（开放式基金）。

三、基金投资的风险

（一）系统性风险

尽管基金本身有一定的风险防御能力，但对证券市场的整体系统性风险也难以完全避免。这类风险主要包括以下几点：

（1）政策风险，指因财政政策、货币政策、产业政策、地区发展政策等国家宏观政策发生明显变化，导致基金市场大幅波动，影响基金收益而产生的风险。

（2）经济周期风险，指随着经济运行的周期性变化，证券市场的收益水平呈周期性变化，基金投资的收益水平也会随之变化。

（3）利率风险。金融市场利率的波动会导致证券市场价格和收益率的变动。基金投资于债券和股票，其收益水平会受利率变化的影响。

（4）通货膨胀风险。如果发生通货膨胀，基金投资于证券所获得的收益可能会被通货膨胀抵消，从而影响基金资产的保值增值。

（5）流动性风险。基金投资组合中的股票和债券会因为各种原因面临较高的流动性风险，使证券交易的执行难度提高，买入成本或变现成本增加。

（二）非系统性风险

基金投资的非系统性风险主要包括：

（1）上市公司经营风险。如果基金公司所投资的上市公司经营不善，其股票价格可能下跌，或者能够用于分配的利润减少，使基金投资收益下降。

（2）操作风险和技术风险。基金的相关当事人在各业务环节的操作过程中，可能因内部控制不到位或者人为因素造成操作失误或违反操作规程而引发风险。此外，在开放式基金的后台运作中，可能因为系统的技术故障或者差错而影响交易的正常进行甚至导致基金份额持有人利益受到影响。

（3）基金未知价的风险。投资者购买基金后，如果正值证券市场的阶段性调整行情，由于投资者对价格变动的难以预测性，投资者将会面临购买基金被套牢的风险。

（4）管理和运作风险。基金管理人的专业技能、研究能力及投资管理水平直接影响到其对信息的占有、分析和对经济形势、证券价格走势的判断，进而影响基金的投资收益水平。

（5）信用风险，即基金在交易过程中可能发生交收违约或者所投资债券的发行人违约、拒绝支付到期本息等情况，从而导致基金资产损失。

四、基金投资的禁止行为

根据现行法律法规，我国禁止基金财产从事的投资行为主要包括：

(1) 承销证券。

(2) 向他人贷款或者提供担保。

(3) 从事承担无限责任的投资。

(4) 买卖其他基金份额，但是国务院另有规定的除外。

(5) 向其基金管理人、基金托管人出资或者买卖其基金管理人、基金托管人发行的股票或者债券。

(6) 买卖与其基金管理人、基金托管人有控股关系的股东或者与其基金管理人、基金托管人有其他重大利害关系的公司发行的证券或者承销期内承销的证券。

(7) 从事内幕交易、操纵证券交易价格及其他不正当的证券交易活动。

(8) 依照法律、行政法规有关规定，由国务院证券监督管理机构规定禁止的其他活动。

五、基金投资的赎回技巧

(一) 先观后市再操作

基金投资的收益来自未来，比如要赎回股票型基金，就可以先看一下股票市场未来的发展是牛市还是熊市，再决定是否赎回，在时机上做一个选择。如果是牛市，那就可以再持有一段时间，使收益最大化。如果是熊市就提前赎回，落袋为安。

(二) 转换成其他产品

把高风险的基金产品转换成低风险的基金产品，也是一种赎回，如把股票型基金转换成货币型基金。这样做可以降低成本，转换费一般低于赎回费，而货币型基金风险低，相当于现金，收益又比活期利息高。因此，转换也是一种赎回的思路。

(三) 定期定额赎回

与定期投资一样，定期定额赎回，既可以做日常的现金管理，又可以平抑市场的波动。定期定额赎回是配合定期定额投资的一种赎回方法。

六、基金投资的知识问答

问：什么是基金交易账户？

答：基金交易账户是银行为投资者设立的用于在本行进行基金交易的账户。投资者通过银行代销网点办理基金业务时，必须先开立基金交易账户。该账户用于记载投资者进行基金交易活动的情况和所持有的基金份额。每个投资者只能申请开立一个基金交易账户。

问：什么是基金 TA 账户？

答：基金 TA 账户是投资者持有某基金管理公司基金的基金账号，是 TRANSFER AGENT的简称，主要用来记录投资者基金账户的情况。

问：基金交易账户和基金 TA 账户的区别？

答：基金交易账户和基金 TA 账户不同。投资者在另一家银行购买，需要告诉柜员其原来的基金 TA 账号（也就是登记基金账号），否则不能开户。因为一个身份证号只能对应一个基金 TA 账号，但可以对应多个交易账号。TA 账号是与基金公司相关的，而不是与银行相关的。虽然投资者是在银行开通的，但其实是银行帮你在基金公司开通的。TA 账号是基金账号，是与投资者的身份证件相关的，它帮助基金公司识别客户。它包括户名、证件号码等。一个身份证号码在一家基金公司最多只能有两个基金账号，一个是在基金公司自己的TA系统注册的，另一个是可以用中登公司的TA账号注册，也就是你的股东代码卡号。但是有一些基金公司没有自己的TA系统，那你就只能使用中登公司的TA账号。而在一个基金账号下可以开多个交易账号，可是直销交易账号，也可以是代销交易账号。交易账号包括代销机构、资金卡等信息，它可以帮助基金公司区分资金的来源。

问：什么是登记基金账号？

答：投资者在开立基金TA账户后，如需要在开立基金TA账户的销售机构以外的其他销售机构办理基金业务，需首先登记其基金TA账号。换句话说，登记基金账号是投资者已在一家销售机构开立了基金TA账户，而又想要在另一家销售机构办理基金业务时所必须经过的手续。

问：未开立基金账户的客户可以办理登记基金账号的业务吗？

答：未开立基金账户的客户不可以办理登记基金账号的业务，但他可以直接办理开立基金账户的业务。

问：什么是重要账户信息？

答：重要账户信息指个人投资者的姓名、证件类型、证件号码；机构投资者的机构名称、证件类型和证件号码。

问：如何修改重要账户信息？

答：投资者要修改重要账户信息，必须到原开户的网点办理。

问：什么是其他账户信息？

答：除了重要账户信息以外的其他账户信息有地址、邮编等。

问：个人投资者可以委托他人办理修改重要账户信息吗？

答：不可以。个人投资者不得委托他人代办基金账户资料变更。

问：什么情况下能注销基金账户？

答：被注销的账户必须没有基金单位余额，同时，账户必须处于正常状态且无未达权益。

问：个人可以委托他人代办注销基金账户吗？

答：不可以。个人投资者不得委托他人代办注销基金账户。

问：投资者可以在开立基金交易账户的同时办理购买基金吗？

答：可以。

问：一个投资者可以开立多个基金账户吗？

答：不可以。这里我们所说的基金账户（基金账号）一般是指基金TA账户，根据业务规则的规定，一个投资者只能开立一个基金账户。

问：投资者可以委托他人办理开户吗？

答：不可以。开户必须由投资者本人亲自办理。

问：什么是基金认购？什么是申购基金？什么是赎回基金？

答：基金认购是指投资者在设立募集期内购买基金单位的行为。申购基金是指基金成立后，投资者向基金管理人购买基金单位的行为。赎回基金是指基金投资者向基金管理人卖出基金单位的行为。

问：投资者可以在开立基金交易账户的同时办理购买基金业务吗？

答：可以。

问：投资者在基金认购期内可以多次认购基金吗？

答：可以。

问：投资者拿到代销机构的业务受理凭证就表示业务办理成功了吗？

答：不是。投资者拿到代销机构的业务受理凭证仅仅表示业务被受理了，但业务是否办理成功必须以基金管理公司的注册登记机构确认的为准，投资者一般在T+2个工作日才能查询到自己在T日办理的业务是否成功。

问：申购申请何时可以确认？

答：投资者在T日提出的申购申请一般在T+1个工作日得到注册登记机构的处理和确认，投资者自T+2个工作日起可以查询到申购是否成功。

问：申购可以撤销吗？

答：当日的申购申请可以在当日交易停止前（即15:00前）撤销。

问：开放式基金的申购时间是什么？

答：理论上，网上交易可以24小时下单，直接到柜台交易的话只要在正常工作时间都可以下单。但下单不代表能买，因为开放式基金的申购价格是按照当日股市收盘后基金公布的净值来确定的。也就是说，如果是在正常工作日当日的15:00点前申购的基金，那么按照当日收盘后基金公司公布的基金净值来确定申购价格。如果是在正常工作日当日15:00后申购的基金，那么按照下一个正常工作日收盘后基金公司公布的基金净值来确定申购价格。

问：投资者的申购申请有可能被拒绝吗？

答：投资者在办理开放式基金业务时，需准确提供相关资料，并认真填写相关的表格，如填写有误，投资者的申购申请有可能会被拒绝。此外，开放式基金在基金契约、招募说明书规定的情形出现时，会暂停或拒绝投资者的申购。一般包括如下情形：(1) 不可抗力；(2) 证券交易场所在交易时间非正常停市；(3) 基金管理公司认为市场缺乏合适的投资机会，继续接受申购可能对已有的基金持有人的利益产生损害；(4) 基金管理公司认为会有损于已有基金持有人利益的申购；(5) 基金管理公司、基金托管银行、基金销售机构或注册登记机构的技术保障或人员支持等不充分；(6) 法律法规规定或经中国证监会认定的其他情形。暂停申购及重新开放申购时，基金管理公司都会在中国证监会指定的信息披露媒体公告。

问：什么是金额申购？

答：金额申购是指投资者在购买基金时按购买的金额提出申请，而不是按购买的份额提出申请。例如，一个投资者提出买10 000元的基金，而不是买10 000份的基金。因为开放式基金的买卖采用“未知价法”，所以用金额申购是比较方便的操作方法。

问：什么是申购费？

答：申购费是在投资者申购时收取的费用。

问：申购费是多少？

答：我国法律规定，申购费率不得超过申购金额的5%。目前国内的开放式基金的申购费率一般为申购金额的1%～2%，并且设多档费率，申购金额大的适用的费率也较低。

问：购买开放式基金后如何查询份额？购买开放式基金后多久能确认？

答：在基金认购期，基金份额需在基金合同生效后才能确认；在正常工作日，投资者提出申购后的 T+2（T 指申请日）个工作日可查询到申购确认的份额。如果是在银行柜台购买的，可以去柜台打印交割单，也可以直接到相应的基金公司网站上查询。一般基金公司网站上会有“客户登录”（或类似名称）输入框，在这个框中输入开户证件号码/基金账号和查询密码后即可查询。一般查询初始密码为六位，默认为开户证件号码后 6 位（英文字符转换为 0，汉字转换为两个 0）。也可以拨打基金公司的客服电话，根据语音提示进行基金份额查询。

问：申购基金的最低限额是多少？

答：申购基金采用的是金额认购，一般最低限额是 1 000 元。

问：投资者能在股票账户里直接购买基金吗？

答：封闭式基金、LOF 基金、ETF 基金可以直接在股票市场内像股票一样交易；另外也可以利用证券公司提供的股票交易软件申购、赎回该证券公司代销的基金。

问：申购基金后多久可以赎回？

答：一般申购基金确认到账后即可以赎回，但具体受理时间银行和基金公司是不同的。基金公司的网上交易平台实行买基金 T+0、卖基金 T+5 的交易时间模式，而银行则是买卖一样。另外，对于新发行的处在封闭期内的基金，一般不能赎回。

问：赎回申请何时可以得到确认？

答：投资者在 T 日提出的赎回申请一般在 T+1 个工作日得到注册登记机构的处理和确认，投资者自 T+2 个工作日起可以查询到赎回是否成功。

问：投资者的赎回款项何时从托管银行划出？投资者多久可以拿到赎回款？

答：基金持有人赎回基金份额，赎回款项通常在 T+3 个工作日，最长不超过 T+7 日从托管行划出。投资人可以要求基金公司将赎回款项直接汇入其在银行的户头，或是以支票的形式寄给投资人。如果是场内交易 LOF、ETF 或者封基，则和股票一样，当时便可到账。

问：投资者可不可以使用电话申购基金？

答：可以电话申购，不过投资者必须首先开通电话银行。

问：投资者一天可否多次赎回基金？

答：同一投资者在每一开放日内允许多次赎回基金。

问：投资者可不可以赎回部分基金？

答：投资者可以赎回部分基金，当然各个基金都会规定持有份额的最低数量，例如有的基金规定剩余份额不低于 100 份，否则在办理部分赎回时自动变为全部赎回。

问：赎回可以撤销吗？

答：当日的赎回申请可以在当日交易停止前（即 15:00 前）撤销。撤销赎回申请所需提交的资料与撤销申购申请相同。

问：投资者每笔赎回的份额有限制吗？

答：有，视具体基金而定。

问：什么叫强制赎回？

答：强制赎回主要指以下两种情况：(1) 投资者赎回时，当某笔赎回导致其在代销机构交易账户的基金单位余额少于 500 份时，余额部分必须一同赎回；(2) 如果投资人因其他原因（如转托管、非交易过户等），使其在代销机构的账户余额低于最低赎回份额时，允许其赎回份额低于最低赎回份额，但也必须一次全部赎回。最低赎回份额视具体基金而定。

问：投资者在赎回时为什么要选择“非连续赎回”或“连续赎回”?

答：按照有关规定，当发生巨额赎回时，如果基金管理人兑付投资者的赎回申请有困难或认为兑付投资者的赎回申请而进行的资产变现可能对基金资产净值造成较大波动，基金管理人可在当日接受赎回比例不低于上一日基金总份额的10%的前提下，对其余赎回申请延期办理。转入第二个工作日的赎回申请不享有优先权并以该开放日的基金单位资产净值为依据计算赎回金额，依此类推，直到全部赎回为止，但投资者在申请赎回时可选择将当日未获受理的部分赎回予以撤销。因此，投资者在提出赎回申请时，应明确表示一旦发生这种情况其是否要将当日未获受理的部分赎回予以撤销，即是选择“连续赎回”还是“非连续赎回”。如果投资者未做出选择，则将被默认为连续赎回。

问：基金管理公司可以暂停赎回吗?

答：开放式基金在基金契约、招募说明书规定的情形出现时，会暂停接受赎回申请。一般包括如下情形：(1) 不可抗力；(2) 证券交易场所交易时间非正常停市；(3) 基金发生连续巨额赎回，基金管理公司认为应当暂停接受赎回申请的；(4) 法律法规规定或经中国证监会认定的其他情形。暂停赎回及重新开始接受赎回申请时，基金管理公司都会在中国证监会指定信息披露媒体发出公告。

问：什么叫巨额赎回?

答：如果在某一个开放日，基金净赎回申请（一般指赎回申请总数扣除申购申请总数后的余额）超过了上一日基金总份额的10%，即认为发生了巨额赎回。

问：基金管理人如何应对巨额赎回?

答：在出现巨额赎回时，基金管理人一般有两种处理方法：(1) 全部赎回。当基金管理公司认为有能力兑付投资人的全部赎回申请时，即执行正常赎回程序，对投资人的利益没有影响。(2) 部分延期赎回。基金管理公司认为兑付投资人的赎回申请有困难或可能引起基金资产净值的较大波动等情况下，可以在当日接受赎回比例不低于上一日基金总份额的10%的前提下，对其余赎回申请延期办理。投资人需注意，由于延期办理的赎回将按下一开放日或更后开放日的基金单位净值计价，因此在提出赎回申请时，投资者应在申请表中选择如发生巨额赎回是否顺延续赎回。此外，当开放式基金连续发生巨额赎回时，基金管理公司可按基金契约及招募说明书载明的规定，暂停接受赎回申请；已经接受的赎回申请可以延缓支付赎回款项，但不能超过正常支付时间20个工作日，并必须在指定媒体公告。

问：什么是份额赎回?

答：份额赎回是指投资者在卖基金时是按卖出的份额提出，而不是按卖出的金额提出，例如一个投资者提出卖出10 000份基金，而不是卖出10 000元的基金。因为开放式基金的买卖采用“未知价法”，所以用份额赎回是比较方便的操作方法。

问：什么是赎回费用?

答：赎回费用是在投资者赎回时从赎回款中扣除的费用。

问：赎回费用是多少?

答：我国法律规定，赎回费用率不得超过赎回金额的3%，赎回费收入在扣除基本手续费后，余额应当归基金所有。目前国内开放式基金的赎回费用率一般在1%以下。

问：为什么要收取赎回费用？

答：收取赎回费的本意是限制投资者的任意赎回行为。为了应对赎回产生的现金支付压力，基金将承担一定的变现损失。如果不设置赎回费，频繁而任意的赎回将给留下来的基金持有人的利益带来不利影响。而我国证券市场的发展还不成熟，投资者理性不足，可能产生过度投机或挤兑行为，因此，设置一定的赎回费是对基金的必要保护。

问：如何计算赎回费用？如何计算赎回的金额？

答：投资人在卖出基金后，实际得到的金额是赎回总额扣减赎回费用的部分。其计算公式为：赎回总额＝赎回份数×赎回当日的基金单位净值；赎回费用＝赎回总额×赎回费率；赎回金额＝赎回总额－赎回费用。

问：赎回基金的最低份额是多少？

答：赎回采用的是份额赎回，最低份额要根据个基金来决定，并不统一。

问：什么是未知价法？

答：基金的申购和赎回一般都采取“未知价”原则，即申购和赎回以申请当日的基金单位资产净值为基础进行交易。投资者在买卖基金时，并不知道该交易的确切价格。

问：为什么买卖开放式基金要采用“未知价法”？

答：买卖开放式基金采用“未知价法”，是为了避免投资者根据当日的证券市场情况决定是否买卖，而对其他基金持有人的利益造成不利影响。举例来说明，如果开放式基金的买卖采用“历史价”法，即根据当日公布的前一日的基金单位资产净值来申购和赎回，那么，在当日证券市场价格上涨的情况下，基金单位净值会随之增加，而因为是按当日已公布的前一日的净值计价，投资者只需付出较少的资金就可实现当日上涨后的净值；而当证券市场下跌时，投资者赎回就会避免当日净值下跌的损失。这样有可能引起套利的行为，对基金的长期投资者不利，同时也不利于基金的稳定操作和基金单位净值的稳定，所以中国开放式基金的买卖都采用“未知价法”，按次一日公布的基金单位净值计算申购赎回的价格。

问：基金申购和赎回时的净值如何计算？

答：货币市场基金，净值永远是1元，不存在申购、赎回时的净值问题，这是一类特殊的基金。每天收市后，基金公司会公布货币市场基金的当日每万元收益。也就是说，如果投资者买了1万元的货币市场基金，就是购买了1万份，如果当日收益是0.5元，那投资者当天就赚到了5 000元。开放式基金场内、外申购和赎回的净值以当日15:00为限，15:00以前下单的按照当日公布的净值，15:00以后下单的按照下一个交易日公布的净值。LOF基金、ETF基金、封闭式基金场内交易按照市价。

以上问答内容来源：https://wenku.baidu.com/view/265cd7a8d1f34693daef3ebl.html.

任务二　基金投资的分类和类型

一、基金投资的分类

（一）根据募集方式分类

根据募集方式不同，证券投资基金可以分为公募基金和私募基金。公募基金，指以公开发行方式向社会公众投资者募集基金资金并以证券为投资对象的证券投资基金。它具有公开性、可变现性、高规范性等特点。私募基金，指以非公开方式向特定投资者募集基金资金并以证券为投资对象的证券投资基金。它具有非公开性、募集性、大额投资性、封闭性和非上市性等特点。

（二）根据能不能挂牌交易分类

根据能不能在证券交易所挂牌交易，证券投资基金可分为上市基金和非上市基金。上市基金，是指基金份额在证券交易所挂牌交易的证券投资基金。比如交易型开放式指数基金（ETF）、上市开放式基金（LOF）、封闭式基金。非上市基金，是指基金份额不能在证券交易所挂牌交易的证券投资基金。包括可变现基金和不可流通基金两种。可变现基金是指基金虽不在证券交易所挂牌交易，但可通过"赎回"来收回投资的证券投资金，如开放式基金。不可流通基金，是指基金既不能在证券交易所公开交易又不能通过"赎回"来收回投资的证券投资基金，如某些私募基金。

（三）根据运作方式分类

根据运作方式的不同，证券投资基金可分为封闭式证券投资基金和开放式证券投资基金。封闭式证券投资基金，可简称为封闭式基金，又称为固定式证券投资基金，是指基金的预定数量发行完毕，在规定的时间（也称"封闭期"）内基金资本规模不再增大或缩减的证券投资基金。从组合特点来说，它具有股权性、债权性和监督性等重要特点。开放式证券投资基金，可简称为开放式基金，又称为变动式证券投资基金，是指基金证券数量不固定，从而基金资本可因发行新的基金证券或投资者赎回本金而变动的证券投资基金。从组合特点来说，它具有股权性、存款性和灵活性等重要特点。

（四）根据组织形式分类

根据组织形式的不同，证券投资基金可分为公司型证券投资基金和契约型证券投资基金。公司型证券投资基金，简称公司型基金，在组织上是指按照公司法（或商法）规定所设立的、具有法人资格并以营利为目的的证券投资基金公司（或类似法人机构）；在证券上是指由证券投资基金公司发行的证券投资基金证券。契约型证券投资基金，简称契约型基金。在组织上是指按照信托契约原则，通过发行带有受益凭证性质的基金证券而形成的证券投资基金组织；在证券上是指由证券投资基金管理公司作为基金发起人所发行的证券投资基金证券。

二、基金投资的风格类型

基金投资的风格类型是基金在构建投资组合和选择股票的过程中所表现出的风格，主要的基金投资风格类型有以下几种。

（一）积极型和消极型

积极型基金指那些试图通过积极的选股策略而使自己的收益超过市场平均收益的基金。这些基金的基金经理认为可以通过专业知识、从业经验和信息资源，挖掘到一些普通投资者无法获知的信息，从而相信自己有能力通过积极的选取策略而跑赢指数。消极型基金指那些完全根据市场指数来构建自己资产组合的基金。这些基金的基金经理相信市场是完全有效的，他们认为市场中所有的信息都已经完全反映在当前的股票价格中了，试图利用信息以预测股票未来价格而获利的做法是徒劳的。与毫无价值地"积极投资"相比，完全按市场的指数组合进行投资反而可以获得更高的长期收益。

（二）成长型、价值型和混合型

成长型基金和价值型基金的划分是从基金所投资股票的公司所处的发展阶段来进行的。成长型基金指那些投资于处在发展成长期公司股票的基金。这些公司一般来自新兴行业，发展较快，具有较为广阔的发展前景和想象空间。但是，由于处于发展期，一般很少进行现金分红或派息。这些公司的股票一般具有较高的市盈率和市净率，投资于这些股票的风险较大，但也易于获得较高的投资收益。价值型基金指那些投资于处在发展成熟期公司股票的基金。这些公司一般来自传统行业，发展速度较慢，但公司盈利比较稳定，经常进行较为优厚的现金分红或派息。这些公司的股票一般价格较低，从而具有较低的市盈率和市净率。由于公司处于成熟期，这些公司股票的价格一般波动不大、抗跌性强，在市场下跌时，经常能起到稳定市场的作用。如果基金既投资于成长期公司又投资于成熟期公司，或者所投资的公司没有明显的有关发展时期的特征，那么，我们称这样的基金为混合型基金。

任务三　基金投资的策略和技巧

一、基金投资的策略

（一）固定比例投资策略

固定比例投资策略，即将一笔资金按固定的比例分散投资于不同种类的基金上。当某类基金因净值变动而使投资比例发生变化时，就卖出或买进这种基金，从而保证投资比例能够维持原有的固定比例。这样不仅可以分散投资成本，抵御投资风险，还能见好就收，不至于因某只基金表现欠佳或过度奢望价格会进一步上升而使到手的收益成为泡影，或使投资额大幅度上升。

（二）适时进出投资策略

适时进出投资策略，即投资者完全依据市场行情的变化来买卖基金。采用这种方法的投资人，大多具有一定投资经验，对市场行情变化较有把握，且投资的风险承受能力也较高。毕竟，要准确地预测股市的每一波的高低点并不容易，就算已经掌握了市场趋势，也要耐得住短期市场可能会有的起伏。

（三）顺势操作投资策略

顺势操作投资策略，又称“更换操作”策略。这种策略是基于以下假定之上的：每种基金的价格都有升有降，并随市场状况而变化。投资者在市场上应顺势追逐强势基金，抛掉业绩表现不佳的弱势基金。该策略在多头市场上较管用，在空头市场上不一定行得通。

（四）定期定额购入策略

定期定额购入策略，就是不论行情如何，每月（或定期）投资固定的金额于固定的基金上。当市场上涨，基金的净值高，买到的单位数较少；当市场下跌，基金的净值低，买到的单位数较多。如此长期下来，所购买基金单位的平均成本将较平均市价低，即所谓的平均成本法。平均成本法的功能之所以能够发挥，主要是因为当股市下跌时，投资人亦被动地去投资，购买了较多的单位数。只要投资者相信股市长期的表现是上升趋势，在股市低挡时买进的低成本股票，一定会带来丰厚的获利。

二、基金投资的技巧

（一）投资数额的确定

在考虑家庭理财的时候，投资者往往都会把基金作为投资对象。而他们问得最多的问题就是，我该买多少份额的基金才合适呢？很多投资者可能都会这么想，把资产的一部分投在股票上，一部分购买基金，还有一些做其他安排。而这其中的比例多少为宜？

其实，关于这个问题并没有一定的标准答案，因为每个人的收入情况、家庭资产数目以及风险承受能力、投资偏好各不相同。在进行资产配置时，各种投资对象应该占个人资产（收入）的多少比例才合适，完全要结合个人的投资组合成分、比重与其他资产的配置而定。一般而言，能承受较高风险的投资者可采用较积极的投资组合，投资组合中可以选择较高的比例投资风险偏高的资产，如股票、股票型基金等；风险承受能力较低的投资者在投资组合中应以风险较低、风格稳健的资产为主，如定期存款、债券、债券型基金和货币型基金等。

由此看来，基金投资应占资产（收入）的多少百分比才合适，需要视投资组合中其他资产配置的状况而定。举例来说，如果投资者投资的资产中已经有相当多的股票，那么可以考虑将部分投资转换到股票型基金上，这样可以降低投资单一股票的风险，同时还可享受股票投资的收益增长，另外再搭配定期存款、债券或是债券基金、货币市场基金。若是资产配置已经相当保守，定期存款、债券占了大多数，那么可以通过增加偏股型基金的方式来提高收益率。如果投资者的资产配置中的投资对象，其风险收益水平过于接近的话，最好能够进行相应的调整，将资金分配在不同风格的投资对象上。

可以这么说，基金其实只是一种投资方式，故而投资者不需要特意为基金投资比重设限，他们真正需要注意的是投资组合中是否已经对基金投资产品进行了合理的配置，或者需要进行调整与转换，这样才能充分分散风险，配置最有效率的投资组合。

具体来看，在决定是否要将股票的投资转移至股票型基金时，建议投资者不妨比较一下自己过去一年投资股票的获利情况与同类型基金的报酬相比何者更好。如果自行投资股票的结果胜过大盘指数的涨幅，且相比较同类型基金回报率也较高的话，投资者不妨就选择自行操作股票；反之，如果自行投资的结果无法打败大盘指数、低于同类型基金的涨幅，建议投资者可以考虑选择让专家帮助投资，不妨将资金转移到股票型基金上，分享专业资产管理带来的回报。

（二）支出费用的了解

基金在运作过程中产生的费用支出就是基金费用，部分费用构成了基金管理人、托管人、销售机构以及其他当事人的收入来源。开放式基金的费用由直接费用和间接费用两部分组成。直接费用包括交易时产生的认购费、申购费和赎回费，这部分费用由投资者直接承担；间接费用是从基金净值中扣除的法律法规及基金契约所规定的费用，包括管理费、托管费和运作费等其他费用。

1. 认购费和申购费

认购费，指投资者在基金发行募集期内购买基金单位时所交纳的手续费，目前国内通行的认购费计算方法为：认购费用＝认购金额×认购费率，净认购金额＝认购金额－认购费用；认购费率通常在1％左右，并随认购金额的大小有相应的减让。

申购费是指投资者在基金存续期间向基金管理人购买基金单位时所支付的手续费，目前国内通行的申购费计算方法为：申购费用＝申购金额×申购费率，净申购金额＝申购金额－申购费用。中国《开放式投资基金证券基金试点办法》规定，开放式基金可以收取申购费，但申购费率不得超过申购金额的5%。申购费费率通常在1%左右，并随申购金额的大小有相应的减让。

开放式基金收取认购费和申购费的目的主要用于销售机构的佣金和宣传营销费用等方面的支出。

2. 赎回费

赎回费是指在开放式基金的存续期间，已持有基金单位的投资者向基金管理人卖出基金单位时所支付的手续费。赎回费设计的目的主要是对其他基金持有人安排一种补偿机制，通常赎回费计入基金资产。中国《开放式投资基金证券基金试点办法》规定，开放式基金可以收取赎回费，但赎回费率不得超过赎回金额的3%。赎回费率通常在1%以下，并随持有期限的长短有相应的减让。

3. 转换费用

转换费用指投资者按基金管理人的规定在同一基金管理公司管理的不同开放式基金之间转换投资所需支付的费用。基金转换费的计算可采用费率方式或固定金额方式。采用费率方式收取时，应以基金单位资产净值为基础计算，费率不得高于申购费率。通常情况下，此项费用率很低，一般只有百分之零点几。转换费用的有无或多少具有较大的随意性，同时与基金产品性质和基金管理公司的策略有密切关系。例如，伞式基金内的子基金间的转换不收取转换费用，有的基金管理公司规定一定转换次数以内的转换不收取费用或由债券基金转换为股票基金时不收取转换费用等。

4. 基金管理费

基金管理费是指支付给实际运用基金资产、为基金提供专业化服务的基金管理人的费用，也就是基金管理人为管理和操作基金而收取的报酬。基金管理费年费率按基金资产净值的一定百分比计提，不同风险收益特征的基金其管理费相差较大，如货币市场基金为0.33%，债券基金通常为0.65%，股票基金则通常在1%～1.6%。管理费逐日计提，月底由托管人从基金资产中一次性支付给基金管理人。

5. 基金托管费

基金托管费是指基金托管人为基金提供服务而向基金收取的费用，比如银行为保管、处置基金信托财产而提取的费用。托管费通常按照基金资产净值的一定比例提取，通常为0.25%，逐日累计计提，按月支付给托管人。此费用也是从基金资产中支付，不需另向投资者收取。

6. 红利再投资费

红利再投资费指投资者将开放式基金的分配收益再投资于基金所需支付的费用。红利再投资费的计算可采用费率方式或固定金额方式，采用费率方式收取时，应以基金单位资产净值为基础计算，费率不高于申购费率，一般情况下，红利转投免收手续费。

7. 基金清算费用

基金清算费用是指基金终止时清算所需的费用，按清算时实际支出从基金资产中提取。

8. 基金运作费

基金运作费包括支付注册会计师费、律师费、召开年会费用、中期和年度报告的印刷制作费以及买卖有价证券的手续费等。这些开销和费用是作为基金的营运成本支出的。操作费占资产净值的比率较小，通常会在基金契约中事先确定，并按有关规定支付。

9. 税费

一般情况下，基金税费包括所得税、交易税和印花税三类，我国对个人投资者的基金红利和资本利得暂未征收所得税，对企业投资者获得的投资收益应并入企业的应纳税所得额，征收企业所得税。鉴于基金的投资对象是证券市场，基金管理人在进行投资时已经缴纳了证券交易所规定的各种税率，所以投资者在申购和赎回开放式基金时也不需缴纳交易税。

为支持开放式基金的发展，财政部、国家税务总局在《关于开放式证券投资基金有关税收问题的通知》中，对中国证监会批准设立的开放式证券投资基金给予四个方面的税收优惠政策。这四个方面的税收优惠政策是：

第一，对基金管理人运用基金买卖股票、债券的差价收入，在2003年年底前暂免征收企业所得税。

第二，对个人投资者申购和赎回基金单位取得的差价收入，在对个人买卖股票的差价收入未恢复征收个人所得税以前，暂不征收个人所得税。

第三，对基金取得的股票的股息、红利收入，债券的利息收入、储蓄存款利息收入，由上市公司、发行债券的企业和银行在向基金支付上述收入时代扣代缴20%的个人所得税；对投资者（包括个人和机构投资者）从基金分配中取得的收入，暂不征收个人所得税和企业所得税。

第四，对投资者申购和赎回基金单位，暂不征收印花税。

10. 其他非交易费用

其他非交易费用包括开户费、转换注册费（转托管费）等。开户费指投资人在开立基金账户时支付的费用；转换注册费（转托管费）指投资人在办理基金单位在不同销售机构的交易账户间的转托管业务时支付的费用；账户维护费指基金管理人向投资人收取的用于管理维护投资人基金账户的费用。

以上费用以固定金额的方式收取。基金管理人可根据一定标准设定投资人适用的不同费用水平，但须在招募说明书中载明具体处理方式。

（三）基金定投

1. 基金定投的含义和特点

基金定投（automatic investment plan，AIP）有懒人理财之称。华尔街流传着一句话：要在市场中基金定投准确地踩点入市，比在空中接住一把飞刀更难。如果采取分批买入法，就克服了只选择一个时点进行买进和沽出的缺陷，可以均衡成本，使自己在投资中立于不败之地，即定投法。

一般而言，基金的投资方式有两种，即单笔投资和定期定额。由于基金“定额定投”起点低、方式简单，所以它也被称为“小额投资计划”或“懒人理财”。

相对定投，一次性投资收益可能很高，但风险也很大。由于规避了投资者对进场时机主观判断的影响，定投方式与股票投资或基金单笔投资追高杀跌相比，风险明显降低。

基金定期定额投资具有类似长期储蓄的特点，能积少成多，平摊投资成本，降低整体风险。它有自动逢低加码，逢高减码的功能，无论市场价格如何变化总能获得一个比较低的平均成本，因此定期定额投资可抹平基金净值的高峰和低谷，消除市场的波动性。只要选择的基金有整体增长，投资人就会获得一个相对平均的收益，不必再为入市的择时问题而苦恼。

基金定投总体特点：普通投资者很难适时掌握正确的投资时点，常常可能是在市场高点买入，在市场低点卖出。而采用基金定期定额投资方式，不论市场行情如何波动，每个月固定一天定额投资基金，由银行自动扣款，自动依基金净值计算可买到的基金份额数。投资者购买基金的资金是按期投入的，投资的成本也比较平均。

基金定投适合长期投资。定期定额是分批进场投资，当股市在盘整或是下跌的时候，由于定期定额是分批承接，反而可以越买越便宜，股市回升后的投资报酬率也胜过单笔投资。对于我国股市而言，长期看应是震荡上升的趋势，因此定期定额非常适合长期投资理财计划。

中长期定期定额投资绩效波动性较大的新兴市场或者小型股票型海外基金，由于股市回调时间一般较长且速度较慢，但上涨时间的股市上涨速度较快，投资者往往可以在股市下跌时累积较多的基金份额，因而能够在股市回升时获取较佳的投资报酬率。

2. 基金定投的优点

（1）手续简单。

定期定额投资基金只需投资者去基金代销机构办理一次性的手续，此后每期的扣款申购均自动进行，一般以月为单位，但是也有以半月、季度等其他时间限期作为定期的单位的。相比而言，如果自己去购买基金，就需要投资者每次都亲自到代销机构办理手续。因此定期定额投资基金也被称为“懒人理财术”，充分体现了其便利的特点。

（2）省时省力。

办理基金定投之后，代销机构会在每个固定的日期自动扣缴相应的资金用于申购基金，投资者只需确保银行卡内有足够的资金即可，省去了去银行或者其他代销机构办理的时间。

（3）定期投资。

投资者可能每隔一段时间都会有一些闲散资金，通过定期定额基金投资计划所进行的投资增值（亦有可能保值）可以“聚沙成丘”，在不知不觉中积攒一笔不小的财富。

（4）不用考虑时点。

投资的要诀就是“低买高卖”，但却很少有人在投资时掌握到最佳的买卖点获利，为避免这种人为的主观判断失误，投资者可通过“定投计划”来投资市场，不必在乎进场时点，不必在意市场价格，无需为其短期波动而改变长期投资决策。

（5）平均投资。

资金是分期投入的，投资的成本有高有低，长期平均下来比较低，所以最大限度地分散了投资风险。

（6）复利效果。

“定投计划”收益为复利效应，本金所产生的利息加入本金继续衍生收益，有着利滚利的效果，随着时间的推移，复利效果越明显。定投的复利效果需要较长时间才能充分展现，因此不宜因市场短线波动而随便终止。只要长线前景佳，市场短期下跌反而是累积更多便宜单位数的时机，一旦市场反弹，长期累积的单位数就可以一次获利。

(7) 手续便捷快速。

各大银行以及证券公司都开通了基金定投业务，基金定投的进入门槛较低。投资者可以在网上进行基金的申购、赎回等所有交易，实现基金账户与银行资金账户的绑定，设置申购日、金额、期限、基金代码等进行基金的定期定额定投。与此同时，网上银行还具备基金账户查询、基金账户余额查询、净值查询、变更分红方式等多项功能，投资者可轻松完成投资。

概念索引

基金投资　申购　巨额赎回　公募基金　私募基金　封闭式基金　开放式基金　基金定投

闯关考验

1. 根据2014年《公开募集证券投资基金运作管理办法》的规定，下列符合混合型基金的要求的是（　）。

A. 股票投资比例为65%～80%

B. 股票投资比例为80%～95%

C. 股票投资比例为85%～100%

D. 股票投资比例为0～20%，债券投资比例为80%以上

2. 按照现行的税收政策，下列说法中正确的是（　）。

Ⅰ. 机构投资者和个人投资者买卖基金份额均暂时免征印花税

Ⅱ. 机构投资者和个人投资者买卖基金份额获得的差价收入，分别暂时免征企业所得税和个人所得税

Ⅲ. 机构投资者和个人投资者从基金分配中获得的收入，分别暂时免征企业所得税和个人所得税

A. Ⅱ、Ⅲ　B. Ⅰ、Ⅲ　C. 只有Ⅰ　D. Ⅰ、Ⅱ

3. 关于全球投资业绩标准（GIPS）规定的基金投资业绩计算方法，下列说法正确的是（　）。

A. 假如直接的买卖开支无法从综合费用中确定并分离出来，在计算收益时扣除

B. 按照现行的GIPS规定，基金公司必须至少每季度计算一次组合群收益

C. 必须采用经现金流调整后的算术平均收益率

D. 计算投资组合的收益时，必须以期初资产值加权平均

4. 从2001年7月2日起，银行间债券市场现券交易采用的交易模式是（　）。

A. 滥价交易　B. 竞价交易　C. 全价交易　D. 净价交易

5. 关于风险与收益的关系，以下表述正确的是（　）。

A. 投资组合A过去一年的收益高于投资组合B，那么投资组合A的风险高于投资组合B

B. 高风险投资组合的风险和历史收益率呈正相关关系

C. 高风险投资组合的预期收益率一般高于低风险投资组合

D. 投资组合 A 的风险高于投资组合 B，那么投资组合 A 的已实现收益也高于投资组合 B

6. 我国场内股票交易产生的过户费，其最终收取机构是（　　）。

A. 证券交易所　　B. 中国证券登记结算有限公司

C. 证券结算风险基金　　D. 中国证监会

7. 假设甲方与乙方均委托丙方作为双方的交易结算代理人。某日甲方买入股票 150 万元，卖出股票 120 万元；买入债券 360 万元，卖出债券 450 万元。乙方买入股票 400 万元，卖出股票 300 万元；买入债券 80 万元，卖出债券 50 万元。则结算参与人丙方在进行分级结算原则下，与中国结算公司的资金交收金额是（　　）。

A. 应付 160 万　　B. 应付 70 万

C. 应收 60 万　　D. 应付 130 万

8. 中国外汇交易中心人民币利率互换参考利率不包括（　　）。

A. LIBOR（1 周）　　B. 1 年期定期存款利率

C. SHIBOR（隔夜）　　D. 国债回购利率（7 天）

9. 关于 QDII 基金的投资范围，以下表述错误的是（　　）。

A. 住房按揭交付证券

B. 银行存款

C. 经中国证监会认可的国际金融组织发行的证券

D. 所有的公募基金

10. 下列条款中属于给予发行人额外的嵌入条款是（　　）。

A. 赎回条款　　B. 转换条款　　C. 回售条款　　D. 承销条款

11. 因发生违约交收、技术故障等原因给证券登记结算机构造成了损失，垫付或弥补该项损失的资金来源是（　　）。

A. 证券结算风险基金　　B. 保险机构

C. 中国证监会　　D. 交易所

12. 下列关于 DQII 基金的表述，正确的是（　　）。

A. DQII 可以融资购买证券

B. DQII 可以与股权挂钩的结构性投资产品

C. DQII 可以投资房地产抵押按揭

D. DQII 可以投资贵金属凭证

13. 根据马科维茨的投资组合理论，在识别有效投资组合时，不需要考虑的是（　　）。

A. 每种证券与其他证券之间的相互关系

B. 每种证券期望收益率的方差

C. 投资者对每种证券的偏好

D. 每种证券的期望收益率

14. 债券评级是反映债券违约风险的重要指标，以下都属于高收益债券评级的是（　　）。

A. 惠誉的 BB＋和穆迪的 B1

B. 标准普尔的 BBB－和惠誉的 B＋

C. 穆迪的 Baa3 和惠誉的 Ba1

D. 标准普尔的 BBB 和穆迪的 Aa2

15. 在 Brinson 业绩归隐模型中，分析资产配置带来的超额贡献不需要用到下面的（　　）。

A. 实际组合中各类资产的收益率

B. 实际组合中各类资产权重分布

C. 业绩比较基准中各指数及其他组成的实际收益率

D. 业绩比较基准中各直属及其他组成的权重分布

16. 债券的价格与收益率之间是（　　）关系，但该关系是（　　）。

A. 负相关，非线性的　　B. 负相关，线性的

C. 正相关，线性的　　D. 正相关，非线性的

17. 关于做市商和经纪人的作用，以下表述正确的是（　　）。

A. 做市商和经纪人的利润主要来自证券买卖差价

B. 做市商和经纪人在证券市场上发挥的作用不同，不可能共同完成证券交易

C. 做市商和经纪人都可以代客买卖证券，获取佣金收入

D. 做市商是市场流动性的主要参与者，经纪人是投资者买卖指令的执行者

18. 使得远期合约的当前价值为零的价格为（　　），远期合约在交易中形成的实际价格为（　　），二者的关系是（　　）。

A. 交割价格，远期价格，不一定相等

B. 远期价格，交割价格，相等

C. 交割价格，远期价格，相等

D. 远期价格，交割价格，不一定相等

19. 下列系统中，在银行间债务市场中办理债券结算的是（　　）。

A. 中债综合业务平台

B. 中国外汇交易中心本币交易平台

C. 中国现代化支付系统

D. 交易所大宗交易平台

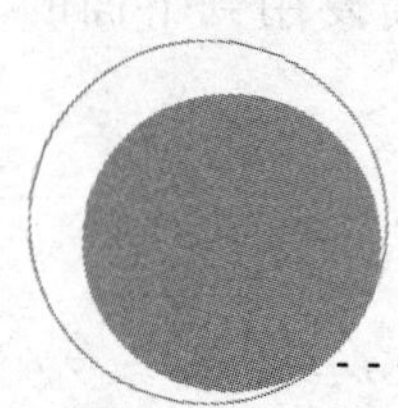

项目八 期货投资理财

知识结构图

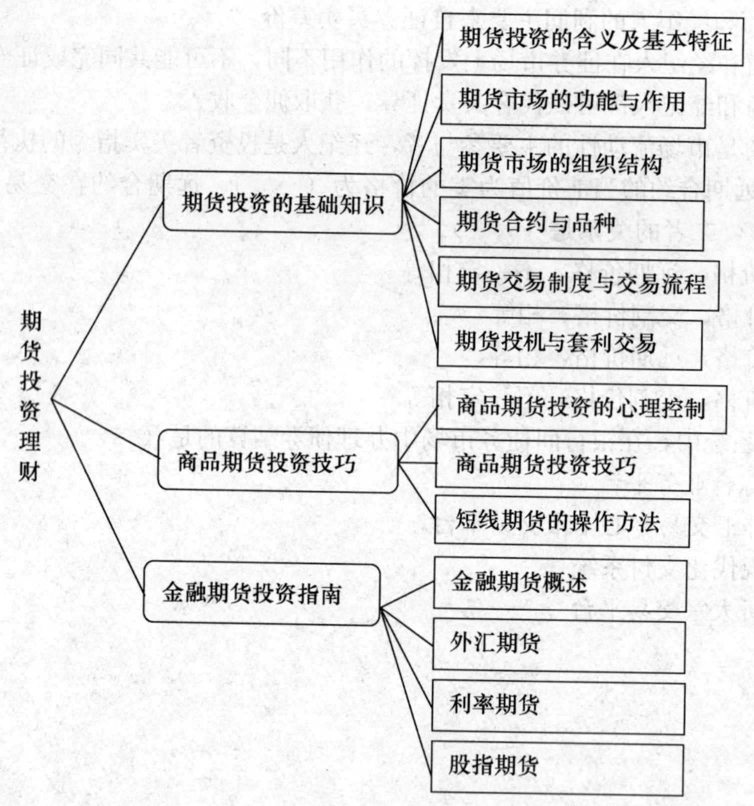

情景写实

【接项目一】 李先生不想只将钱存在银行赚取利息，他希望利用手上的部分资产投资债券、股票、基金与期货，以获取更高的收益。但是李先生对投资了解不多，不知从何下手。

以下是对李先生进行风险评估的背景资料：

风险承受能力测试：

(1) 您的职业状况：上班族。

(2) 您的家庭负担：双薪有子女。

(3) 您的置产状况：房贷占总收入的50%。

(4) 您的投资经验：2～5年。

(5) 您的投资知识：无。

(6) 您的年龄：34岁。

(7) 您的家庭年收入：折合人民币为10～20万元。

(8) 在您每年的家庭收入中，可用于投资的比例为：10%～25%。

(9) 您计划的投资期限是多久：5年以上。

(10) 当您做出投资决定时，以下哪一个因素最为重要：稳定增长。

(11) 您认为买股指期货会比买股票更容易获取利润：一定不是。

(12) 您的教育程度：本科。

(13) 您可承受的价值波动幅度：不能够承受本金损失。

(14) 您以往的投资以什么产品为主：存款。

(15) 您的投资目的是：资产保值。

(16) 您的健康状况如何：良好。

(17) 您的主要收入来源：工资、劳务报酬。

(18) 过去一年时间内，您购买的不同金融产品的数量是：5个以下。

(19) 您的月均支出约占正常收入的：20%～40%。

(20) 您处于：子女成长期。

风险偏好测试：

(1) 首要考虑因素您会选择：保本保息。

(2) 您过去的投资绩效：赚多赔少。

(3) 您赔钱时的心理状态：影响情绪大。

(4) 您目前主要投资：存货或货币性资产。

(5) 您计划的未来的投资避险工具是：债券。

(6) 您第一次到赌城，您会选择：25分的老虎机。

(7) 您对于金钱的态度是：聚沙成塔。

(8) 您的好朋友会用什么句子来形容您看待风险的态度：不愿意承受风险。

(9) 假设您参加一个电视节目获奖了，您会选择：当场获得现金。

(10) 对于“风险”一词，您的第一个感觉是：损失。

(11) 如果您跟朋友赌球，赢了300元，您会：买彩票。

(12) 当股市大涨时，您会：毫不关心。

(13) 您认为自己能承受的最大损失为多少：投资的10%以内。

(14) 下列最能描述您的生活方式的是：三思而后行。

(15) 您在一项博彩游戏中输了500元，您准备：放弃不玩了。

(16) 您刚刚存够可以去旅行的钱，但在出发前您突然被解雇，您会：取消旅行。

(17) 根据您的经验，您对于投资股票或基金安心吗：比较不安心。

(18) 您继承了10万元遗产，但您必须把所有遗产用作投资，您会：选择一些保值的投资产品。

(19) 您个人比较喜欢的投资状态是：情况好会赚钱，情况差损失0元。

(20) 因为一些原因您的驾照未来3天都无法使用，您会：搭便车。

任务：1. 判断适合李先生家庭的投资组合。

2. 根据投资组合制定投资理财方案。

学习目标

1. 了解期货投资的基础知识。
2. 熟悉商品期货投资的技巧。
3. 了解金融期货投资的相关知识。

任务一　期货投资的基础知识

一、期货投资的含义及基本特征

（一）期货投资的含义

期货投资是相对于现货交易的一种交易方式，它是在现货交易的基础上发展起来的，是通过在期货交易所买卖标准化的期货合约而进行的一种有组织的交易方式。期货交易的对象并不是商品（标的物）本身，而是商品（标的物）的标准化合约，即标准化的远期合同。在期货市场上以获取价差为目的期货交易业务，又称投机业务。期货市场是一个形成价格的市场，供求关系的瞬息万变都会反映到价格变动之中。用经济学的语言来讲，期货市场投入的原材料是信息，产出的产品是价格。对于未来的价格走势，每个人都有自己的看法，这和现货交易、股票交易是一样的，有人看涨就会买入，有人看跌就会卖出，最后预测正确与否市场会给出答案，预测正确者获利，反之亏损。

（二）期货交易的基本特征

1. 合约标准化

除价格外所有条款预先由交易所统一规定，使交易方便、节约时间、减少纠纷。

2. 杠杆机制

期货交易只需交纳成交合约价值的5%～10%作为保证金，保证金比例越低，杠杆作用越大，高收益和高风险的特点越明显。

3. 双向交易和对冲机制

双向交易和对冲机制（通过与建仓时交易方向相反的交易解除履约责任），增加了期货市场的流动性。

4. 当日无负债结算制度

当日无负债结算制度，可以有效防范风险，保证市场的正常运转。

5. 交易集中化

交易所实行会员制，只有会员可以入场交易，期货交易所会员主要是期货公司，还有些基金或者大型公司。非会员期货公司只能找会员期货公司交易，结算时也只能找结算会员期货公司进行结算。

二、期货市场的功能与作用

（一）期货市场的功能

1. 规避风险

（1）期货市场的功能之一是规避风险。借助套期保值交易方式，在期货和现货两个市场进行方向相反的交易，在两个市场之间建立一种盈亏冲抵机制。

（2）期货市场套期保值、规避风险的功能基于以下两个原理：

1）同种商品的期货价格和现货价格走势一致——同种商品在同一时空内受到相同的经济因素和现货供求等共同因素的影响和制约。

2）期货价格和现货价格随期货合约到期日的来临而趋同——由于交割的存在。

（3）期货投机者和套利者的参与是套期保值实现的条件。生产经营者通过套期保值来规避风险，风险只是被转移而不是消失。

2. 价格发现

（1）期货市场价格发现。

价格发现是指在市场条件下，买卖双方通过交易活动使某一时间和地点上某一特定质量和数量的产品的交易价格接近其均衡价格的过程。价格发现并非期货市场独有，但期货市场发现价格更加有效率。

期货交易透明度高，交易公开、公平、高效、竞争（一个近乎完全竞争的环境），有助于形成公正的价格；期货价格反映了大多数人的预测，较为真实地反映了供求变动趋势；期货交易参与者众多，大量的买家和卖家在一起竞争，可以代表供求双方的力量，有助于价格的形成。

（2）期货市场价格发现的特点。

1）预期性——期货价格对未来供求关系及其价格变化趋势进行预期。因为交易者大都熟悉某种商品的行情，形成的期货价格反映了大多数人的预测，因而能反映供求变化趋势。

2）连续性——期货合约的标准化，使交易顺畅、买卖频繁，不断产生期货价格。

3）公开性——期货价格是在交易所通过公开竞争形成的，信息随时披露于公众。

4）权威性——期货价格真实反映供求与价格变动趋势，有较强的预期性、连续性和公开性。

（二）期货市场的作用

（1）锁定生产成本，实现预期利润。

（2）利用期货价格发现功能，组织安排现货生产。

（3）提供分散、转移价格风险的工具，有助于稳定国民经济。

（4）为政府制定宏观经济政策提供参考依据。

（5）有助于现货市场的完善和发展。

（6）发展本国的期货市场，有助于增强国际价格形成中的话语权。

三、期货市场的组织结构

（一）期货交易所

1. 性质与职能

（1）期货交易所的性质。

期货交易所是专门进行标准化合约买卖的场所，具有高度的系统化和严密性、高度的组织化和规范化。交易所不得直接或者间接参加期货交易活动，不参与期货价格形成，也不拥有标的商品，只为期货交易提供设施和服务。

（2）期货交易所的职能。

1）提供交易场所、设施及相关服务。

2）制定并实施业务规则。

3）设计合约、安排合约上市。

4）组织和监督期货交易。

5）监控市场风险。

6）发布市场信息。

2. 组织结构

期货交易所的组织结构分为会员制和公司制。

（1）会员制：会员制期货交易所由全体会员共同出资组建，会员缴纳一定的会员资格费，作为注册资本。缴纳会员资格费是取得会员资格的基本条件之一，不属于投资行为。会员制期货交易所的权力机构是会员大会，常设机构是会员大会选举产生的理事会。会员制期货交易所是实行自律性管理的非营利性的会员制法人。

（2）公司制：公司制期货交易所通常由若干股东共同出资组建，以营利为目的，股份可以按照有关规定转让，盈利来自从交易所进行的期货交易中收取的各种费用。公司制期货交易所不参与合约标的物的买卖，交易所在交易中完全中立。英国以及英联邦国家的期货交易所一般都是公司制交易所。

3. 机构设置

（1）股东大会由全体股东组成，是期货交易所的最高权力机构。

（2）董事会为常设机构，对股东大会负责。

（3）经理对董事会负责，由董事会聘任或解聘。

（4）监事会由股东代表和适当比例的公司员工代表组成。

（5）公司制期货交易所也有和会员制期货交易所一样的专业委员会。

（6）入场交易的交易商的股东、高级职员或雇员不能成为交易所高级职员。

会员制与公司制期货交易所机构设置的区别：

（1）三权分配（所有权、经营权和交易权）与营利性是公司制期货交易所和会员制交易所的根本标志。

会员制期货交易所：组织的所有权、经营权与交易权相联系，为会员利益运作，只有会员才能利用交易所交易系统交易，全部财产归会员所有，自我监管。会员制期货交易所不以营利为目的。

公司制期货交易所：以营利为目的，追求利润最大化，全部财产属于股东，与交易所会员缴纳的资格费分开。会员可以是交易所股东，也可以不是交易所股东。交易所自收自支，自负盈亏，照章纳税。

（2）会员制期货交易所和公司制期货交易所实际运行比较。

1）设立目的不同：会员制期货交易所以公共利益为目的，公司制期货交易所以营利为目的。

2）法律责任不同：会员制期货交易所不承担交易中的任何责任，公司制期货交易所对期货交易所承担有限责任。

3）适用法律不同：会员制期货交易所适用《民法》，公司制期货交易所适用《公司法》《民法》。

4）资金来源不同：会员制期货交易所的资金来源是会员缴纳的资格金，公司制期货交易所的资金来源是股东本人。

4. 国内期货交易所

我国有四家期货交易所：上海期货交易所、大连商品交易所、郑州商品交易所和中国金融期货交易所。

国内期货交易所的特点：

（1）采用不同的组织结构。

上海期货交易所、大连商品交易所和郑州商品交易所是会员制期货交易所，中国金融期货交易所是公司制期货交易所。

（2）交易所兼有结算职能。

1）组织并监督结算和交割。

2）监管会员的交易行为。

3）监管指定交割仓库。

（二）期货结算机构

1. 性质及职能

期货结算机构作为结算保证金的收取、管理机构，承担风险控制责任，履行计算期货交易盈亏、担保交易履行、控制市场风险的职能（保证金制度是期货市场风险控制最根本、最重要的制度）。

2. 组织方式

期货结算机构的组织方式有以下3种：

第一种，作为某一交易所内部机构的结算机构。芝加哥商品交易所和我国交易所采用这种形式。

第二种，附属于某一交易所的相对独立的结算机构。

第三种，多家交易所和实力较强的金融机构出资组成一家独立的结算公司，多家交易所共用。

3. 国内外期货交易市场结算体系

（1）国际期货交易市场结算体系。

国际期货交易市场的结算体系采用分级、分层的管理体系。结算机构通常采用会员制。

期货交易的结算分为3个层次：

第一层，结算机构对结算会员进行结算。

第二层，结算会员与非结算会员或者结算会员与结算会员所代理客户之间的结算。

第三层，非结算会员对非结算会员所代理客户的结算。

（2）国内结算体系。

我国期货交易市场结算体系分为两种：一种是分级结算；一种是不做结算会员和非结算会员的区分。

1）期货交易所会员由结算会员和非结算会员组成，交易所对结算会员进行结算，结算会员对投资者和非结算会员进行结算。结算会员通过缴纳结算担保金实行风险共担。

2）交易所会员不做结算和非结算会员之分。交易所的会员既是交易会员也是结算会员。

（三）期货中介机构

1．性质与职能

期货中介机构连接期货投资者和期货交易所及其结算组织机构。期货中介机构共有五个职能：

（1）克服了期货交易中实行的会员交易制度的局限性，使更多交易者参与进来。

（2）使期货公司集中精力管理有限的会员，由中介机构管理大量的中、小投资者。

（3）代理客户入市交易（普通客户无可能入市交易）。

（4）对客户进行相关培训。

（5）普及交易知识，提供多样化的期货交易服务。

2．美国期货市场中介机构

期货佣金商（FCM），类似于我国的期货公司，可以独立开发客户和接受指令，向客户收取保证金，也可为其他中介提供下单通道和结算指令。

介绍经纪商（IB），国际上既可以是机构也可以是个人，一般为机构。为FCM开发客户或接受指令，但不能接受客户资金，必须通过FCM结算。

场内经纪人（FB），也称交易池经纪人，电子化交易的交易所内没有FB。

助理中介人（AP），指为期货经纪商、介绍经纪商、客户交易顾问和商品基金经理介绍客源的个人。

期货交易顾问（CTA），指提供咨询或预测的服务商。

3．国内期货市场中介机构

国内期货市场中介机构主要包括期货公司和介绍经纪商。

（1）期货公司。

期货经纪公司是指依法设立、接受客户委托、按照客户指令以自己的名义为客户进行期货交易并收取交易手续费的中介组织，交易结果由客户承担。

国际上，期货经纪公司的一般职能包括：根据客户指令代理买卖期货合约；办理结算和交割手续；从事期货交易自营业务；对客户账户进行管理；控制客户交易风险；为客户提供期货市场信息，进行期货交易咨询，充当客户的交易顾问等。目前我国期货公司主要从事经纪业务，自营业务受限。

期货公司一般设置以下组织机构：财务、结算、信贷、交易、现货交割、客服、研发。

期货居间人与期货公司的关系。期货居间人又称客户经理，居间人不是期货公司所订立期货经纪合同的当事人。他们凭借手中的客户资源以及信息渠道优势为期货公司和投资者牵线搭桥。我国有些期货公司的个别期货居间人不仅居间介绍，甚至越权代理，如投资咨询和代理交易等。

（2）介绍经纪商。

我国已经引入了券商IB制度，即由券商担任期货公司的介绍经纪人，提供中间介绍业务。证券公司受期货公司委托从事介绍业务，应当提供下列服务：

协助办理开户手续；提供期货行情信息、交易设施；中国证监会规定的其他服务。

证券公司不得代客户进行期货交易、结算或者交割，不得代期货公司、客户收付期货保证金，不得利用证券资金账户为客户存取、划转期货保证金。

证券公司从事介绍业务，应当与期货公司签订书面委托协议。

券商申请介绍业务资格应符合“净资产不得低于12亿元”的条件，同时申请该业务的券商必须全资拥有或者控股一家期货公司，或者与一家期货公司被同一机构控制。

（四）期货投资者

1. 期货投资者的分类

（1）套期保值者：指把期货市场当作转移价格风险的场所，在现货市场上买进或卖出某种商品的同时，在期货市场上同时进行与现货交易数量相等、方向相反的交易，以一个市场的盈利来抵消另一个市场因价格变化造成的亏损的市场交易者。

（2）期货投机者：指在期货市场上试图通过预测商品价格未来走势，利用价格波动进行低买高卖或高卖低买的投机行为，来赚取价格差额，获取风险收益的投资者。

（3）期货套利者：指利用同一商品的不同交割月份之间的价差；同一商品、同一交割月份但在不同交易价之间的价差或相关联的不同商品之间期货合约间的价差进行投机活动的交易者。

2. 套期保值者、投机者和套利者之间的关系

套期保值者是期货市场存在的前提和基础；投机者和套利者承担转移出来的风险。

3. 国际市场机构投资者的特点与分类

根据投资主体划分为机构投资者和期货市场机构投资者。

（1）机构投资者：与自然人相对的法人投资者都称为机构投资者。

（2）期货市场机构投资者。

1）根据资金来源划分：生产贸易商；证券公司、商业银行或者投资银行类金融机构；养老基金、养老保险等。

2）根据资金投资领域划分为对冲基金、共同基金、商品基金。

对冲基金，又称避险基金，指金融期货和金融期权等金融衍生工具与金融工具结合后以营利为目的的金融基金。对冲基金按照交易手段可以分为低风险、混合型和高风险对冲基金。

共同基金，是一种利益共享、风险共担的集合投资方式。即通过发行基金单位，集中投资者的资金，从事股票、债券等投资，以获得投资收益和资本增值。

商品基金，指一些投资者将资金集中起来，委托给专业的投资机构，并通过商品交易顾问（CTA）进行期货和期权投资交易，投资者承担风险并享受投资收益的一种集合投资方式。它与共同基金在集合投资方面存在共同之处，明显差异是商品基金专注于投资期货和期权合约。

3）商品基金和对冲基金的区分：

a. 商品基金的投资领域小得多，投资对象主要是在交易所的期货和期权，不涉及股票债券和其他金融资产。

b. 组织形式上商品基金运作比对冲基金规范、透明，风险相对小。

四、期货合约与品种

（一）期货合约

1. 期货合约的概念

期货合约是由期货交易所统一制定的、规定在将来某一特定的时间和地点交割一定数量和质量商品的标准化合约。

2. 期货合约的分类

根据合约标的物的不同，期货合约分为商品期货合约（农产品、工业品、能源和其他商品及其相关指数产品）和金融期货合约（有价证券、利率、汇率等金融产品及其相关指数产品）。

3. 期货合约的主要条款和设计依据

（1）合约名称。合约的品种名称和上市交易所名称。

（2）交易单位/合约价值。交易单位，指在期货交易所交易的每手期货合约代表的标的物的数量。合约价值，指每手期货合约代表的标的物的价值。交易单位大小的决定因素有标的物的市场规模、交易者的资金规模、标的物的现货交易习惯等。

（3）报价单位，指在公开竞价过程中对期货合约报价所使用的单位，即每计量单位的货币价格。

（4）最小变动价位，指合约每计量单位报价的最小变动数值。较小的变动价位有利于市场流动性的增加，但过小则会增加交易成本；过大则会减少交易量，影响市场活跃程度，不利于套利和套期保值的正常操作。

（5）每日价格最大波动限制涨跌停板，超出价格范围的报价无效。涨跌停板的确定主要取决于标的物价格波动的频繁程度和波幅大小。

（6）合约交割月份，指某种期货合约到期交割的月份。它受合约标的商品的生产、使用、贮藏、流通等特点的影响，农产品期货交割月份受其季节性特点的影响。

（7）交易时间由交易所统一规定。

（8）最后交易日，指在合约交割月份中进行交易的最后一个交易日。

（9）交割日期，指合约标的物所有权进行转移，以实物交割或现金交割方式了结未平仓合约的时间。

（10）交割等级有国内或者国际标准，可以使用替代物。交易所根据情况统一规定和适时调整替代品和标准品的升贴水标准（对商品期货来说，往往采用国内或国际贸易中最通用和交易量最大的标准的质量等级为交割标准等级）。

（11）交割地点。期货交易所会统一规定进行实物交割的地点，如指定仓库。金融期货无交割仓库，但交易所会指定交割银行。

（12）交易手续费，按成交合约金额的一定比例或成交合约手数收取（交易手续费高低对市场流动性有一定影响，过高会增加交易成本，扩大无套利区间，但也可抑制过度投机）。

（13）交割方式采取实物交割（商品期货、股票期货、外汇期货、中长期利率期货）和现金交割（股票指数期货、短期利率期货）。

（14）交易代码用分子式或者英文缩写，如阴极铜为CU，铝为AL，小麦为WT，豆粕为M，天然橡胶为RU，燃料油为FU，黄金为AU。

（二）期货品种

1. 商品期货

（1）农产品期货。芝加哥期货交易所（CBOT）是全球最大的农产品期货交易所，交易玉米、大豆、小麦等多种农产品期货合约。芝加哥商业交易所（CME）的木材期货，纽约期货交易所的食糖、棉花、可可、咖啡期货也都十分活跃。CBOT 和 CME 合并为 CME 集团，它是世界最大的农产品期货交易中心。

（2）畜产品期货晚于农产品。CME 于 20 世纪 60 年代推出生猪、活牛、嫩鸡等畜产品期货合约。

（3）金属期货。金属期货包括贵金属和一般金属期货交易品种。目前，世界上的金属期货交易主要集中在伦敦金属交易所和纽约商业交易所。

（4）能源期货。目前主要有轻原油、重原油及燃油；气温与 CO_2 排放配额。最早的交易品种是热燃油期货，开始于 1978 年的纽约商业交易所。

2. 金融期货

（1）外汇期货。外汇期货指在最终交易日，按照当时的汇率将一种货币兑换成另一种货币的期货合约。外汇期货的主要市场在美国，芝加哥商业交易所的外汇期货期权品种最多，交易规模最大。

（2）利率期货。利率期货是以货币市场和资本市场的各种利率工具为标的物的期货合约，它可以回避利率波动的风险。利率期货分为短期利率期货合约（CME，3 个月欧洲美元期货；泛欧交易所，3 个月欧洲银行间欧元利率等）、中长期利率期货合约（CME，中长期国债期货）和利率指数期货合约（国债指数期货合约）。

（3）股票指数期货。股票指数期货指以货币化的股价指数为标的物的期货合约。它反映的是一揽子股票组合的平均价格水平，其变动可以衡量股市行情。股票指数期货是规避股票市场系统性风险的工具。目前，芝加哥商业交易所的标准普尔 500 指数期货合约是世界交易量最大的股指期货合约。其他的如日经指数、法国 CAC-40 指数、纽约 NYSE 指数期货合约的交易量也比较活跃。

（4）股票期货。股票期货是以单只股票或窄基股票指数为标的物的期货合约，目前全球绝大多数股票期货都是单只股票期货。2001 年 1 月 29 日英国伦敦国际金融期货交易所（LIFFE）首次推出以英国、欧洲大陆和美国的蓝筹股为标的物的股票期货交易，交易量增长迅速。

3. 其他期货新品种

（1）经济发展指标期货。在股指期货运作成功的基础上，出现了一批以经济发展指标为上市合约的期货新品种，其中最具代表性的是商品期货指数期货和消费者指数期货。1986 年纽约期货交易所根据商品研究局的 CRB 指数开发了 CRB 期货指数合约，它为投资者回避商品市场的投资风险提供了有利的工具。

（2）信用指数期货。1990 年以来，信用风险互换是 OTC 衍生品市场发展最快的产品。信用指数期货合约为投资者回避公司信用风险提供了有效工具。

（3）互换期货，利率互换。CME 于 1989 年推出利率互换期货，利率互换期货为投资者的利率互换或者公司债务提供了最小基差风险的保值机会，亦可以增加或者减少利率互换的持续期间，还可以套利交易。

（4）天气期货根据气温变化设计，天气期货的杠杆机制以及现金结算方式提高了风险管理的效率，成交量不断扩大。

4. 我国期货市场的主要期货合约

（1）农产品期货。当前我国农产品期货主要有小麦期货、棉花期货、白糖期货、菜籽油期货、大豆期货、豆油期货、玉米期货、棕榈油期货和天然橡胶期货。

（2）工业品。当前我国工业品期货主要有铜期货、铝期货、锌期货、螺纹钢期货、玻璃期货、黄金期货和白银期货等。

（3）能源化工期货。当前我国能源化工期货主要包括燃料油期货、线型低密度聚乙烯期货、焦炭期货和甲醇期货等。

五、期货交易制度与交易流程

（一）期货交易制度

期货市场指定的一系列的交易制度主要是对期货市场的高风险实施有效的控制。

1. 保证金制度

保证金制度是指在期货交易中任何交易者必须按照其所买卖的期货合约价值的一定比例（通常为5%～10%）缴纳资金，用于结算和保证履行。

会员结算准备金最低余额由会员以自有资金向期货交易所缴纳。

期货交易所接受有价证券充抵保证金，如交易所认定的标准仓单、可流通国债、证监会认定的其他有价证券。有价证券充抵保证金的金额不得高于下面两个标准中的较低值：有价证券基准计算价值的80%，会员在期货交易所专用结算账户的实有货币资金的4倍。期货交易的相关亏损、费用、货款和税金等应当以货币资金支付。

交易所调整保证金标准的主要目的在于控制风险。当出现下列情况时，交易所可以根据市场风险调整其交易保证金水平：临近交割；持仓量达到一定水平；合约价格连续涨跌停板；累计涨跌幅过大；交易异常；遇国家法定长假等。

2. 当日无负债结算制度——逐日盯市制度

每日交易结束后，交易所按照当日结算价结算所有合约的盈亏、交易保证金、手续费、税金等费用，对应收、应付的款项同时划转，相应增加或者减少会员的结算保证金。会员对客户进行结算。

保证金不足时，应当及时追加保证金或者自行平仓。没有按规定时间做的，将被强行平仓。实际工作中，客户不用全部平仓，减仓后释放部分交易保证金，满足持有仓位的交易保证金即可。

3. 涨跌停板制度——每日价格最大波动限制制度

超过这个幅度的报价无效，不能成交。涨跌停板制度能够有效缓解、抑制一些突发性事件和过度投机行为对期货价格的冲击而造成的狂涨暴跌，减缓每一个交易日的价格波动，各方损失也被控制在相对较小的范围内。收取的保证金数额只要大于涨跌幅度内可能发生的亏损金额，保证不出现透支。

4. 熔断制度

在股票指数期货交易中，当价格波幅触及所规定的点数时，交易随之停止一段时间；或者交易可以继续进行，但价格波动幅度不能超过规定点数之外的一种交易制度。熔断制度起减震器的作用，其结果分为两种：熔而断，熔而不断。

5. 持仓限额制度

持仓限额制度指交易所规定会员或者客户可以持有的，按单边计算的某一合约投机头寸的最大数额。执行该制度的目的是防范操纵市场价格的行为和防止市场风险过度集中于少数投资者。

具体规定如下：交易所根据不同期货品种的具体情况，分别确定每一品种的限仓数额；采用限制会员持仓和限制客户持仓相结合的办法，控制市场风险；套期保值交易头寸实行审批制，其持仓不受限制；同一客户在不同期货公司会员处开仓交易，其在某一合约的持仓总和不得超过该客户的持仓限额；会员、客户持仓达到或超过持仓限额的，不得同方向开仓交易。

6. 大户报告制度

交易会员或客户某品种合约持仓达到交易所规定的持仓标准的，会员或客户应向交易所报告。具体数量规定：达到其持仓限额的80%以上（包括80%）的，须向交易所报告。

7. 强行平仓制度

强行平仓制度是指当会员或客户的交易保证金不足并未在规定时间内补足，或者当会员或客户的持仓数量超出规定的限额时，交易所或期货经纪公司为了防止风险进一步扩大，强制平掉会员或客户相应的持仓。

以下情况之一，交易所有权强行平仓：

（1）会员结算准备金余额小于零，并未能在规定时限内补足。

（2）客户、从事自营业务的交易会员持仓量超过其持仓限额。

（3）因违规受到交易所强行平仓处罚。

8. 强制减仓制度

强制减仓制度指交易所将当日以涨跌停板价申报的未成交平仓报单，以当日涨跌停板价与该合约净持仓盈利客户按持仓比例自动撮合成交。一般在某合约连续出现同方向单边市时采用。执行该制度的目的是迅速有效地化解市场风险，防止会员大量违约。造成的损失由会员和投资者承担。

9. 套期保值审批制度

会员、客户需要请套保额度，必须具备与套期保值交易品种相关的生产经营资格。套期保值交易持仓量在正常情况下不受交易所规定的持仓量限制。套保额度根据套保申请人的现货市场交易情况、资信状况和市场情况审批。

10. 交割制度

交割制度指期货交易所规范不同交易品种的交割，对仓单注册及注销管理、品种交割流程、交割费用等进行规定的制度规范。

11. 结算担保金制度

结算担保金制度是国际上开展期货交易的交易所普遍采用的风险防范制度，用于增加应对市场的风险账务资源，建立化解风险的缓冲区，以进一步强化市场整体抗风险能力。结算担保金指结算会员依规定缴存的，用于应对结算会员违约风险的共同担保资金。

结算担保金包括：基础结算担保金和变动结算担保金。

12. 风险准备金制度

风险准备金制度指期货交易所从自己收取的会员交易手续费中提取一定比例的资金，作为确保交易所担保履约的备付金的制度。执行该制度的目的是维护期货市场正常运转、提供财务担保和弥补因不可预见风险带来的损失。

13. 风险警示制度

交易所认为必要的，可以分别或同时采取要求会员和客户报告情况、谈话提醒、发布风险提示函，以警示和化解风险的制度。

14. 信息披露制度

信息披露制度，是上市公司为保障投资者利益、接受社会公众的监督而依照法律规定必须将其自身的财务变化、经营状况等信息和资料向证券管理部门和证券交易所报告，并向社会公开或公告，以便使投资者充分了解情况的制度。

（二）期货交易流程

1. 开户

期货交易开户的基本程序：风险提示（“期货交易风险说明书”一般在期货公司网站上的客服页）；签署合同；缴纳保证金。

2. 下单

(1) 常用指令有以下几种：市价指令；限价指令（相当于市价指令的限价指令）；止损指令（市价止损止盈指令）；停止限价指令（限价止损止盈指令）；阶梯价格指令；限时指令；双向指令；套利指令（同品种跨期套利指令、跨品种套利指令）；取消指令。

(2) 下单方式：书面、电话、网上、自助终端。

3. 竞价

(1) 竞价方式。

1）公开喊价方式。连续竞价（欧美期货市场）和一节一价（价格使得买卖交易数量相等为止，日本）。

2）计算机撮合成交方式。竞价的原则，价格优先、时间优先。买价、卖价和前一成交价的居中价格为成交价。集合竞价产生价格的方法，开盘价（最大成交量原则）。

(2) 成交回报与确认。

应当在下一个交易日开市前向期货公司提出书面异议，客户没有对结算单确认，也没异议的，视为对交易结算单的确认。

4. 结算

结算指根据期货交易所公布的结算价格对交易双方的交易盈亏状况进行的资金清算和划转。

郑交所、大商所、上交所只对会员进行结算，期货公司对客户结算。中金所采取分级结算：交易所对结算会员、结算会员对客户和交易会员、交易会员对客户分别结算。

5. 交割

(1) 交割的种类和作用。

交割促使期货价格和现货价格趋向一致，分为实物交割和现金交割。

(2) 实物交割方式与交割结算价的确定。

a. 实物交割方式：集中交割，是指交割配对在最后交易日闭市后集中进行的交割模式，是仓库交割方式的一种。在最后交割日，买卖双方实行一次性交割，仓单与货款同时划转，交割价格按交割月份所有交易日结算价的加权平均价格计算。采取集中交割可以有效避免交割违约，为卖方提供增值税发票和买方筹措货款留下充足时间。

滚动交割，是指在期货交易进入交割月后，持有交割月合约及标准仓单的卖方可在交割月第一个交易日至交割月最后交易日前一交易日的交易时间提出交割申请，并按交易所规定程序完成交割的交割方式。滚动交割由客户提出交割申请，会员代客户办理。办理时间为交割月第一个交易日至交割月最后交易日前一交易日。

b. 交割结算价：指在进行交割时用于商品交收时所依据的基准价格。不同的交易所，以及不同的交易方式，交割结算价的选取也不尽相同。

（3）实物交割的流程：交割配对；标准仓单和货款交换；增值税发票流转。

（4）标准仓单的生成、流转和注销。标准仓单是指由期货交易所指定交割仓库按照交易所规定的程序签发的符合合约规定质量的实物提货凭证。由于标准仓单是一种流通工具，因此它可以用作借款的质押品或用于金融衍生工具如期货合约的交割。买卖双方交收的是标准仓单，而非实物。

（5）交割违约的处理。

（6）现金交割。股指期货结算价为最后交易日标的物最后 2 小时算术平均价。

六、期货投机与套利交易

（一）期货投机

1. 期货投机的概念

期货投机是指在期货市场上以获取价差收益为目的的期货交易行为。

期货投机与套期保值的关系：从起源上看，期货市场产生的原因主要在于满足套期保值者转移风险、稳定收入的需要，这也是期货市场主要经济功能之一。但是，如果期货市场中只有套期保值者，而没有投机者，而套期保值者所希望转移的风险就没有承担者，套期保值也不可能实现。可以说，投机的出现是套期保值业务存在的必要条件，也是套期保值业务发展的必然结果。

投机者提供套期保值者所需要的风险资金。投机者用其资金参与期货交易，承担了套期保值者所希望转嫁的价格风险。投机者的参与，增加了市场交易量，从而增加了市场流动性，便于套期保值者对冲其合约，自由进出市场。投机者的参与，使相关市场或商品的价格变化步调趋于一致，从而形成有利于套期保值者的市场态势。所以，期货投机和套期保值是期货市场的两个基本因素，共同维持期货市场的存在和发展，二者相辅相成，缺一不可。

2. 期货投机与套期保值的区别

（1）交易对象：期货投机的交易对象是期货市场；套期保值的交易对象是现货和期货两个市场。

（2）交易目的：期货投机的交易目的是以小博大；套期保值的交易目的是规避风险。

（3）交易方式：期货投机的交易方式为利用期货市场价格波动获得价差收益；套期保值的交易方式为期、现市场盈亏冲抵。

（4）交易风险：期货投机的交易风险为自愿承担风险以期获得风险利润；套期保值的交易风险为风险转移。

3. 期货投机与股票投机的区别

期货投机与股票投机的区别：期货投机的保证金为5%～10%；股票投机为全额保证金。

期货投机的交易方向为双向；股票投机为单向。期货投机的结算制度为每日无负债结算；股票投机不实行每日结算。期货投机的特定到期日为有特定到期日；股票投机无特定到期日。

4. 期货投机的作用

期货投机的作用：承担价格风险；促进价格发现；减缓价格波动；提高市场流动性。

5. 投机者的类型

（1）从交易头寸区分，可分为多头投机者和空头投机者。

（2）从交易量大小区分，可分为大投机商和中小投机商。

（3）从分析预测方法区分，可分为基本分析派和技术分析派。

（4）从持仓时间区分，可分为长线交易者、短线交易者、当日交易者和抢帽子者。

（二）期货投机的原则

期货投机的原则：充分了解期货合约；制订交易计划；确定获利和亏损限度；确定投入的风险资本。

（三）期货投机的方法

1. 建仓阶段注意入市时机的选择

采用基本面分析方法来判断市场是属于牛市还是熊市；而技术分析方法则用于判断升势或跌势有多大。基本面分析方法和技术分析方法相结合，权衡风险与收益，决定具体的入市时间。

2. 平均买低法和平均卖高法

平均买低法：在买入合约后，如果价格下降则进一步买入合约，以求降低平均买入价，一旦价格反弹可在较低价格上卖出止亏盈利。

平均卖高法：在卖出合约后，如果价格上升则进一步卖出合约，以提高平均卖出价格，一旦价格回落可以在较高价格上买入止亏盈利。

投机者在采取平均买低法和或平均卖高法时，必须以对市场大势的看法不变为前提。在预计价格上升时，价格可以下跌，但最终仍会上升。在预测价格下跌时，价格可以上升，但必须是短期的，最终仍要下跌。否则这种做法只会增加损失。正因为如此，有的投资专家主张，为了保险只有在头笔交易已经获利的情况下才能增加持仓。

3. 金字塔式买入卖出

建仓后市场行情和预料的相同并已投机获利，可以渐次递减增加持仓。金字塔式的变形：渐次增加到一定数量后渐次减少，变为菱形。

4. 平仓阶段

（1）掌握限制损失、滚动利润的原则。

（2）灵活运用止损指令。做好资金和风险管理：行情判断错误了不要紧，只要资金风险管理好一样赢利。一般性的管理要领如下：

1）投资额必须限制在全部资本的50%以内，1/3～1/2 最好。

2）在任何单个市场上所投入的总资本必须限制在总资本的10%～20%以内。

3）在任何单个市场上的最大总亏损金额必须限制在总资本的5%以内。

4）在任何一个市场群类上所投入的保证金总额必须限制在总资本的20%～30%以内。

（3）决定头寸的大小，在一个品种上最多投入总资本的10%。

（4）分散投资与集中投资。

（四）期货套利

1. 套利的概念和分类

套利也叫价差交易。套利是指利用相关市场或相关合约之间的价差变化，在相关市场或相关合约上进行交易方向相反的交易，以期价差发生有利变化而获利的交易行为。

一般操作为：在买入或卖出某种期货合约的同时，卖出或买入相关的另一种合约，并在某个时间同时将两种合约平仓。套利分为：跨期套利、跨商品套利、跨市套利。

2. 套利与期货投机的区别

(1) 期货投机是利用单一期货合约的上下波动赚取利润，套利是从两、三个期货合约之间的相对价格差异中套取利润。

(2) 期货投机在一段时间内只作买或卖，而套利则是在同一时间买入并卖出期货合约，同时扮演多头和空头双重角色。

(3) 期货投机风险较大，套利赚取的是价差变动的收益，价差变化小、风险小。

(4) 套利的成本低于期货投机交易。

3. 套利的作用

套利行为的存在对期货市场的正常运行起到了非常重要的作用，它有助于使扭曲的期货市场价格重新恢复到正常水平。

(1) 套利行为有助于期价和现价、不同期货合约价格之间的合理价差关系的形成，使价格发现功能能有效发挥。

(2) 套利行为有助于市场流动性的提高。

4. 期现套利

期现套利是指利用期货市场与现货市场之间出现不合理价差，通过在两个市场进行反向交易，待价差趋于合理而获利的交易。

一般来说，期货、现货价差主要反映了持仓费，但当两者出较大偏差时，期现套利机会就出现了，但由于现货市场缺少做空机制，所以期现套利就只有卖出期货、买入现货等。

5. 价差套利

(1) 价差套利是指利用期货市场上不同合约之间的价差进行的套利交易。相关期货合约价差不合理即可进行。同时建立一个多头部位和一个空头部位，这是套利交易的基本原则。大部分套利有“两条腿”，但在三个期货合约之间进行的也可能有“三条腿”。计算价差建仓时，用价格高的一边减去价格较低的一边。平仓的时候保持计算的一贯性。

(2) 价差的扩大与缩小。

(3) 套利交易指令：标明价差进行交易，不用标明每个合约价格。

(4) 盈亏的计算方法：分别计算每条“腿”的盈亏，然后加总。

(5) 买进套利和卖出套利。买进套利是买入高价期货合约卖出低价合约，期待价差扩大；卖出套利是卖出高价期货合约。

6. 跨期套利操作

跨期套利是指在同一市场（即同一交易所）同时买入、卖出同种商品不同交割月份的期货合约，以期在有利时机同时将这两个交割月份不同的合约对冲平仓获利。

牛市套利：如果供给不足，需求相对旺盛，则会导致近期月份合约价格的上升幅度大于远期月份合约，或者近期月份合约价格的下降幅度小于远期合约，无论是正向市场还是反向市场，交易者可以通过买入近期月份合约的同时卖出远期月份合约进行牛市套利。

熊市套利：熊市套利在做法上恰好与牛市套利相反。如果近期供给量增加，需求减少，则会导致近期合约的跌幅大于远期合约，或者近期合约价格的涨幅小于远期合约，交易者可以通过卖出近期合约的同时买入远期合约进行熊市套利。

蝶式套利：蝶式套利是跨期套利的另一常用形式，它也是利用不同交割月份的价差进行套期获利，由两个方向相反、共享居中交割月份合约的跨期套利组成。

7. 跨商品套利操作

跨商品套利是指利用两种不同的、但相互关联的商品之间的期货合约价格差异进行套利，即买入某一交割月份某种商品的期货合约，同时卖出另一相同交割月份、相互关联的商品期货合约，以期在有利时机同时将这两种合约对冲平仓获利。

（1）相关商品的套利。

（2）原料与成品之间的套利。

1）大豆提油套利：购买大豆合约，同时卖出豆油和豆粕的期货合约。

2）反大豆提油套利：卖出大豆合约，同时买入豆油和豆粕的期货合约。

8. 跨市套利

跨市套利是指在某个交易所买入（或卖出）某一交割月份的某种商品合约的同时，在另一个交易所卖出（或买入）同一交割月份的同种商品合约，以期在有利时机分别在两个交易所对冲在手的合约获利。

在进行跨市套利时，应特别注意以下几个问题：

（1）运输费用，离产地越近的期货交易所价格较低。

（2）交割品级的差异，不同交易所对同品种的交割品质和代替品的升贴水规定不同。

（3）交易单位与报价体系，不同交易所的交易单位和报价体系有所不同，要换算成相同单位才能比较。

（4）汇率波动。

（5）保证金和佣金成本，只有当套利收益高于这两者才有意义。

任务二　商品期货投资技巧

一、商品期货投资的心理控制

（一）观察市场，等待时机

“会买是徒弟，会卖是师傅”，这一句俗语已被广大股民与期民作为口头禅，用来形容投资交易中平仓（股票中意思为卖出）信号判断的重要性。事实上，投资交易中除了“买入”“卖出”之外还有“空仓”，即休息的时候。休息应该是不可忽视的一个环节，休息的同时我们要做的就是观察市场、等待时机。

当我们看不懂市场行情的时候要懂得休息，以避免行情模糊带来的风险不确定性；当市场出现大幅波动且杂乱无章的时候，要懂得休息，以避免价格无序跳动所带来的非正常风险；当止损出来后反手又出现止损之后应该休息，以避免急躁和盲目的心态所带来的风险。

进场的头寸也能在不亏或是小亏的状态下退出市场。休息、观察、等待是为了更快地前进。

（二）制订计划，控制仓位

正确的行动来自正确的思想，正确的交易有赖于对市场正确的评判，而正确判断之后必须制订一系列的计划，包括建仓、加仓（或补仓）以及平仓撤退（或止损离场）等计划。计划制订是否全面、可执行性程度关系到投资交易的实施能否顺利进行，以及后期行情突变的应对情况。

计划制订过程中包含了仓位的分配问题，即初期的建仓占用总资金的比例；行情反向小幅变化时（比如仍在一个区间内）是否或如何补仓，补仓资金占用总资金的比例；行情顺着投资的方向做突破时是否加仓以及加多少；行情破止损位置时，是马上止损还是等收盘的价格来确认止损等一系列细节。

资金管理状况是交易者内心世界的集中反映。良好的资金管理有助于投资者与市场维持和谐的关系，有助于交易者水平的充分发挥，有助于交易质量而不是数量的提高。在实际操作中，我们最容易犯的错误就是急功近利——总是试图加大保证金量的投入，希望短时期取得优异的战果。这种急于求战求功的浮躁心态，导致危险、恐惧与失败的阴影从未离开左右，直至被彻底打败。在价格并非十分不利的情况下，投资者更多的是需要一份耐心。

（三）应对波动，顺利出局

仓位介入后，后期的主要工作就是跟踪价格走势。由于短期价格的变化具有较大的无序性，且期市上的保证金制度具有杠杆作用，因此些许的价格波动就能“牵动”投资者的心。一波趋势中，短期反复的价格变化是正常的，投资者必须去面对和做出选择，即平仓还是继续持有。因此应对波动以及如何顺利出局需要有动态的相应策略。

当不利的情况或不祥的预兆出现时，投资者应当十分警觉，并考虑部分或者全部离场。要预知和判断不利的局势，就必须对市场进行跟踪评估，以确定当前的风险程度。

二、商品期货投资技巧

（一）止损和止盈

止盈位和止损位的设置对散户来说尤为重要，不少散户会设立止损位，即设定一个固定的亏损率，到达位置严格执行，但是不会设立止盈位。

（二）不要奢望买入最低价，不要妄想卖出最高价

有的人总想买入最低价且卖出最高价，有这个想法的人不是高手，只有庄家才知道股价可能涨跌到何种程度，庄家也不能完全控制走势，何况你我。

（三）量能的搭配问题

有些人总把价升量增放在嘴边，其实，无量创新高的期货尤其应该关注，而创新高异常放量的个股反而应该小心。越跌越有量的期货，应该是做反弹的好机会，当然不包括跌到“地板”上的期货和顶部放量下跌的期货，连续上涨没什么量的反而是安全系数大的，而不断放量的期货应该引起警惕。

（四）善用联想

要根据市场的反应，展开联想，获得短线收益。主流龙头品种会被游资迅速拉至涨停，短线高手往往都追不上，这时候，联想能给你带来意外的惊喜。通过联想，在市场上哪些期货和主流龙头品种关系较密切呢？联想不仅适合短线，中长线联动也可以选择同板块进行投资。

（五）要学会空仓

有些人很善于利用资金进行追涨杀跌的短线操作，有时会获得很高的收益，但是对散户来说，很难每天看盘，也很难每天能追踪上热点。所以，在期货操作上，不仅要买上升趋势中的期货，还要学会空仓，在感觉期货很难操作、热点难以把握、大多数期货大幅下跌、涨幅榜上的炒期货涨幅很小而跌幅榜上期货跌幅很大时，就需要考虑空仓了。

（六）暴跌是机会

暴跌分为大盘暴跌和个别品种暴跌，暴跌往往会出现机会，暴跌往往是重大利空或者偶然事件造成的，在大盘相对高点出现的暴跌要谨慎对待，但对于大涨之后出现的暴跌，就应该选择炒期货了。

三、短线期货的操作方法

期货日内交易也要看重基本面和技术面相结合，日内行情处于相对平淡的无量盘整阶段采用的介入办法，成交量出现明显较小，之后迅速出现一根较大的成交量，然后随之变小，之后的价格会逆着成交量走势的方向行走，适合短线买入，这种行情通常都是收益较小的，可操作性不大，止损的位置在持续放量的时候。

想做商品期货和金融期货的投资者，要先办理开户手续，端正交易心态。分时图介入方法虽然简单但是有效，日内期货交易若是压力很大，价格在均价线之上或受到均价线压制时要坚决卖出；反之，若是支撑作用很强，价格在均价线之下或受到均价线支撑是买入的时机，要记得好的介入点成交量都比较大。

任务三　金融期货投资指南

一、金融期货概述

金融期货是指以金融工具或金融产品作为标的物的期货交易方式。

（一）金融期货的产生与发展

金融期货产生于 20 世纪 70 年代，发展很快。有外汇期货、利率期货、股指期货等。

1. 外汇期货

1944 年，西方主要工业国家首脑在美国布雷顿森林召开了会议，创建了国际货币基金组织。1973 年布雷顿森林体系崩溃，浮动汇率制从此取代了固定汇率制。芝加哥商业交易所（CME）随即着手组建了国际货币市场分部（IMM），并于 1972 年 5 月 16 日正式推出英镑、加元、德国马克、日元、瑞士法郎、墨西哥比索及意大利里拉七种外汇期货合约交易。

2. 利率期货

1975 年 10 月，芝加哥期货交易所（CBOT）推出了有史以来第一张利率期货合约——政府国民抵押协会抵押凭证期货合约。

3. 股指期货

1982 年 2 月 24 日，堪萨斯市交易所（KCBT）推出了价值线指数期货合约的交易。

4. 股票期货

股票期货是近年来发展较快的一个期货品种，尽管从绝对量来说并不是很大，但增加的幅度极其可观。

（二）金融期货的特点

金融期货的特点：交割具有极大便利性；交割价格盲区大大缩小；期现套利更容易；逼仓行情难以发生。

二、外汇期货

（一）外汇与外汇风险

1. 外汇的概念

外汇是指以外币表示的、为各国普遍接受的、可用于清偿国际间债权债务的金融资产和支付手段。

2. 汇率及其标价方法

汇率是指用一国货币表示另一国货币的价格。

汇率的标价方法：直接标价法（direct quotation）：以一定单位的外国货币为标准，折算为若干数量的本国货币来表示汇率的方法。即外币不动，本币动。

如：USD1＝CNY8.27；USD1＝CNY8.11。

间接标价法（indirect quotation）：以一定单位的本国货币为标准，折算为若干数量的外国货币来表示汇率的方法。即本币不动，外币动。

如：伦敦外汇市场：月初：GBP1＝USD1.5294；月末：GBP1＝USD1.5230。

美元标价和非美元标价：美元标价：美元作为基准货币，其他货币是标价货币。非美元标价：非美元是基准货币，美元是标价货币。

例如，瑞士苏黎世某银行：

USD1＝JPY102.6　　　EUR1＝USD1.352 6

USD1＝HKD7.797 0　　　GBP1＝USD1.856 4

对瑞士来讲，既非直接也非间接。

3. 外汇风险

外汇风险有交易风险、经济风险、储备风险。

（二）外汇期货现状

1. 以汇率为标的物的期货合约

1972 年美国芝加哥商业交易所产生第一个外汇期货。因欧元的产生和流通，外汇期货成为金融期货中交易量最少的品种。另一个原因是外汇市场比较完善和发达。主要集中在美国，集中在芝加哥商业交易所。

2. 外汇期货合约的主要品种和影响因素

外汇期货合约的主要品种有欧元、英镑、日元、瑞士法郎、加拿大元、澳大利亚元。2006 年 8 月 27 日，芝加哥商业交易所推出人民币兑美元的期货以及期权交易。

影响汇率的因素有财政经济状况、国际收支状况、利率水平、货币政策、政治因素。

（三）外汇期货套期保值交易

1. 空头套期保值

空头套期保值是指在即期外汇市场上处于多头地位的人，即持有外币资产的人，为防止外币的汇价将来下跌，而在外汇期货市场上做一笔相应的空头交易。

2. 多头套期保值

多头套期保值是指投资者因担心目标指数或股票组合价格上涨而买入相应股指期货合约进行套期保值的一种交易方式，即在期货市场上首先建立多头交易部位（头寸），在套期保值期结束时再对冲掉的交易行为。多头套期保值的目的是锁定目标指数基金或股票组合的买入价格，规避价格上涨的风险。

三、利率期货

利率期货是指以利率工具为标的物的期货合约。

（一）与利率期货相关的利率工具

（1）欧洲美元存单：欧洲美元是存放于美国境外的美元存款。欧洲美元存单是有固定期限的大额美元存单，一般为3～6个月。

（2）欧洲银行间欧元利率。

（3）短期和中长期国债。

（二）利率期货的报价方式及交割方式

（1）短期国债的报价方式。短期国债通常是按照贴现方式发行的，采用的方式是以100减去不带百分号的年贴现率方式报价。此方式称为指数报价，现金交割。

（2）3个月欧洲美元期货报价方式。指数报价，现金交割。

（3）中长期国债期货报价方式。价格报价法，实物交割。

（三）利率期货套期保值交易

（1）多头套期保值，指在期货市场买入利率期货合约，以防止将来债券价格上升而使以后的买入成本升高。这种上升的原因是因为市场利率下降所引起的。因此，多头套期保值的目的是规避因利率下降而出现损失的风险。

（2）空头套期保值，指存款者担心利率上涨，卖出利率期货。

四、股指期货

（一）股指期货的概念

股指期货是指以股价指数为标的物的标准化期货合约，双方约定在未来的某个特定日期，可以按照事先确定的价格指数的大小，进行标的指数的买卖，到后期通过现金结算差价来进行交割。

（二）股指期货套期保值

1. 股票市场的风险与股指期货

系统性风险：对整个市场产生影响。

非系统性风险：只对某些个股或者某些行业产生影响。

股指期货是为了规避系统性风险而产生的。

2. 股指期货套期保值与β系数的关系

（1）单个股票β，$\beta=1$，$\beta\geqslant1$，$\beta\leqslant1$。

（2）股票组合的β。

β表示股票的涨跌幅度是指数涨跌幅度的多少倍，揭示了股票与指数的相关程度。β大于1，说明股票价格波动幅度大于指数波动幅度，比如说$\beta=3$，那么指数上涨1%，该股票上涨3%；β小于1，说明股票价格波动幅度小于指数波动幅度。

（三）股指期货的期现套利交易

股指期货合约交易在交割时采用现货指数，股指期货指数和现货指数之间会维持一定的动态联系。

（1）股指期货合约的理论价格。

持有成本（时间价值），假定由两部分组成：资金成本和储存成本。

股指期货——资金占用成本和持有期内可能得到的股票分红红利。

（2）股指期货期现套利操作。

期价高估和正向套利——卖出股指期货，买入相应现货股票套利。

期价低估和反向套利——买入股指期货，卖出借来的股票（在我国不能卖空股票）。

无风险套利，无风险利润。

(3) 交易成本和无套利区间。

(4) 套利交易的模拟误差。

投资理财技能大赛模拟拓展训练

问题：根据“情景写实”的资料，完成以下问题。

1. 请为李先生进行风险评估测试。
2. 判断适合李先生家庭的投资组合。
3. 根据投资组合制定投资理财方案。

解：

1. 李先生的风险承受能力评分表

李先生的风险承受能力评分表，如表 8-1 所示。

表 8-1　风险承受能力评分表

职业状况	上班族	家庭负担	双薪有子女
置产状况	房贷支出＜总收入 50%	投资经验	2～5 年
投资知识	空白	年龄	34 岁
家庭年收入	10～20 万元	家庭收入每年可用于投资的比例	10%～25%
计划投资期限	5 年以上	影响投资最重要的因素	稳定增长
教育程度	本科	股指期货比股票更易获取利润否	一定不是
可承受价值波动	不能承受本金损失	以前主要投资产品	存款
投资目的	资产保值	健康状况	良好
主要收入来源	工资、劳务报酬	过去一年内购买不同金融产品数量	5 个以下
处于什么生命周期	子女成长期	月均支出占正常收入比	20%～40%

得分：56 分。

2. 李先生的风险偏好评分表

李先生的风险偏好评分表，如表 8-2 所示。

表 8-2　风险偏好评分表

首要考虑因素	保本保息	过去投资绩效	赚多赔少
赔钱时的心理状态	影响情绪大	当前主要投资	存货或货币性资产
选择未来避险工具	债券	初次到赌城会选择	25 分的老虎机
对金钱的态度	聚沙成塔	朋友评价你的句子	不愿承受风险
参加节目获奖的选择	当场获得现金	对“风险”的感觉	损失
赌球赢了 300 元后	买彩票	股市大涨时	毫不关心
能承受最大损失	投资的 10%以内	最能描述你的生活方式	三思而后行
博彩游戏输了 500 元	放弃不玩	存够旅游费，但出发前被解雇	取消旅游
投资股票、基金安心？	比较不安心	把 10 万元继承的遗产全作投资	保值投资产品
喜欢的投资状态	情况好赚钱，情况差时损失 0 元	您驾照未来三天无法使用	搭便车、坐出租车或公车

得分：30分。

3. 风险承受能力评估结果

李先生的风险能力评估结果，如表8-3所示。

表8-3 风险承受能力评估结果

风险矩阵	风险能力	低能力	中低能力	中能力	中高能力	高能力
风险态度	工具	0～19分	20～39分	40～59分	60～79分	80～100分
低态度 0～19分	低风险	70%	50%	40%	20%	20%
	中风险	30%	40%	40%	50%	50%
	高风险	0	10%	20%	30%	40%
中低态度 20～39分	低风险	40%	30%	20%	10%	10%
	中风险	50%	50%	50%	50%	40%
	高风险	10%	20%	30%	40%	50%
中态度 40～59分	低风险	40%	30%	10%	0	0
	中风险	30%	30%	40%	40%	30%
	高风险	30%	40%	50%	60%	70%
中高态度 60～79分	低风险	20%	0	0	0	0
	中风险	40%	50%	40%	30%	20%
	高风险	40%	50%	60%	70%	80%
高态度 80～100分	低风险	0	0	0	0	0
	中风险	50%	40%	30%	20%	10%
	高风险	50%	60%	70%	80%	90%

评估意见：李先生的风险承受能力属于“中能力”，风险态度属于“中低态度”。建议李先生的资产配置比例为：低风险20%；中风险50%；高风险30%。

4. 现有投资组合

低风险产品有：现金、活期存款、货币基金、货币理财产品。

中风险产品有：债券、债券型基金、投资型房产。

高风险产品有：股票、期权、期货、外汇、现货白银、黄金延期等。

李先生现有的投资组合见表8-4。

表8-4 投资组合

低风险类	当前价值	170 000（20 000+150 000）	占比	46% 170 000/(170 000+201 500+0)
中风险类	当前价值	201 500（21 500+180 000）	占比	54% 201 500/(170 000+201 500+0)
高风险类	当前价值	0	占比	0

根据风险评估结果得出适合客户的投资组合为低风险20%，中风险50%，高风险30%。但是现有的投资组合为：低风险46%，中风险54%，高风险0，因此判断需要调整。

5. 投资理财方案

(1) 低风险投资工具。

比例20%，投入金额为（170 000＋201 500）×20%＝74 300（元），预期投资收益率4%。

(2) 中风险投资工具。

比例50%，投入金额为（170 000＋201 500）×50%＝185 750（元），预期投资收益率8%。

（3）高风险投资工具。

比例30%，投入金额为（170 000+201 500）×30%=111 450（元），预期投资收益率12%。

组合收益率=20%×40%+50%×8%+30%×12%=9%

概念索引

期货投资　期货交易所　期货结算机构　期货中介机构　期货合约　金融期货
期货交易制度　强制平仓　期货投机　期货套利　股指期货　套期保值

闯关考验

1. 1975年10月，芝加哥期货交易所上市（　　）期货合约，从而成为世界上第一个推出利率期货合约的交易所。

A. 政府国民抵押协会抵押凭证　B. 标准普尔指数期货合约
C. 政府债券期货合约　D. 价值线综合指数期货合约

2. 期货合约与现货合同、现货远期合约的最本质区别是（　　）。

A. 期货价格的超前性　B. 占用资金的不同
C. 收益的不同　D. 期货合约条款的标准化

3. 1882年，CBOT允许（　　），大大增强了期货市场的流动性。

A. 会员入场交易　B. 会员代理非会员交易
C. 结算公司介入　D. 以对冲方式免除履约责任

4. 国际上最早的金属期货交易所是（　　）。

A. 伦敦国际金融交易所（LIFFE）　B. 伦敦金属交易所（LME）
C. 纽约商品交易所（COMEX）　D. 东京工业品交易所（TOCOM）

5. 期货市场在微观经济中的作用是（　　）。

A. 有助于市场经济体系的建立与完善
B. 利用期货价格信号，组织安排现货生产
C. 促进本国经济的国际化发展
D. 为政府宏观调控提供参考依据

6. 以下说法不正确的是（　　）。

A. 通过期货交易形成的价格具有周期性
B. 系统风险对投资者来说是不可避免的
C. 套期保值的目的是规避价格风险
D. 因为参与者众多、透明度高，期货市场具有发现价格的功能

7. 期货交易中套期保值的作用是（　　）。

A. 消除风险　B. 转移风险　C. 发现价格　D. 交割实物

8. 期货结算机构的替代作用，使期货交易能以独有的（　　）方式免除合约履约义务。

A. 实物交割　B. 现金结算交割

C. 对冲平仓　　D. 套利投机

9. 现代市场经济条件下，期货交易所是（　　）。

A. 高度组织化和规范化的服务组织

B. 期货交易活动必要的参与方

C. 影响期货价格形成的关键组织

D. 期货合约商品的管理者

10. 选择期货交易所所在地应该首先考虑的是（　　）。

A. 政治中心城市　　B. 经济、金融中心城市

C. 沿海港口城市　　D. 人口稠密城市

11. 目前国内期货交易所有（　　）。

A. 深圳商品交易所　　B. 大连商品交易所

C. 郑州商品交易所　　D. 上海期货交易所

12. 期货交易与现货交易在（　　）方面是不同的。

A. 交割时间　　B. 交易对象　　C. 交易目的　　D. 结算方式

13. 国际上期货交易所联网合并浪潮的原因是（　　）。

A. 经济全球化　　B. 竞争日益激烈

C. 场外交易发展迅猛　　D. 业务合作向资本合作转移

14. 以下说法中描述正确的是（　　）。

A. 证券市场的基本职能是资源配置和风险定价

B. 期货市场的基本功能是规避风险和发现价格

C. 证券交易与期货交易的目的都是规避市场价格风险或获取投机利润

D. 证券市场发行市场是一级市场，流通市场是二级市场；期货市场中，会员是一级市场，客户是二级市场

15. 由股票衍生出来的金融衍生品有（　　）。

A. 股票期货　　B. 股票指数期货

C. 股票期权　　D. 股票指数期权

16. 期货市场可以为生产经营者（　　）价格风险提供良好途径。

A. 规避　　B. 转移　　C. 分散　　D. 消除

17. 早期期货市场具有（　　）的特点。

A. 起源于远期合约市场

B. 投机者少，市场流动性小

C. 实物交割占的比重较小

D. 实物交割占的比重很大

18. 以下说法中，（　　）不是会员制期货交易所的特征。

A. 全体会员共同出资组建

B. 缴纳的会员资格费有一定回报

C. 权力机构是股东大会

D. 非营利性

19. 公司制期货交易所股东大会的权利包括（　　）。

A. 修改公司章程

B. 决定公司经营方针和投资计划

C. 审议批准公司的年度财务预算方案

D. 增加或减少注册资本

20. 期货经纪公司在期货市场中的作用主要体现在（　　）。

A. 节约交易成本，提高交易效率

B. 为投资者期货合约的履行提供担保，从而降低了投资者交易风险

C. 提高投资者交易的决策效率和决策的准确性

D. 较为有效地控制投资者交易风险，实现期货交易风险在各环节的分散承担

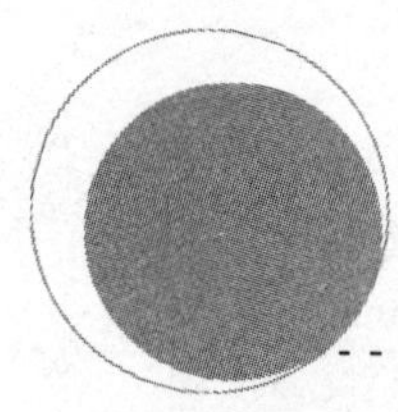

项目九 信用卡理财

知识结构图

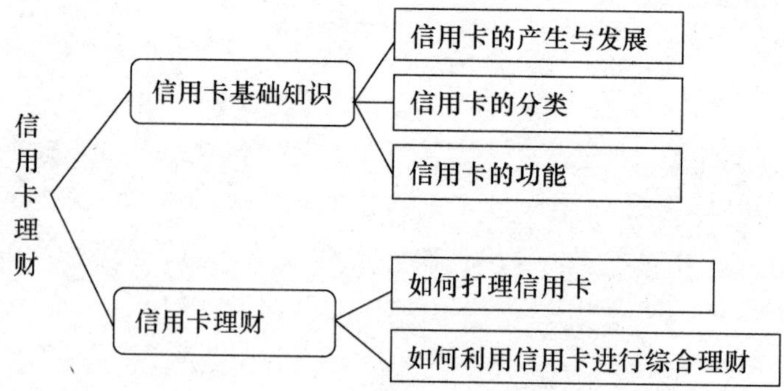

情景写实

在珠海某国企上班的小王与妻子准备购买一辆家用汽车，然而购车的10多万元支出对于正在偿还按揭贷款的小夫妻来说多少有些压力。小王的妻子小李从某商业银行客户经理处了解到，该行与全国30多家汽车厂商开展了购车分期业务总对总合作，可以信用卡分期还款，每个月只需还2 000元就可以轻松实现购车梦。

类似小王和小李这样的城市年轻上班族有很多，他们的“住”和“行”需求旺盛，经济压力也较大。现今，信用卡的使用已经全面覆盖了购车、家装、教育、婚庆、旅游等衣食住行领域。“零利息零手续费”“零利息低手续费”的提前消费模式仿佛免费的午餐，帮助他们提前实现大额消费。

学习目标

1. 认识信用卡的类别。
2. 了解信用卡的功能。
3. 掌握使用信用卡理财的技巧。

任务一　信用卡的基础知识

一、信用卡的产生与发展

信用卡是商业银行或其他机构签发给拥有良好资信的人士，用于在指定的商家购物和消费或在指定商业银行机构存取现金的卡片，是一种特殊的信用凭证。随着信用卡业务的发展，市场上的信用卡种类不断增多，功能也越来越强大。概括起来，信用卡的概念一般有广义和狭义之分。

从广义上说，凡是能够为持卡人提供信用证明、消费信贷或持卡人可凭卡购物、消费、享受特定服务的卡片均可称为信用卡。广义上的信用卡包括贷记卡、准贷记卡、借记卡、储蓄卡、提款卡（ATM卡）、支票卡等。

从狭义上说，信用卡主要是指由商业银行或商业机构发行的贷记卡，即无需预先存款就可以贷款消费的信用卡。信用卡的实质是一种消费贷款，它提供一个有明确信用额度的循环信贷账户，借款人可以随时支取部分或全部额度。持卡者在偿还借款时也可以选择全额还款或部分还款，一旦已经使用的部分得到偿还，该信用额度又可以重新使用。根据2004年12月29日第十届全国人大常委会第十三次会议通过的有关法律解释，明确了我国刑法规定中的“信用卡”的含义，即“信用卡”是指由商业银行或者其他金融机构发行的具有消费支付、信用贷款、转账结算、存取现金等全部功能或者部分功能的电子支付卡。

（一）信用卡的产生

信用卡1915年起源于美国。有趣的是最早发行信用卡的机构并不是商业银行，而是一些百货商店，饮食业、娱乐业和汽油公司。当时美国的一些商店、食品店为招徕顾客、推销商品，有选择地在一定范围内为顾客提供一种类似金属徽章的信用筹码，后来演变成为用塑料制成的卡片，作为持卡客户购货消费的凭证，开展了凭借信用筹码在本商号或公司或汽油站购货的赊销服务业务，顾客可以在这些发行筹码的商店及其分号赊购商品，约期付款，这些卡片已经具有现代信用卡的部分功能。20世纪40年代，更多的商户开始发行“赊账卡”。当时，一些商户为了扩大市场份额，提高竞争力，向资信比较好的顾客发行了一种可以标志顾客身份的赊账卡片。该卡仅作为身份识别之用，商户和顾客之间定期结账。

相关链接

一天，美国商人弗兰克·麦克纳马拉在纽约一家饭店请客，就餐后发现忘带钱包了。他深感难堪，不得不打电话叫妻子带现金来饭店结账。经过此事，麦克纳马拉产生了创建信用卡公司的想法。1950年春，麦克纳马拉与他的好友施奈德合作投资1万美元，在纽约创立了“大莱俱乐部”（Diners Club），即大莱信用卡公司的前身。大莱俱乐部为会员提供了一种能够证明身份和支付能力的卡片，会员凭卡片可以记账消费，这种无须银行办理的信用卡在性质上属于商业信用卡。大莱后来成为美国第四大银行卡品牌。1958年，运通发行了“美国运通卡”，后来成为了美国第三大银行卡品牌。1985年，西尔斯百货公司推出“发现卡”，1993年把其转让给添惠发现卡公司，后来添惠发现卡公司被摩根斯坦利兼并，“发现卡”成为美国第五大信用卡品牌。这些“签账卡”的发行机构还在消费时为持卡人提供担保，由这些专业发卡公司作为中介为商户和持卡人提供结算服务。

20世纪50年代至60年代，银行由于其自身的信贷优势，开始在商户和持卡人之间提供支付清算服务，并发行了具有循环信用功能的信用卡。在此期间，大部分发卡银行不能跨州经营，只能自己发展商户、自己发卡，一家银行在全国性信用卡市场的品牌影响力很小。1952年，美国加利福尼亚州的富兰克林国民银行作为金融机构首先发行了银行信用卡。1959年，美国的美洲银行在加利福尼亚州发行了美洲银行卡。此后，许多银行加入了发卡银行的行列。

20世纪60年代末至70年代，随着电子信息技术的兴起以及金融业务创新的发展，VISA、万事达等区域性的银行卡联盟或组织开始出现，专业经营信用卡网络，并很快将其信用卡网络扩展到美国全境，成为美国两个最大的银行卡品牌。此后，VISA、万事达随美国经济、文化等各种力量在全球的扩张而发展成为世界前两大银行卡品牌。

20世纪60年代，银行信用卡已经受到社会各界的普遍欢迎，并得到了迅速发展，信用卡不仅在美国，而且在欧洲、日本、加拿大以及其他发达国家也盛行起来。从20世纪70年代开始，中国香港、中国台湾、新加坡、马来西亚等地区和国家的商业银行也开始发行信用卡。

（二）信用卡在我国的发展

使用信用卡似乎不符合国人崇尚节俭和储蓄的传统。其实我国金融界很早就对信用卡产生了兴趣。20世纪70年代末，我国大胆引进国外的先进科学技术和管理经验，信用卡作为国际流行的信用支付工具也进入了我国。1979年10月，中国银行广东省分行与香港东亚银行签订了为其代办“东美VISA信用卡”的协议，代办东美卡取现业务，信用卡从此进入我国。不久，上海、南京、北京等地的中国银行分行先后同香港东亚银行、汇丰银行、麦加利银行以及美国运通公司等发卡机构签订了兑付信用卡协议书。

1985年6月，中国银行珠海分行发行了我国第一张信用卡——中银卡，标志着信用卡在我国的诞生。1986年6月，中国银行北京分行发行了长城信用卡，经中国银行总行命名后，长城信用卡作为中国银行系统统一的信用卡名称，在全国各地的中国银行分支机构全面推广。长城信用卡的诞生和发展，不仅填补了我国金融史册上的一项空白，而且预示着我国传统的“银货两讫”的支付方式发生重大变化。1987年3月，中国银行加入万事达卡国际组织，成为国内该组织的第一家会员。国际支付组织开始进入中国卡市场。1988年6月，中国银行发行外汇长城万事达卡（国际卡），该卡可在200多个国家和地区的1 000多家商户使用，中国的信用卡开始走向世界。

中国信用卡产业飞速发展，信用卡早已不是少数精英人士的专属。当今社会，人们在工作、旅游、消费、娱乐、缴费等生活的方方面面已经完全离不开信用卡。中国人民银行发布的《2016年支付体系运行总体情况》数据显示，截至2016年年末，信用卡和借贷合一卡在用发卡数量共计4.65亿张，同比增长7.6%。其中人均持有信用卡0.31张，同比增长6.27%。银行卡授信总额为9.14万亿元，同比增长29.06%。银行卡卡均授信额度1.96万元，授信使用率44.45%。信用卡产业在谋求自身发展的同时，在拉动居民消费和就业、促进经济转型、加快信用体系建设等方面都发挥着巨大的作用。

二、信用卡的分类

信用卡的种类繁多，让人眼花缭乱，可以按照不同的分类方式对信用卡进行归类。

(一) 按照清偿方式不同划分

根据清偿方式的不同，目前我国的银行发行的信用卡主要可以划分为贷记卡和准贷记卡。

1. 贷记卡

贷记卡即狭义上的信用卡，是商业银行向个人和单位发行的，凭以向特约单位购物、消费和向银行存取现金，具有消费信用的特制载体卡片，其形式是一张正面印有发卡银行名称、有效期、号码、持卡人姓名等内容，背面有磁条、签名条的卡片。我们现在所说的信用卡，一般指的就是贷记卡。

贷记卡实质是一种向持卡人提供消费信贷的支付卡，持卡人不必在发卡行拥有存款，就可以先支付，后还钱。根据客户的资信以及其他情况，发卡行给每个信用卡账户设定一个“授信限额”。在这个“授信额度”下，持卡人可以使用信用卡付账，只要累计不超过这一额度即可。一般发卡行每月向持卡人寄送一次账单，持卡人在收到账单后的一定宽限期内，可选择还清账款，这样不需付利息；或者付一部分账款，如只付最低还款额，以后加付利息。由于信用卡不需存款，所以信用卡持卡人不必在发卡行开有银行账户。此种信用卡是目前流通最为广泛的支付卡种。当持卡人的消费需求超出支付能力或者出于便利性的考虑持卡者不希望使用现金时，都可以先向银行借钱，并且借钱不需要支付任何的利息和手续费。信用卡就是银行借钱给持卡人的凭证，信用卡可以“告诉”持卡人：你可以向银行借多少钱、需要什么时候归还。

2. 准贷记卡

传统意义上的准贷记卡，是指持卡人须先按发卡银行要求缴纳一定金额的备用金，当备用金账户余额不足以支付时，可在发卡银行规定的信用额度内透支的卡片，但透支的部分自透支当天起计收利息，不享受免息期。准贷记卡除了需要缴纳备用金外，有的还需要提供担保人。使用时先存款后消费，存款计付利息，可以在发卡银行核定的额度内进行小额透支，欠款必须一次还清，没有最低还款额。

随着时代的发展，准贷记卡的定义和功能也在发生变化。近几年有些银行推出的准贷记卡，不但申请的时候不必缴纳备用金，还可以像贷记卡一样享受免息期。这种准贷记卡，以中国银行发行的长城（环球通）系列信用卡为代表，虽然名义上还是准贷记卡，但是已经不同于传统意义上的准贷记卡。新一代的准贷记卡整合了贷记卡和借记卡的优势，既可当贷记卡用，透支享受免息期，又具备很多借记卡的功能，比如说多交存的款项按照活期存款利率计算利息、同行存取款无手续费、可以同行和跨行转账等。

(二) 按照持卡人的资信和财务状况划分

信用卡按照持卡人的资信和财务状况，一般可以分为普通卡、金卡、白金卡和无限卡。发卡机构一般会按照信用卡申请者的社会身份地位、经济实力、购买消费能力、信用等级等标准发放不同等级的信用卡，一般以普通卡为最低级别，高级别信用卡的授信额度要高于低级别的信用卡，无限卡级别最高，越低级别的信用卡发行数量越大，越高级别的信用卡发行数量越少。

1. 普通卡

普通卡是发卡机构所发行的最低级别的信用卡，以前也有另外发行银卡的发卡机构，现在一般取消了银卡级别的设置，把银卡和普通卡归于一类，简称普卡。普卡实际上也有优劣之分，普卡是通过给持卡人所核定的授信限额体现出来的。普卡的授信额度在 1 000 元～10 000 元，没有金卡的银行可到 50 000 元。

2. 金卡

实务中，中小银行的信用卡普卡和金卡基本没有不同。如果收入较稳定、信用较好，使用较频繁的普卡额度有时甚至高于金卡。但对于某些大银行而言，如工商银行，对于金卡的准入门槛较高（主要是在收入上的限制），服务上比普卡有所提升。需要注意的是，当达不到免年费条件时，一般金卡的年费会比普通卡贵一些。一般金卡的授信额度在 10 000元～50 000 元，城市卡只有金卡，额度是 5 000 元～50 000 元。

3. 白金卡

白金卡是发卡机构为区别于金卡客户而推出的信用卡，并提供了比金卡更为高端的服务与权益，一般采取会员制度，有客户服务电话专线服务和附加值服务。通常具有全球机场贵宾室礼遇、个人年度消费分析报表、高额交通保险、全球紧急支援服务（GCAS）、24 小时全球专属白金专线电话服务等服务功能。白金卡的额度一般是 50 000 元的固定额度加每月主动为持卡人调整的临时额度，基本上授信额度在 60 000 元以上，20 多万元额度的白金卡市场上也有。

4. 无限卡

无限卡是很多商业银行发卡机构在金融环境日益竞争激烈的大背景下，为了锁定金字塔顶端前的消费者市场，所推出的最高级别的信用卡，无限卡持有人通常享有比白金卡更为尊崇的服务与权益。无限卡是 VISA 国际组织的高端信用卡品牌，目前全世界仅有九个国家或地区推出无限卡产品，总发卡量仅有 3 万张。由于无限卡并非普及信用卡产品，看重的也并非发卡量，而是持卡人的贡献度，因此，目前为止，全世界无限卡的发卡量极为有限。万事达国际组织相同等级的信用卡品牌则称为世界卡。无限卡发行机构只对白金卡邀请发卡，说是无限，但是还是有额度的，和白金卡一样一般是固定授信额度加每月主动为持卡人调整的临时额度。

（三）按照信用卡的从属关系划分

信用卡按照从属关系，可以分成主卡和附属卡。主卡是发卡机构对于满一定年龄、具有完全民事行为能力、具有稳定的工作和收入的个人发行的信用卡。附属卡是指主卡持卡人为自己具有完全民事行为能力的父母、配偶、子女或亲友申请的情况下，由发卡机构发放的信用卡。主卡和附属卡共享账户及信用额度，也可由主卡自主限定附属卡的信用卡额度，主卡持卡人对于主卡和附属卡所发生的全部债务承担清偿责任。

在国外，主卡持卡人可以为自己的亲友申请附属卡，也可以为自己的商业合作伙伴申请附属卡，但主卡持卡人和附属卡持卡人二者相互之间需要为彼此信用卡项下的债务承担清偿责任，也就是说，附属卡持卡人对于主卡持卡人的债务也有清偿责任。

主卡和附属卡的区别主要在于：

1. 年费不同

主卡与附属卡都会产生年费，但是附属卡的年费比主卡的便宜，大概是一半左右。很多银行的信用卡在满足一定的刷卡次数后，刷卡免收年费。

2. 共用额度

主卡与附属卡共用主卡的额度。例如，主卡额度为10 000元，那么附属卡的消费也在这10 000元中扣除。附属卡的额度一般不允许超过主卡的额度。主卡持卡人可以在授信额度内自主限定附属卡的信用额度。

3. 所有权不同

附属卡的所有权是属于主卡的，主卡可以对附属卡执行任何操作，包括冻结、销户等，附属卡不可以做这类操作。

4. 主卡挂失不影响附属卡使用

除了额度共用外，主卡与附属卡基本上可视作两张独立的卡片，主卡挂失后，并不影响附属卡使用，反之亦然。

另外，信用卡按照信用卡发行机构划分，可以分为银行卡和非银行卡；按照信用卡发卡对象不同，信用卡可以分为公司卡和个人卡；按照信用卡账户币种数目，可以分为单币信用卡和双币信用卡；按照信用卡信息存储媒介划分，可以分为磁条卡和芯片卡。

三、信用卡的功能

信用卡的各项功能是由信用卡发卡银行根据市场需要和内部经营能力赋予的，尽管各家银行所发行的信用卡的功能并不完全一致，但基本上所有银行发放的信用卡都具有支付、转账、汇兑、消费、理财这些基本功能。

（一）支付

信用卡拥有支付功能，可以提供广泛的支付服务，方便持卡人的购物消费活动，减少社会的现金货币使用量，加快货币的流转，节约社会劳动。支付的方式主要有POS机刷卡、电话支付和网上支付。

1. POS机刷卡

一般信用卡都可以在银联的刷卡机上使用。在实务中，绝大多数商家都欢迎持卡人刷卡消费。国家发展改革委、中国人民银行2016年3月份联合印发《关于完善银行卡刷卡手续费定价机制的通知》，自2016年9月6日起总体上较大幅度降低收费水平。

根据规定，发卡机构收取的发卡行服务费将改为不区分商户类别，实行政府指导价、上限管理，对借记卡、贷记卡差别计费。发卡行服务费费率水平降低为借记卡交易不超过交易金额的0.35%，贷记卡交易不超过0.45%。借记卡交易单笔收费金额不超过13元，但贷记卡交易不实行单笔收费封顶控制。银行卡刷卡手续费项目及费率上限表，如表9-1所示。

表9-1 银行卡刷卡手续费项目及费率上限表

收费项目	收费方式	费率及封顶标准
收单服务费	收单机构向商户收取	实行市场调节价
发卡行服务费	发卡机构向收单机构收取	借记卡：不高于0.35%（单笔收费金额不超过13元）
		贷记卡：不高于0.45%

续前表

收费项目	收费方式	费率及封顶标准
网络服务费	银行卡清算机构向发卡机构收取	不高于0.0325%（单笔收费金额不超过3.25元）
	银行卡清算机构向收单机构收取	同上

贷记卡单笔收费上不封顶，主要体现了贷记卡交易成本和风险较高的实际情况。这样有利于调动商业银行的积极性，推广信用卡，拓展信用消费业务。但根据规定，刷卡手续费由商家而不是持卡人承担，使得部分商家对刷卡消费的热情有所降低。此前银行卡刷卡手续费收费标准按行业进行了分类，主要分成餐饮娱乐类、一般类、民生类以及公益类四大类。其中餐饮娱乐类的刷卡手续费率最高，为1.25%；百货等一般商户手续费率为0.78%；超市、加油站等手续费率为0.38%；医院、教育等公益类则为零费率。新规取消了行业分类，餐饮类娱乐类、百货等行业商户刷卡手续费大幅降低。而医院、教育等公益类刷卡，仍为零费率。刷卡手续费的政策调整，主要降低了商户经营成本，使得刷卡消费更加便捷。

此前信用卡刷卡消费有封顶的手续费，而在新规中，信用卡单笔刷卡费不再封顶，这意味着大额刷卡消费所产生的手续费将增加。比如持卡人以往在汽车4S店或房产销售中介商处刷信用卡消费，金额几万甚至几十万最多只交50元的手续费，但新规施行后，手续费的成本将陡升十几甚至几十倍。已经有商户表示，今后顾客刷信用卡买车，要由持卡人支付手续费，商家不再负担。比如一辆价值20万元的汽车，持卡人需要再额外支付1 200元的手续费。信用卡分期购车手续费也面临“大涨”的境地。

境内刷卡一般不需持卡人承担手续费，境外有“银联”标示的ATM或者POS机，刷卡也是不收手续费的。如果信用卡是全币种卡如VISA、MasterCard等，在境外刷卡会收取一定的货币兑换手续费。部分银行对白金卡以上客户全免，也有一些银行对双标卡（信用卡面同时含有银联和VISA、银联和MasterCard、银联和JCB或银联和美国运通标识的卡）实行免货币兑换手续费优惠。

2. 电话支付

大多数国内银行的信用卡都具备电话支付功能，不需要专门开通，而且不能取消，一般在酒店、航空行业使用较多。交易时，只需拨打电话的人报卡号、有效期、验证码（后三码）等信息即可实现支付，一般需实名制消费类型才能使用此通道。

电话支付不需要密码，会不会增加风险一直是持卡人关注的问题。在较早时候，银行及银联推出智能刷卡电话的电话支付解决方案，较为安全，但因成本等因素，未能大规模推广。银行还需要通过多种渠道来防范无卡支付的风险，而持卡人更需保护好个人账户信息。

3. 网上支付

部分银行的信用卡无需开通网上支付功能，工行，建行，中行可以直接网购，选择小额支付或快捷支付即可。网上支付需要提供信用卡卡号、有效期、姓名、校验码等资料，点击后，输入验证码、交易密码，完成交易。需要开通网上支付的信用卡，只需持卡人在发卡银行申请开通网上支付后，通过银联支付平台，就可以实现境内外网上支付。开通信用卡的网上支付功能，设置支付密码，有些银行直接在网上银行进行申请，也有些需要持卡人本人携带有效身份证件去银行柜台申请办理。网上支付和POS机刷卡一样，手续费一般都由商户承担，不需要持卡人承担。

在网购中，以淘宝为例，信用卡限额500元以内的快捷支付是不收手续费的。在淘宝支持信用卡支付的卖家购物，消费者可以用信用卡全额付款，但是淘宝要加收卖家1%的手续费，卖家一般会把这1%的费用加到商品价格上，让买家承担。还有的卖家直接不接受信用卡付款，这需要消费者事前了解。

电话支付和网上支付都属于无卡支付，无卡支付方便了持卡人，但存在一定的风险。

（二）转账

许多银行陆续推出信用卡转账功能，信用卡转账与取现相同，也受到额度限制，并且还收取手续费和利息，限额、手续费和利息标准与信用卡取现规定相同。一般情况下，用信用卡透支取现，每日取现的限额为2 000元，手续费按取现金额的1%收取，最低收10元，除手续费外，每日还要收取取现额万分之五的利息。

而要进行信用卡转账，持卡人必须在信用卡发卡行拥有借记卡，并且需要开通电话银行、网上银行和手机银行中的一个。持卡人在进行转账预借现金后，必须支付相关服务的费用。另外信用卡的透支转账需要通过网银或电话银行办理，不能在银行柜台或者自助设备上完成，一旦持卡人忘记还款，还要缴纳逾期违约金。标准为逾期款项总额的3%，并且不少于30元；如果持卡人提前还款，则需缴纳提前还款手续费，金额为转账本金的2%，持卡人为信用卡转账功能支付的成本显然是比较高的。可以算一笔账，信用卡转账自转账提现当日起，就按照每天万分之五来计算利息，且按月付利计息，年息要高于18.25%。所以，除非特殊情况，还是提倡使用信用卡透支消费，谨慎使用转账功能。实在需要转账的话，一般可以通过网上银行进行，既方便快捷，手续费又比较低。

（三）汇兑

信用卡的汇兑功能，体现在持卡人外出商旅、销售、度假的过程中，在异地甚至异国都可以借助汇款的方式，通过任何一家国际信用卡组织的会员机构的网点，实现资金的调拨流转。在中国国内所有向客户发行了具有海外支付功能的银行卡的商业银行，都是VISA或万事达卡国际组织的会员银行，无论是国内哪家商业银行发行的国际信用卡，海外支付都通过VISA或万事达卡进行汇兑结算。但信用卡境外消费的情形有所不同。

1. 银联卡

银联卡直接以人民币结算，在国际上任何一个地方，刷银联卡都不会产生汇兑手续费，而且以人民币结账，还款方便。在境外刷银联信用卡直接消费，直接转换成人民币账户，回国还人民币，极大地便利了持卡人。

2. VISA或万事达卡

VISA国际组织是目前世界上最大的信用卡和旅行支票组织。组织前身是1900年成立的美洲银行信用卡公司。万事达卡（MasterCard）国际组织是全球第二大信用卡国际组织。1966年美国加州的一些银行成立了银行卡协会。

VISA和MasterCard的不同点是组织不一样，共同点是都用于国外消费，这两个信用卡国际组织都不直接发卡，国际影响力较大。VISA的受理客户和终端要比MasterCard多。

VISA和MasterCard卡在国外消费涉及多种货币之间的结算时，持卡人需缴纳一笔

“国际信用卡外汇汇兑手续费”，汇兑手续费的收取标准按消费金额的1%～2%收取。由于信用卡境外的消费都以美元结算，故如果消费金额为非美元，会产生两种货币间的兑换费用，如果消费金额为美元，则不会产生结汇手续费。当消费者所消费的货币和实际在信用卡里结算入账的货币不一致时，汇兑手续费就产生了。比如消费者在欧洲花了欧元，但是信用卡只有美元账户，因此欧元要兑换成美元才能在你的账户结算。结算过程中，银行就附加了汇兑手续费。每家银行汇兑手续费稍有差距，基本在1%～1.5%。

更重要的是，境外刷卡入账到美元账户。部分信用卡持卡人在境外刷美元等外币进行支付，回国后若没有及时电话告知信用卡中心购汇还款，存入信用卡内用于还款的人民币将只会自动偿还其中的人民币账单部分，而美元等外币账单部分则继续产生罚息。忘记购汇还款还会导致账单逾期，影响到个人信用记录。有些银行可以直接兑换，有些银行则需要到柜台还款。

（四）消费

信用卡消费已经成为现代人生活的一种新方式，而且每个人手中都几张信用卡，信用卡的持卡人可以在受理信用卡的酒店、餐厅、饭店、商店等商业机构或网点凭卡进行消费结算，购物消费是信用卡最基本、最原始的用途，持卡人凭卡住宿、用餐和购物后，无须支付任何现金，只要出示信用卡即可，收银人员通过使用POS机、电话银行和网上银行等形式对交易进行处理，持卡人消费的账款可以即时或延时从信用卡账户中转入商户账户，从而完成购买或支付行为。消费者使用信用卡消费一定要安全用卡、准时还款，账目清晰。

（五）理财

对个人来说，信用卡其实不仅仅是个消费工具，更是一个理财工具。信用卡的理财功能主要体现在融资方面，也可以在投资方面发挥一些作用。

任务二　信用卡理财

一、如何打理信用卡

人们常说，会花钱是智慧。在信用卡刚进入中国时，老百姓对信用卡的态度截然不同，有的人把它当作身份的象征，有的人认为刷信用卡是寅吃卯粮，还有的人认为信用卡是灵活理财、开源节流的好帮手。打理信用卡，不仅能让我们的财务更自由，还能实现资产增值。

（一）免息期

信用卡对非现金交易，从银行记账日起至到期还款日之间的日期为免息还款期。在此期间，消费者只要全额还清当期对账单上的本期应还金额，便不用支付任何非现金交易由银行代垫给商店资金的利息，预借现金则不享受免息优惠。

银行的免息期少则25天，多则56天。56天是理论上最长的免息期，实际免息期要看消费账单日和还款日之间的期限，离账单日越近消费，享受的免息还款期越短。信用卡有账单日和还款日。账单日就是每个月的结账日，比如消费者的账单日是1日，那么每期账单就是从本月的1日计算到次月的1日，这期间所有的消费都记在下月的账单内。还款日就是账单日之后的某一天，就是最后需要你还款的那一天，只要在这一天前把账单全额还清，就不用担心高额利息了。

如信用卡每个月的账单日是 10 日，还款日是 26 日。如果持卡人在本月 9 日刷卡，那在本月的 26 日就需要还款，这样实际免息期就只有十几天了。如果消费者在本月 10 日刷卡被记账的话，那么到下月的 10 日才生成账单，到下月的 26 日才需要还款。

在最后还款日之前，甚至可以将节省下来的现金用于投资流动性高的理财产品，比如 T+0 实时赎回到账的货币基金，充分享受理财收益。目前还有货币基金推出信用卡绑定还款服务，投资者可选择扣款日期，到期自动还款，一天的收益都不会浪费。

个人可根据自己的实际情况，申请持有 2～3 张有相关优惠的联名信用卡，要尽量错开几张卡的账单日和还款日，提高资金的流动性。如果消费者持有的信用卡数量过多，一定要牢记还款日和需要每年刷卡的次数，避免产生年费和利息。

经典实例

吴先生是很“保守”的人，为了克制自己的购物欲望，他几乎不用信用卡，他常说，用信用卡消费感觉不到在用钱，等拿到账单才会惊讶。因此，他宁愿选择现金支付或刷借记卡，皮夹中唯一的一张信用卡是他为出国准备的双币卡。

办卡时，面对不同种类的卡片他选择了免息期最长的一张，工作人员告诉他，卡片的免息期可达 56 天，将近两个月，让他不必为大宗消费后短时期内还款担心。“没想到，这免息期其实大有文章，出国旅行，我根本没法享受 56 天免息期。要不是朋友提醒，我大概早就被银行狠狠罚息了！”

原来，吴先生一直深信卡片免息期为 56 天，国外旅行回来后没急着还款，直到一起办卡的朋友提醒他已经到了还款日，他还一头雾水。“难道卡片的免息期不是 56 天吗？我才刚刚消费了一个月，怎么会要还款呢？”

事后他才知道，营销人员口中的免息期 56 天是个上限，并非任何交易都可以享受这般长时间的免息期。由于自己刷卡的日期临近账单日，免息期也就大大缩短了。

（二）借记卡绑定还款

持卡人在信用卡发行机构申请一张借记卡，就可以通过绑定借记卡进行自动还款。只要拨打银行客服电话就可以开通。持卡人一定要保证借记卡上有足够的金额，到了信用卡最后还款日，银行会自动将钱从借记卡划到信用卡，完成自动还款。一旦借记卡上的金额不够还信用卡，要及时补充，以免自动扣款失败产生不必要的利息和滞纳金，但要至少提前一天打入该借记卡账户。如果持卡人在还款日当天发现借记卡内的钱不够还信用卡，于是当天把钱补存入储蓄卡，银行可能还是只转了一部分金额还款，导致没有全额还款产生利息。其实多数银行都在还款日前一天，根据持卡人的借记卡金额设定好了还款日当天要扣款多少。即使持卡人在还款日当天把钱补存进储蓄卡，银行还是不会把这部分钱用于信用卡还款。所以如果借记卡资金不是很充足，到期前一定要确认下绑定的借记卡内是否有足够钱还款。如果还款日当天持卡人发现借记卡内的钱不够，把钱补交到信用卡而不是储蓄卡，银行还是没有扣款成功的话，持卡人可以打电话给银行客服，申请酌情减免费用。

（三）积分和折扣

信用卡消费还有积分和折扣等吸引持卡人之处。

1. 积分

信用卡积分可以直接用来兑换礼品。除兑换礼品之外，各银行还开拓了许多信用卡积分的使用范围或直接高额赠送礼品。如不少信用卡积分可以兑换成航空里程等。持卡人多参加积分奖励和回馈活动，也能创造不小的收益。申请信用卡的时候要仔细筛选，选择那些容易积攒积分，积分也容易兑换的卡种，特别是尽量选择积分不清零的信用卡。

2. 折扣

银行推出的折扣各种各样，遍及生活的方方面面，如购物消费、娱乐性消费、餐饮、出行等。

（1）购物优惠。

目前很多银行针对消费者购物都推出了营业推广活动，消费者不仅可以享受一定的优惠，有些还可以享受部分刷卡金返还的奖励。消费者在境外同样也可享受刷卡优惠，如很多银行开展“境外刷卡返现”的优惠活动，有的银行规定：持该行信用卡单笔刷卡满200美元即可享受现金返还，返还比例可能高达5%。

（2）娱乐优惠。

很多银行的信用卡都推出了观影特惠。如中信银行信用卡持卡人在万达影城可参加积分兑换活动，9个积分可兑换2D电影票一张；交通银行信用卡持卡人上一自然月有任一单笔积分消费满158元便有机会获得“10元观影权益”1次。KTV折扣也是每家银行信用卡中心主推的项目之一。

（3）餐饮打折。

信用卡持卡人在银行合作商家吃饭可以打折，不同的发卡行有不同的合作商户，多办几张信用卡就能吃得实惠。

（4）加油打折。

很多银行纷纷推出了汽车信用卡。对于车主来说，大部分费用是加油费用，因此加油优惠、积分换油成为各家银行汽车信用卡推广的重点。工商银行、招商银行、广发银行、兴业银行等汽车信用卡都有一些直接的加油优惠，刷卡积分可以换油。

（5）旅行省钱。

不少银行针对持卡人出境游推出刷卡优惠活动，如刷卡购机票送保险、刷卡订酒店有折扣、境外合作商户刷卡消费有优惠等。如，银联国际推出全球40大商圈刷银联卡有5%～15%的折扣活动，而部分银行本身也与当地商户有合作，两者的优惠活动还可以叠加。

二、如何利用信用卡进行综合理财

使用信用卡，有利于持卡人了解自己的收入及支出的基本情况，这是理财的前提条件。信用卡每月结账单逐笔列出消费的日期、商家及金额，累积一段时间，加以整理、分析，消费者就会对自己的消费情况有一个大概的认识。消费者还可以利用不同的卡别或不同银行发行的信用卡来做支出管理，例如，公务性支出集中于同一张信用卡，而私人消费集中于另一张卡，报账及分析支出记录时更加清晰。在此基础上，还可以利用信用卡功能进行综合理财。

（一）融资

持卡人可以使用信用卡进行小额融资、分期付款、信用卡贷款等，并且信用卡的使用本身能够提高持卡人的融资能力。

1. 小额融资

信用卡不仅具有资金支付的功用，还可以用于小额融资，从而使交易双方受益。消费者简单地得到贷款，从而更好地使得自己的收入和支出同步；特约商户则可以向那些无法支付现金的客户出售商品，并通过赊销加快资金周转，从而扩大经营规模。商户获得了赊销所带来的全部好处，又避免了因向消费者提供商业信用而承担的成本和风险。

另外，信用卡受到资金缺乏的小企业或自我雇佣者的青睐。小企业融资困难是非常普遍的事情，很多小企业的企业家不得不用他们的个人信用卡进行透支借款，他们在其他信贷手段行不通的情况下只能求助于信用卡透支，这为很多初创期的小企业解了燃眉之急，但资金需求较大或非短期资金缺口不宜使用此功能。

2. 分期付款

信用卡分期付款是指消费者在使用银行信用卡到特定商户购买商品时，可在该银行提供的分期付款期数选择范围内，按自己的意愿制订还款计划，将购买商品的总价分成若干期，每月等额向银行支付当期应付货款，这种消费形式更加灵活，方便持卡人的资金周转。实际上，信用卡所提供的循环信贷是发卡机构向持卡人提供的一种小额消费贷款，允许持卡人凭借信用卡进行信用购买并通过部分还款实现分期付款购物。办理分期付款时可以选择手续费分期收取，如需提前还款，对提前归还部分免收分期手续费，对于还款方式，可以选择绑定账户自动还款或通过网上银行、手机银行转账还款，还可在柜面、自助终端直接存入现金还款。

3. 信用卡贷款

信用卡贷款，是指银行授予持卡人一定信用额度内的透支功能，将信用卡的消费贷款功能转化为无担保小额贷款。信用卡贷款申请获批后，银行将信用卡的部分或全部额度转至借记卡，按照和银行约定的还款期限偿还贷款，持卡人支付相应的手续费。

目前信用卡贷款业务的申请门槛不高，只要持卡人信用状态良好，账户无异常，一般都能申请。大多银行可通过电话邀约和客户主动申请这两种方式来进行个人信用卡贷款，个别银行采取银行主动邀约的方式，银行主动邀约的客户获得的贷款额度一般高于主动申请的客户。通过这种方式可以申请 5 000 元～200 000 元的贷款，至于究竟个人信用卡能贷多少款，与信用卡持卡人的信用卡原有额度有关。

使用个人信用卡贷款后，持卡人可以分期偿还，分期数从 3 期到 36 期不等。同分期购物一样，分期期数越长，利率越高。所以信用卡贷款只适合短期急需资金周转用，不适合长期借贷。

4. 资信凭证

由于信用卡一般是发卡机构根据申请者的社会身份地位、经济实力、购买消费能力、信用等级等标准来发放的，因此卡片一般按照持卡人的资信水平划分为不同的等级，此外信用卡还具有信用购买的功能，因此信用卡在很多场合都可以作为持卡人的一种身份地位的象征，一种资信程度的体现。例如白金卡、金卡等级的信用卡通常具有很多高级别的附加值服务，包括 VIP 服务、全球机场贵宾礼遇、特约商户折扣等。更重要的是，良好的信用记录能够增强未来的融资能力。

（二）投资

信用卡产品的最主要的作用就是透支，这个功能可以应对一般的突发事件，还不用损失定期存单的利息。使用信用卡，可以将省下来的家庭备用金用于投资，实现资产的保值增值。

1. “刷卡”投资

原则上信用卡是不可以用来投资或者理财的，但信用卡的使用增强了家庭的投资能力。实际生活中往往在投资机会转瞬即逝时，信用卡能发挥很大的作用。使用信用卡让融资能力增强，多出的家庭备用金可以用来投资各种金融产品；每月现金流的增强还提升了房贷、车贷等的还款能力。

市场上有一些网贷网站，它们的产品是短期的，比如某产品可以用信用卡充值，然后投标，一个月后连本带息归还，年利率18%。最疯狂的例子就是房地产市场高速成长时，有人办了多张信用卡，用信用卡套现，凑足60多万元，付清首付款后，每个月还几千元最低额，过几个月把房子二次抵押后，信用卡的债务一次性还清，从而抓住了由于初始状况首付款不足而可能错过的购房机会。

2. 善用免息期

信用卡一般有30～56天的免息期，相当于小额免息贷款。如果持卡人有多张信用卡，可以利用不同记账日和还款日，将大额消费分解到未来的一段时间里，在免息还款期内先花银行的钱，自己的存款享受更多利息或做其他投资。持卡人利用免息期还可将日常消费资金投入短期理财产品，如货币型基金等，收益不多但积少成多。现在的货币基金，一般赎回时间都不会超过T+2，所以持卡人只需在信用卡还款日的前两天，申请基金赎回即可，用赎回基金的钱，去还信用卡的钱。目前的货币市场基金收益率比活期储蓄高出不少，基金也是一般人最容易上手的投资理财工具，持卡人若以信用卡定期定额购买基金，可享受先投资后付款及红利积点的优惠。在基金扣款日刷卡买基金、到信用卡结账日才缴款可以赚取其间的利息，如果遇到基金净值上涨，等于还没有付出成本就赚到了报酬。有的金融机构还推出了基金联名卡，如中信南方基金联名信用卡。该信用卡持有人以所拥有的南方现金增利基金的额度作为重要的资信证明，由中信银行给予一定的授信额度，并在使用该卡消费透支免息期满后自动用持卡人所拥有的货币基金的对应份额赎回还款。需要记住的是，在账单日的第二天消费能享受最长的免息期。

3. 善用分期付款

信用卡分期付款按照是否由银行指定商品分为两种，分期付款购买信用卡发卡行指定的商品手续费不高，但是比市场上卖的同种商品价格要稍高一点；分期付款购买不限制商品手续费要高一些。持卡人要善用分期，比如，笔记本总价24 000元，免息分期24期，每期还1 000元，节省下来的大量资金可以用来购买短期理财产品，股票、债券等各种有价证券和其他投资品种。

4. 善用额度调整功能

市场千变万化，投资机会往往稍纵即逝。信用卡可以临时调整授信额度，发现不错的投资机会，持卡人可随时致电银行申请增加临时额度，银行会根据个人的用卡记录，综合评定后提供临时额度。前提是持卡人用卡记录良好用，有正常的还款记录。

总的来说，理财还是应该从实际出发。风险承受能力高的投资者，可考虑股票、股票型基金、指数型基金等风险、波动大，但收益同样可能巨大的理财产品；希望更稳健一些的投资者，则可以考虑银行类理财或是互联网金融理财。

经典实例

月收入一万的程欣信用卡授信额度一共13万元，招行银行信用卡3万元、民生银行信用卡2万元、中行卡2万元、兴业银行卡2张共6万元……有时候一个月每张卡都刷到爆。你一定认为程小姐是个购物狂、月光族，其实她是个典型的会精打细算过日子的女白领。

程欣非常了解每张卡的免息期、到期还款日、账单日，虽然可以先还最低还款额，但她一直都是免息期到期前全额还款的，从来没被扣过滞纳金和利息。良好的刷卡还款记录成为她拥有高授信额度的前提。程欣平时很少带现金，不光是工作上需要先垫付公款的时候刷卡，买家电、机票、逛商场的时候刷卡，就连平时吃饭、去便利店买东西也全部刷卡，和朋友一起吃饭购物也总会“主动”刷信用卡买单。她用这些刷卡积分换取了不少银行的礼品，剩下的现金买理财也有不菲的收益。

一般人可能不需要像程欣那样，每个月为公司信用卡垫付，如果想提高信用额度，那就直接打客服电话提出申请，而不是被动等待银行的通知。据银行信用卡部门工作人员介绍，过去的卡片利用率并不是决定授信额度的关键因素，但是过去刷卡而导致的还款情况记录是至关重要的。

信用卡授信额度不仅和银行卡类有关，还有其他很多重要的因素，例如刷卡还款记录、个人需求、持卡人工作单位、综合财力等。其中，良好的刷卡还款记录是最基本的前提，其他大多是“充分不必要条件”。

像程欣一样免息期内全额还款，不仅不会白白让银行吃利息，还能留下良好的信用记录。银行会帮助持卡人积累信用积分，到一定时候提高持卡人的透支额度，或者在办理房贷、车贷时帮助持卡人减少审批程序。

个人提高信用额度一般分临时性和永久性两种。当你因出国旅游、装修新居、结婚、子女赴国外读书等原因需要使用大额资金时，只需提前打电话申请，即可调高临时额度。后者申请时，额度控制相对严格。

想要提升永久授信额度，除了要拥有好的信用记录外，好的工作和资产状况也能帮上大忙。银行一般都非常看重持卡者的工作单位，一些商业银行甚至在很多企事业单位设有专门的客服人员。

概念索引

信用卡　还款期　信用卡取现　免息期　信用卡贷款　小额融资

闯关考验

1. 信用卡产品在银行业务中的类属为（　　）。

A. 个人信贷业务　　B. 借记卡业务

C. 对公贷款业务　　D. 负债类业务

2. 交易日是指（　　）。

A. 实际交易发生的日期

B. 交易金额及费用计入信用卡账户的日期

C. 为持卡人生成账单的日期

D. 账单所规定的该期账单应还款项的最后还款日期

3. 对于信用额度的说法，以下哪些观点是不正确的（　　）。

A. 信用额度是发卡行根据持卡人的资信等级确定的

B. 信用额度随持卡人的资信变化而变化

C. 信用额度是永久的，不得对其进行调整

D. 信誉及资信良好的持卡人信用额度较高，反之则较低

4. 客户使用信用卡在跨行 ATM 提取人民币的手续费按照取现金额的（　　）收取，最低收取 1 元。

A. 1%　　B. 2%　　C. 3%　　D. 4%

5. 对消费类交易，从银行记账日至最后还款日之间的免息还款期为多少天？（　　）

A. 21 天～51 天　　B. 20 天～50 天

C. 15 天～45 天　　D. 20 天～51 天

6. 当持卡人出国旅游或乔迁新居时，在一定时间内需要较高额度，可要求调高（　　）。

A. 信用额度　　B. 永久信用额度

C. 临时信用额度　　D. 总信用额度

7. 从账单日第二天起的（　　）为账户的最后还款日。

A. 10 天　　B. 15 天　　C. 20 天　　D. 25 天

8. 信用卡逾期滞纳金的收取比例为信用卡最低还款额未还部分的（　　）。

A. 2%　　B. 3%　　C. 8%　　D. 5%

9. 银行信用卡系统每月为客户结算并出账单的日期叫做（　　）。

A. 最后还款日　　B. 账单日

C. 交易日　　D. 记账日

10. 2002 年 3 月 26 日，经国务院同意，中国人民银行批准，我国自己的银行卡组织——“中国银联股份有限公司”正式宣告成立，关于中国银联正确的陈述是（　　）。

A. 中国银联的成立是我国银行卡产业“继往开来”的一件大事

B. 这标志着我国银行卡产业进入新的发展时期

C. 2004 年 1 月 18 日，银联网络正式开通香港业务，中国银行卡品牌迈出了划时代的一步

D. 目前，银联境外受理网络已经覆盖了 95%以上中国人常去的国家和地区

11. 银行卡按照发卡对象，可分为（　　）。

A. 商务卡　　B. 芯片卡　　C. 个人卡　　D. 磁条卡

12. 信用卡是一种消费信贷形式，以下陈述正确的是（　　）。

A. 授予持卡人一定的信用额度

B. 凭以支付现金、支付所购商品或是劳务

C. 具有循环信用功能

D. 可享有一定时期的免息期

13. 信用卡按照主附关系分为（　　）。

A. 主卡　　B. 附属卡　　C. 金普卡　　D. 白钻卡

14. 信用卡的主要收入来源有（　　）。

A. 年费　　B. 循环利息

C. 刷卡手续费　　D. 其他手续费

15. 关于信用卡的信用额度，下列说法正确的是（　　）。

A. 信用额度将由银行定期进行调整，但持卡人可以主动提供相关的财力证明要求调高信用额度

B. 是持卡人名下的所有卡片的共用额度

C. 依据持卡人的信用状况核定的，在卡片有效期内可以循环使用的最高额度

D. 附属卡持卡人可与主卡持卡人共享信用总额，也可由主卡持卡人为附属卡设定额度

16. 中国的银行主要发行包括（　　）等卡组织品牌信用卡。

A. 中国银联　　B. VISA

C. MasterCard　　D. JCB

17. 信用卡卡片上会出现的个人化信息有（　　）。

A. 有效期的起始时间　　B. 有效期的到期时间

C. CVV2　　D. 客户性别

E. 客户中文姓名　　F. 客户英文姓名

G. BIN　　H. 客户账单地址

18. 信用卡的最低还款额包括（　　）。

A. 费用和利息

B. 上期最低还款额未还部分

C. 当期消费、取现额的10%

D. 超额使用部分

19. 银行标准个人信用卡卡片上的凸字有（　　）信息。

A. 卡号　　B. 有效期　　C. 姓名　　D. CVV2

20. 信用卡正面一般包括（　　）。

A. 卡组织LOGO

B. 卡组织全息标或防伪标识（个别可放在卡片背面）

C. 发行银行LOGO

D. 信用卡号码

E. 持卡人姓名拼音

F. 卡片有效期限

21. 以下为国际信用卡品牌的是（　　）。

A. VISA　　B. MasterCard　　C. A.E　　D. JCB

E. 大莱

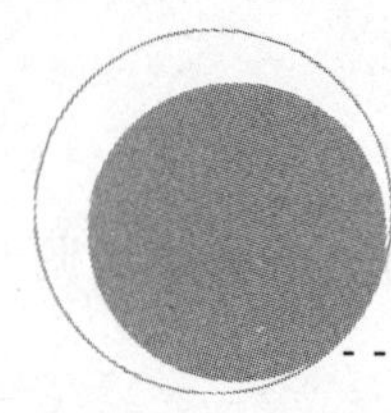

项目十

外汇理财

知识结构图

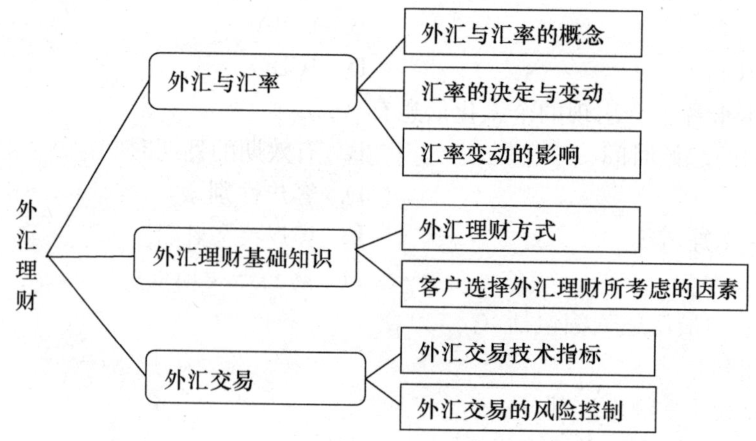

情景写实

江苏经贸学院王老师的儿子准备自费去美国攻读研究生学位。在美国，私立大学每年平均费用为25～30万元人民币，公立大学每年平均费用为20～25万元人民币。王老师夫妇在未来几年将会经常汇款到美国，请教教他们怎样进行兑汇，以便节省费用。

学习目标

1. 掌握外汇、汇率等相关概念。
2. 掌握外汇兑换的技巧。
3. 能够进行异地套汇交易，熟练使用外汇交易相关软件。

任务一　外汇与汇率

外汇就是外国的货币，它不仅包括现钞，还包括银行的存款，以及外币支票、本票和汇票等结算工具。外汇有现钞、现汇之分：现钞指外币的纸币和辅币，由境外携入或在银行兑换。现汇是账面上的外汇，主要是指以支票、汇款、托收等国际结算方式，取得并形成的银行存款。外汇买卖是指不同货币间的相互兑换，就是将一个国家的货币转换成另外一个国家的货币。包含了本国货币与外国货币的转换，也包含了一种外国货币与另外一种外国货币的转换。目前在国际经贸活动中常用的货币主要有美元、欧元、日元、英镑等。这些货币属于可自由兑换货币，在国际贸易和国际投资中被广泛使用，在国际金融市场上可以自由买卖、能够自由兑换成其他国家的货币，以这些自由兑换货币为交易对象的外汇交易在全球外汇交易中占有绝对的比重。汇率亦称汇价，一国货币兑换另一国货币的比率，是以一种货币表示另一种货币的价格。随着经济的发展，汇率变动频繁，外汇也成为普通投资者持有也关注的焦点。

一、外汇与汇率的概念

（一）外汇

外汇的概念具有双重含义，有动态和静态之分。动态意义上的外汇，是指人们将一种货币兑换成另一种货币的行为，这个意义上的外汇等同于国际结算。外汇的静态概念，又有狭义和广义之分。

狭义的外汇指的是以外国货币表示的被普遍接受的支付手段。它必须具备三个特点：可支付性（必须是以外国货币表示的资产）、可获得性（必须是在国外能够得到补偿的债权）和可换性（必须是可以自由兑换为其他支付手段的外币资产）。

广义的外汇指的是一切以外币表示的资产。《中华人民共和国外汇管理条例》规定：外汇，是指下列以外币表示的可以用作国际清偿的支付手段和资产：一是国外货币，包括铸币、钞票等；二是外币支付凭证，包括票据、银行存款凭证、邮政储蓄凭证等；三是外币有价证券，包括政府公债、国库券、公司债券、股票、息票等；四是特别提款权、欧洲货币单位；五是其他外汇资产。个人除了持有现钞、外币存款、银行外汇理财产品外，还可以通过参与外汇交易进行投资。

（二）汇率

汇率是一种货币兑换为另一种货币的比率，是以一种货币表示另一种货币的价格。

由于世界各国（各地区）货币的名称不同，币值不一，所以一种货币对其他国家（或地区）的货币要规定一个兑换率，即汇率。

1. 汇率的标价法

确定两种不同货币之间的比价，先要确定用哪个国家的货币作为标准。由于确定的标准不同，于是便产生了不同的外汇汇率标价法。

（1）直接标价法。

直接标价法，又叫应付标价法，是指以买进一定单位（1 个、100 个、1 000 个单位）的外国货币为标准来计算应付多少单位的本国货币。在国际外汇市场上，包括中国在内的世界上绝大多数国家目前都采用直接标价法。如日元兑美元的汇率为 119.05，即 1 美元兑 119.05 日元。

在直接标价法下，若一定单位的外币折合的本币数额多于前期，则说明外币币值上升或本币币值下跌，叫做外汇汇率上升；反之，如果要用比原来较少的本币即能兑换到同一数额的外币，这说明外币币值下跌或本币币值上升，叫做外汇汇率下跌，即外币的价值与汇率的涨跌成正比。直接标价法与商品的买卖常识相似，例如美元的直接标价法就是把美元外汇作为买卖的商品，以美元为1单位，且单位不变，而作为货币一方的人民币，是变化的。一般商品的买卖也是这样，500元买进一件衣服，550元把它卖出去，赚了50元，商品没变，而货币却增加了。

（2）间接标价法。

间接标价法又称应收标价法，是指以卖出一定单位（1个、100个或1000个单位）的本国货币为标准，来计算应收若干单位的外汇货币。在国际外汇市场上，欧元、英镑、澳元等均为间接标价法。如欧元兑美元汇率为0.970 5，即1欧元兑0.970 5美元。在间接标价法中，本国货币的数额保持不变，外国货币的数额随着本国货币币值的变化而变化。如果一定数额的本币能兑换的外币数额比之前少，这表明外币币值上升，本币币值下降，即外汇汇率下跌；反之，如果一定数额的本币能兑换的外币数额比之前多，则说明外币币值下降、本币币值上升，即外汇汇率上升，即外汇的价值和汇率的升跌成反比。因此，间接标价法与直接标价法相反。

直接标价法和间接标价法所表示的汇率涨跌的含义正好相反，所以在引用某种货币的汇率和说明其汇率高低涨跌时，必须明确用的是哪种标价方法。

（3）美元标价法。

美元标价法又称纽约标价法，是指在纽约国际金融市场上，除对英镑用直接标价法外，对其他外国货币用间接标价法的标价方法。美元标价法由美国在1978年9月1日制定并执行，目前是国际金融市场上通行的标价法。

2. 汇率的分类

（1）按国际货币制度的演变划分，分为固定汇率和浮动汇率。

固定汇率是指由政府制定和公布，只能在一定幅度内波动的汇率；浮动汇率是指由市场供求关系决定的汇率。其涨落基本自由，一国原则上没有维持汇率水平的义务，但必要时可以进行干预。

（2）按制定汇率的方法划分，分为基本汇率和套算汇率。

各国在制定汇率时必须选择某一国货币作为主要对比对象，这种货币称为关键货币。根据本国货币与关键货币实际价值的对比制定出对它的汇率就是基本汇率。一般常把一国货币对美元的汇率作为基本汇率。套算汇率是指各国按照对美元的基本汇率套算出的直接反映其他货币之间价值比率的汇率。

（3）按银行买卖外汇的角度划分，分为买入汇率、卖出汇率、中间汇率和现钞汇率。

买入汇率即银行向同业或客户买入外汇时所使用的汇率。卖出汇率即银行向同业或客户卖出外汇时所使用的汇率。买入卖出之间有个差价，这个差价是银行买卖外汇的收益。中间汇率是买入价与卖出价的算术平均数。一般国家都规定，不允许外国货币在本国流通，只有将外币兑换成本国货币，才能够购买本国的商品和劳务，因此产生了买卖外汇现钞的兑换率，即现钞汇率。理论上现钞汇率应与外汇汇率相同，但因需要把外币现钞运到各发行国要花费一定的运费和保险费，因此，银行在收兑外币现钞时的汇率通常要低于外汇买入汇率；而银行卖出外币现钞时使用的汇率则高于其他外汇卖出汇率。

（4）按外汇买卖交割期限划分，分为即期汇率和远期汇率。

即期汇率也叫现汇汇率，是指买卖外汇双方成交当天或两天以内进行交割的汇率。远期汇率是在未来一定时期进行交割，而事先由买卖双方签订合同、达成协议的汇率。远期外汇的汇率与即期汇率相比是有差额的，这个差额叫远期差价，有升水、贴水、平价三种。升水表示远期汇率比即期汇率贵，贴水表示远期汇率比即期汇率便宜，平价则表示两者相等。

（5）按对外汇管理的宽严划分，分为官方汇率和市场汇率。

官方汇率是指国家机构（财政部、中央银行或外汇管理当局）公布的汇率。官方汇率又可以分为单一汇率和多重汇率。市场汇率是指在自由外汇市场上买卖外汇的实际汇率。在外汇管理较松的国家，官方宣布的汇率往往只起中心汇率作用，实际外汇交易则按市场汇率进行。

（6）按银行营业时间划分，分为开盘汇率和收盘汇率。

开盘汇率又称开盘价，是外汇银行在一个营业日刚开始营业时进行外汇买卖使用的汇率。收盘汇率又称收盘价，是外汇银行在一个营业日的外汇交易终了时使用的汇率。

二、汇率的决定与变动

（一）汇率的决定

1. 金本位制下汇率的决定基础

汇率在国际金融体系中占有重要的地位，各时期的经济学家都对汇率的决定因素给出了不同的解释。在金本位制时期，汇率的决定基础是铸币平价。金本位制的特点是用黄金来规定货币的价值，每种货币都有法定的含金量。而两国货币的含金量之比就是铸币平价，因此铸币平价为汇率的决定基础。

但铸币平价只是决定汇率的基础，实际的汇率是围绕铸币平价上波动的，在金本位制下，黄金可以自由流通，当汇率的支付对一国不利时，可以用黄金支付，但是运送黄金需要包装费、运输费、保险费等以及利息，所以这种波动是以黄金输送点为界限的，只存在幅度很小的波动。

2. 传统的汇率决定理论

（1）购买力平价理论。

购买力平价说由瑞典经济学家古斯塔夫·卡塞尔在1922年提出（《1914年以后的货币和外汇理论》）。该理论的中心思想为：一国居民之所以需要外国货币，是因为这种货币在其发行国具有购买力，一种货币价格的高低自然取决于购买力的强弱，因此决定汇率的因素是两国货币购买力之比。

购买力分为两种形式：绝对购买力平价和相对购买力平价。前者解释的是某一时点上汇率的决定基础，后者解释某一时段内汇率变动的原因。

购买力平价说暗含了以下的假设：市场完全竞争，商品同质；商品价格完全弹性；不考虑运输成本、保险、关税等交易成本。在此前提下，可贸易商品可以在各区域自由流通，其价格的差异可以通过商品运输消除，于是“一价定律”成立，即以同一种货币表示不同国家的某种可贸易商品的价格是一致的。

（2）利率平价理论

利率平价说假定资本完全自由流动，而且资本流动完全不存在任何交易。因此两国间相同期限的利率只要存在差异，投机者就会通过套利来赚取差价。利率评价理论认为，两国间的利率差会影响两国货币间的远期汇率与即期汇率的差价。远期利率的贴水或升水应与两国间的利率之差相等。

3. 国际收支说

英国经济学家葛逊在1861年出版的《外汇理论》一书中，提出了汇率决定的“国际借贷说”标志着系统的汇率决定理论的形成。该理论的主要观点认为，一国利率的变化，是由外汇供给和需求决定的，而外汇的供给和需求是由国际收支决定的。

一国国民收入的增加将导致进口的增加，在外汇市场上将会出现对外汇的超额需求，导致本币贬值；外国国民收入的提高将带来本国出口的增加，外汇市场上出现超额的外汇供给，本币升值。本国的价格水平的上升将导致出口的减少，从而本币贬值；外国价格水平的上升则导致本国出口的增加，本币升值。本国利率水平的提高将带来更多外资的流入，市场上外汇超额供给，本币升值。外国利率的提高将导致市场上对外汇的超额需求，本币贬值。如果预期本币贬值，资本将流出，避免损失，导致本币即期贬值；反之，本币在即期升值。

（二）影响汇率变动的主要因素

现实中，各种因素直接或间接地影响着货币的供求关系，从而反映在收支状况中，再反映在汇率上。在经济活动中影响汇率变动的因素如下。

1. 国际收支

国际收支的顺差或者逆差的状况通过影响外汇市场，从而影响汇率。也就是说国际收支顺差就意味着外汇的供给暂时大于外汇的需求，即外汇的供大于求，那么外汇汇率就应下跌，而与其相对的本币汇率就应上升；而当发生国际收支逆差时，就必然对本币汇率有下跌压力，对外币汇率有上涨的需要。

2. 通货膨胀

一方面，通胀率表现在物价的变化会影响一国商品劳务在世界市场上的竞争力。当一国较另一国发生较高的通胀时，其国家商品和劳务的价格就上涨，从而使出口相对减少、进口相对增加，从而国际收支出现逆差的压力。这是通胀影响汇率变动一个方面的作用。另一方面，通胀率还会通过影响实际利率而影响外汇市场的供求和汇率。当一国的通胀率较其他国家高时，使该国的实际利率下降，利率的下降会使投资者的投资回报率下降，于是资金会流出该国，资金的流动将改变外汇市场上的外汇供求，从而导致汇率的变动。

3. 利率

利率不仅是反映一国经济金融状况的基本指标，同时体现一国筹资成本和投资利润。当一国的利率高于其他国家尤其是国际利率水平时，往往会引起大规模短期资本的流入，使外汇市场的供求关系暂时出现外汇汇率下降而本币汇率上涨的压力。从长期来看，一国较高的利率会使外国投资者的筹资成本升高，影响了外资的流入，从而使外汇市场的供求关系相对出现外汇供小于求而本币供大于求的压力。

4. 经济增长

经济增长会使该国增加对外国商品和劳务的需求，结果会使该国对外汇的需求相对于其可得到的外汇供给来说趋于增加，导致该国货币汇率下跌。

5. 汇率政策

各国政府对市场的干预，在一定程度上影响汇率的变动。在浮动汇率制下，各国央行都尽力协调各国间的货币政策和汇率政策，力图通过影响外汇市场中的供求关系来达到支持本国货币稳定的目的。

6. 市场预期

当人们预期某国的经济状况将会恶化，或者可能遭受重大打击时，经济发展速度越来越慢，该国货币就会在市场上被大量抛出，其汇率就会下跌；反之，就会上升。

总的来说，一国经济实力的变化与宏观经济政策的选择，是决定汇率长期发展趋势的根本原因。

三、汇率变动的影响

汇率变动对一国的国际收支、国内经济乃至国际经济关系都会产生重要的影响。

（一）国际收支

1. 对对外贸易的影响

本币价值下降，具有扩大本国出口，抑制本国进口的作用，从而有可能扭转贸易收支逆差或扩大贸易顺差。本币价值上升，则可以扩大本国进口，抑制本国出口，从而减少贸易收支顺差甚至扩大贸易逆差。

2. 对旅游部门的影响

其他条件不变，以本币表现的外币价格上涨，而国内物价水平未变，对国外旅游者来说，本国商品和服务项目显得便宜，可促进本国旅游及有关贸易收入的增加。反之，则情形正好反过来。

3. 对资本流动的影响

从长期看，当本币汇率下降时，本国资本为防止货币贬值的损失，常常逃往国外，特别是存在本国银行的国际短期资本或其他投资，也会调往他国，以防损失。如本币汇率上涨，则对资本移动的影响与上述情况相反。也存在特殊情况，近几年，也曾发生短期美元汇率下降时，外国资本反而急剧涌入美国进行直接投资和证券投资，利用美元贬值的机会，取得较大的投资收益，这对缓解美元汇率的急剧下降有一定的好处，但这种情况的出现是由于美元的特殊地位决定的。

4. 对外汇储备的影响

（1）储备货币的汇率变动影响一国外汇储备的实际价值，储备货币升值，则一国外汇储备的实际价值提高，反之则降低。

（2）本国货币汇率变动，通过资本转移和进出口贸易额的增减，直接影响本国外汇储备的增加或减少。

（3）汇率变动甚至能影响某些储备货币的地位和作用。

（二）国内经济

汇率变动首先会在短期内引起进出口商品的国内价格发生变化，继而波及整个国内物价发生变化，从而影响整个经济结构发生变化，并导致对经济发生长期影响。

1. 汇率变动对进口商品的国内价格的影响

本国货币汇率上升，会使进口商品的国内价格降低，本国进口的消费资料和原料的国内价格就会随之降低。本国货币汇率下降，会使进口商品的国内价格提高，本国进口的消费品和原料因本币汇率下跌而不得不提高售价以减少亏损。

2. 汇率变动对出口商品的国内价格的影响

外国货币汇率上升，会使出口商品的国内价格提高；外国货币汇率下降，会使出口商品的国内价格下降。

3. 汇率变动对国内其他商品的价格的影响

外币汇率上升即本币汇率下降，导致进口商品和出口商品在国内的售价提高，必然要导致国内其他商品价格的提高，从而会推动整个物价的上涨；外币汇率下降或本币汇率上升，导致进口商品和出口商品在国内的价格降低，必然会促进国内的整个物价水平下降。

4. 汇率变动对国内产业结构的影响

汇率稳定，有利于进出口贸易的成本及利润的匡算，有利于进出口贸易的安排；汇率变动频繁，会增加对外贸易的风险，影响对外贸易的正常安排。一般说来，本币对外贬值有利于出口产业的发展，不利于进口产业。生产资源转向出口产业，进口替代产业，促使国民收入增加，就业增加，由此改变国内生产结构。

（三）国际经济关系

1. 加剧发达国家与发展中国家的矛盾

第二次世界大战以后，美元的两次贬值，使初级产品生产国家的外汇收入遭受重大损失，而它们的美元债务，由于订有黄金保值条款，丝毫没有减轻，至于其他非美元债务，有的则相对加重。发达国家和发展中国家之间的国民收入和百姓生活水平差距没有缩小，反而越来越大。

2. 加剧发达国家之间的矛盾

一国货币汇率的下跌，必然会加剧发达国家之间争夺销售市场的斗争。美国政府 20 世纪八十年代对美元汇率日趋下降的现象放任不管，其目的就在于扩大本国的出口，迫使工业发达国家采取刺激本国经济发展的措施，以扩大从美国进口。美元汇率的一再下降，加深了这些国家的困难，使它们陷入经济增长缓慢、失业现象严重，以及手中持有的美元价值日益下跌的困难处境。也给欧元区的创立创造了条件，区域经济货币联盟的建立改变了发达国家之间的经济联系。

任务二　外汇理财基础知识

一、外汇理财方式

（一）外汇存款

外汇存款是外汇银行经营的一种主要业务，它是个人或单位将其所有的外汇资金，在我国境内办理的以外国货币作计量单位的存款，并于以后随时或在约定期限支取的一种业务。开办外汇存款业务，是我国外汇指定银行筹集外汇资金和扩大外汇资金来源的重要渠道，也是它所经营的一项基础业务。而将外汇资金存入银行，则是企业和个人运用外汇资金并取得利息收入的一种方式，也是企业从事其他外汇业务所要采取的一种基本手段。

个人外汇存款是指在我国境内的居民（包括中国居民及在华的外国人、海外华侨、港澳台同胞等）及我国派驻国外及港澳台地区从事学习、工作、进修、科研、讲学等人员以及其他个人（如居住在国外或港澳台地区的外国人、华侨及港澳台同胞）以可兑换货币（外汇及外钞）存入我外汇指定银行的各类外汇存款。

1. 定期外汇存款和活期外汇存款

从存款的期限不同来划分，可分为定期外汇存款和活期外汇存款。

(1) 定期外汇存款。

定期外汇存款是指存款银行与顾客约定至某一固定时间始可提用的外汇存款。目前，定期外汇存款主要采取整存整取的方式，外汇存入银行时，由银行根据存款数额开记名式存单交给单位或个人，单位或个人必须根据存入时约定的不同存期档次（目前主要有3个月、半年、1年或2年四档，存款到期可以续存；中国银行对外商投资企业及国内金融机构的定期存款分为7天通知、1个月、3个月、6个月、1年和2年），到期凭存单支取。

(2) 活期外汇存款。

活期外汇存款根据存取方式不同又分为支票户存款和存折户存款，支票户凭送款单或其他收款凭证存入，凭支票或其他付款凭证支取，如外贸企业由于代理进口的需要而在银行开立的进口保证金账户以及企业借入外债而在银行开立的外债专户存款等，就属于这类支票户存款；存折户存款则凭存折和存取款凭条存取，如个人的活期外汇存款，就属于这类存折户存款。

2. 外钞户存款和外汇户存款

从存入的资金形态不同来划分，可分为外钞户存款和外汇户存款。

(1) 外钞户存款。

外钞户存款是外币现钞的存款，这类存款，顾客一般可随时支取外币现钞，但要在存满3个月后，方可委托存款行根据需要并通过审批和钞买汇卖手续予以汇出。

(2) 外汇户存款。

外汇户存款则可随时委托存款银行根据有关规定直接予以汇出，单位外汇存款一般都属外汇户存款，而个人的外汇存款则有外汇户存款和外钞户存款的区别。

3. 美元、英镑、欧元、日元和港元存款

根据我国有关的外汇管理规定，单位及个人持有以美元、英镑、欧元、日元、港元等五种可自由兑换货币表示的外汇（含现钞），可以按规定直接办理外汇户存款或外钞户存款。此外，单位由于业务需要而持有外汇兑换券或外汇人民币，可经外汇管理部门批准后在外汇指定银行开立外汇兑换券账户或外汇人民币账户。

(二) 银行外汇理财产品

银行外币理财产品，是由商业银行推出的表外业务的一种，它是银行理财业务。与人民币银行理财产品不同，外币理财首先要求投资者要将人民币兑换成外币。一般是欧元、美元、澳元、港元、加元等国际货币。银行外币理财产品都有一些投资条件，门槛相对并不太高，收益也高于人民币理财产品，成为越来越多投资者关注的对象。

目前国内商业银行开办的外汇理财产品越来越多。外资银行在外汇理财产品方面更有得天独厚的条件，丰富的理财经验，现代的理财理念，其外币理财产品也逐渐在市场中占有重要地位。外汇理财产品种类也越来越多样化。

1. 外汇理财产品按连接标的分类，可分为利率/汇率挂钩、外汇挂钩、指数挂钩、股票篮子挂钩、债券基金挂钩等。

(1) 与汇率挂钩的理财产品。

与汇率挂钩的理财产品，主要特点是收益率通常设定在一个区间，获取收益的高低往往和两个币种的汇率相关。收益率在一个区间内浮动，并常和国际市场的拆借利率挂钩，如HIBOR或LIBOR。例如：如果2005年LIBOR完全在（0，3）范围内波动，投资者可获得4%的年收益，但是超出此范围的天数，投资者将不能获取收益。这样，投资者需要了解HIBOR或LIBOR近年的走势，并对今后的变化加以分析，以便了解可获得收益率的波动范围。

（2）与利率相关的理财产品。

对于和利率挂钩的理财产品，又可根据收益率是否固定分为两类：完全固定的利率和收益率在两个区间内浮动并与国际市场的拆借利率接钩。例如，3年累计收益率10.5%，也许有人通过简单的计算得出每年3.5%的收益。但是，这类产品并非如此简单。投资者仍需仔细阅读合同条款。如果合同中解释为：第一年收益率为2.3%，第二年收益率为3.7%，第三年收益率为4.5%，而且银行每三个月有权终止。

（3）与外汇挂钩的理财产品。

外汇挂钩类理财产品是指买卖价格与外汇涨跌密切相关联的产品。外汇挂钩类理财产品的回报率取决于一组或多组外汇的汇率走势，即挂钩标的是一组或多组外汇的汇率，如美元/日元，欧元/美元等。通常，挂钩的一组或多组外汇的汇率大都依据东京时间下午3时整在路透社或彭博社相应的外汇展示页中的价格而厘定。

（4）与指数挂钩的理财产品。

挂钩标的为指数的理财产品，目前市场上主要以恒生指数、日经225指数、英国富时指数挂钩居多。

（5）与股票篮子挂钩的理财产品。

股票篮子挂钩类理财产品又称联动式投资产品，指通过金融工程技术，针对投资者对资本市场的不同预期，以拆解或组合衍生性金融产品如一篮子股票等，并搭配零息债券的方式组合成的各种不同报酬形态的金融产品。

（6）与债券基金挂钩的理财产品。

挂钩标的为债券基金的理财产品，关键在于投资者要有跟踪自己投资项目走势的基本能力。

外汇理财产品的投资收益多为预期投资回报，间接与产品的连接标的表现相挂钩。但产品的净值也会受包括利率水准及其波幅、汇率水准及其波幅、投资策略、杠杆水平以及存款到期时间等市场因素的影响。如果是年收益水平不变，则收益水平取决于银行是否会提前终止理财产品，如果提前终止，则会使投资的收益总额减少。如果是年收益水平变化，则需要关注所挂钩的投资领域的变动情况，理财产品的收益高低，将与挂钩目前的变化相联系。

2. 按投资的收益风险分类，可分为保证收益型和浮动收益型外汇理财产品

保证收益型产品在投资风格上更为保守稳健，更小程度参与市场波动，因此更适合保守型客户。但风险和收益永远成正比，其收益也相应有限。与上述相反，浮动收益型产品会更多地参与连接标的市场的波动，风险和收益也会更高，更适合风险承受能力适中或较高的投资者。

3. 按投资的本金风险分类，可分为保本型和不保本型外汇理财产品

外币理财产品中，只有保本型的投资本金银行是承诺归还的，稳健型投资者可以重点关注，投资风险较低，但收益率可能也不是很高。不保本的外汇理财产品正好相反，风险和收益也较高。

还可以按时间长短分成长、中、短期外汇理财产品。总的来说，外汇市场的波动也是显而易见的。因此，外汇理财产品也有着较高的风险。对于不同的投资者来说，可以根据自己的风险偏好程度选择适合自己的理财产品。不能只是对比宣称的收益率，而是应当更加仔细地了解其产品自身的投资领域，自己分析投资的风险程度等。

（三）个人外汇买卖

个人外汇买卖分两种，一种是银行的外汇宝，另外一种是外汇保证金交易。

1. 外汇宝

外汇宝需要本人携带有效身份证明到银行开立外汇买卖账户，签署《个人实盘外汇买卖交易协议书》，存入外汇，也可以将已有的现汇账户存款转至开办个人外汇买卖业务的银行；办理网上交易和电话委托交易开户手续。外汇宝是实盘交易，没有杠杆比例，而且动用资金量大、风险控制较难、赢利少。唯一对投资者比较有吸引力的方面是得到国家承认，受法律保护。目前按国家有关政策规定，投资者只能进行实盘外汇买卖，不能进行虚盘外汇买卖。所以个人外汇买卖业务均为实盘交易（不能进行透支、保证金等交易），个人在银行规定的交易时间内，通过柜面服务人员或其他电子金融服务方式，进行实盘外汇买卖。外汇宝只能买涨，不能买跌，属于单向交易。

2. 外汇保证金交易

所谓外汇保证金交易，是指通过机构开立信托投资账户，存入一笔资金（保证金）作为担保，由银行（或经纪行）设定信用操作额度（一般是20～400倍的杠杆效应）。投资者可在额度内自由买卖同等价值的即期外汇，操作所造成之损益，自动从上述投资账户内扣除或存入。让小额投资者可以利用较小的资金，获得较大的交易额度，和全球资本一样享有运用外汇交易作为规避风险之用，并在汇率变动中创造利润机会。综合来说，外汇保证金交易是一种投资行为。

在我国，交通银行、民生银行等都曾引进过，银行因开办此项业务均能盈利，但投资者从事外汇保证金交易业务亏损的比例很高，参与者高损失、低盈利的概率状况已近似于“赌博”，银监会叫停了高风险、高杠杆的外汇保证金交易业务。

外汇保证金交易的优势是可买涨买跌，属于对冲交易，开仓后必须平仓，一次交易需要买、卖（开仓和平仓）两个过程才完成。外汇保证金交易虚盘交易，动用资金小，操作风险易控制，赢利多；缺点是如果亏损时不设止损点，凭侥幸心理，会亏损很多。其中有很多公司都是对赌的，风险较大。外汇保证金交易目前只能境外交易，投资者必须选择国外正规受监管的平台进行投资。

二、客户选择外汇理财所考虑的因素

（一）资金

客户选择理财方式时首先要考虑各类方式所需要动用的资金数量，自己是否有投资能力。

1. 存款的资金数量

根据《中华人民共和国外汇管理条例》《个人外汇管理办法》和《个人外汇管理办法实施细则》等相关法规，境内个人和境外个人，持本人有效身份证件，均可在银行办理外币储蓄存款业务。开户起存金额为活期存款1美元等值外币，定期存款100元人民币的等值外币。可以在储蓄柜台存入现钞，或是从个人外币结算账户、汇入汇款等转入存款。个人向外汇储蓄账户存入外币现钞，当日累计等值5 000美元以下（含）的，可以在银行直接办理；超过上述金额的，凭本人有效身份证件、经海关签章的《中华人民共和国海关进境旅客行李物品申报单》或本人原存款银行外币现钞提取单据在银行办理。从外汇储蓄账户中提取现钞，当日累计等值1万美元以下（含）的，可以在银行直接办理；等值1万美元及以上的外币现金取款，至少提前一天通知银行，以便银行进行备付现金的准备。

2. 外汇理财产品的资金数量

外币理财也有门槛，美元理财产品投资门槛一般为8 000美元，折合人民币53 477元；英镑理财产品投资门槛为6 000英镑，折合人民币51 924元；澳元理财产品投资门槛为8 000澳元，折合人民币40 156元；港币理财产品投资门槛为6万港币，折合人民币51 697元。而且每家银行的投资门槛也不同，可以多询问几家银行进行比较。银行理财产品的收益率不算太高，适合稳健型的投资者。

3. 外汇宝的资金数量

凡持有有效身份证件，拥有完全民事行为能力的境内居民，具有一定金额的可自由兑换外汇（或外币）均可以在国内的商业银行的柜台开设户头，进行外汇实盘交易。外汇实盘交易每笔最低的交易金额一般为100美元或等值外币，没有最高限额。部分商业银行可能为了吸引客户，甚至给出更低的每笔最低交易金额。外汇宝的特点是由于是实盘交易，风险和收益都比较小，交易手续费（点差）稍大，一般10～30点。如果操作不错年收益一般为5%～10%。资金太少可能收益有限，因此想要通过实盘交易获利，往往需要投资者能够动用较大规模的投资资金。

4. 外汇保证金交易的资金数量

外汇保证金交易开户资金目前最低为250美金，外汇保证金交易的特点是以小博大，由于外汇保证金交易中采用的是保证金制度，并不需要投资者投入等额资金。外汇市场中交易对象的计算单位是“手”，1手合约为10万元。我们以欧元兑美元为例：1手合约为10万欧元，大约为13万美元。如果采用的是1∶100的交易杠杆，那么一手标准合约的保证金就是1 300美元，如果采用1∶500的交易杠杆，那么1手合约的保证金就是260美元。而境外的许多外汇交易商为了给中小投资者提供参与外汇交易的机会，允许0.1手甚至是0.01手的操作，那么操作一次最低仅需要保证金2.6美元。由此可见，投资外汇的资金门槛还是相当的低的，这就为许多的普通投资者参与外汇投资、分享外汇投资收益创造了可能。一般通过国内的外汇介绍经纪商或者直接到国外的投资公司网站申请开户，保证金交易根据建立仓位大小的不同，风险和收益相差很大，实务中，目前一般以比较稳健的5～10倍杠杆进行操作，点差在3～10点。缺点是对操作者资金管理要求较高，考虑到风险，还有拥有一定实力的投资者更适合。

（二）技术分析

1. 外汇存款技术分析

在外汇理财中，选择外汇存款需要投资者能够对汇价基本走势进行判断，即最重要的是对汇率决定和影响因素的跟踪。一国的社会制度和经济结构背景的相对变动情况会影响汇率的长期变化，是决定长期汇率变动趋势的基本因素。投资者需要关注这些基本因素主要包括经济增长状况的差异程度、利率水平的差异程度、资本市场运行状况的差异程度及其对国际资本流向的影响程度。对上述基本因素的分析和把握基本上构成了对一种货币汇率变动趋势的分析。

2. 外汇宝技术分析

选择外汇宝的投资者更应关注即期汇率的变化。除了需要对汇价走势做出基本判断外，还要对市场预期、国际资本流动状况进行一定程度的分析。市场预期将会对即期汇率的变动产生重大影响。影响市场预期的因素还包括政局稳定情况及政府的更迭对经济运行产生的影响、宏观经济政策的变化情况及即期经济运行状况可能对远期经济运行的影响等。国际资本流动也对汇率影响重大。在一国经常项目账户收支状况既定的情况下，资本及金融账户的顺差或逆差状况将直接影响一国的国际收支状况。因此，对各种可获得的信息的系统归纳整理得出的结论，可作为投资者对即期汇率走向进行理性判断的重要依据。

3. 外汇理财产品技术分析

选择外汇理财产品，除了把握即期汇率，还要考虑时间因素。理财期限越长，产品的年收益越高，投资者可以选择适合自己的产品。在面对各式各样的外汇理财产品时，还要考虑到选购的时机。因为即使是同月发行的同类产品，发行时机不同，产品的收益率也有差别，把握住市场利率走高的机会，产品收益率就会较高。

4. 外汇保证金交易技术分析

外汇保证金交易的参与者既需要把握汇率变动的基本因素，还需要具备一定的技术分析能力。投资者要把握外汇市场的运行节奏，需要进行基本分析和技术分析。

基本分析所有理财者都需要，它注重对市场上的基本面因素及各种经济数据进行研究，而技术分析对外汇保证金交易的投资者至关重要。技术分析是透过图表或技术指标的记录，研究市场过去及现在的行为反应，以推测未来价格的变动趋势。也就是说，技术分析研究的是市场本身的变化，而不会考虑其他经济或政治方面等外部影响因素。技术指标主要有 MACD 指标、RSI 指标、DMI 指标等，通过价格、成交量以及价量的相互配合等判断外汇市场的走势。

外汇市场行情的变化比较复杂，基本分析是为了判断当前的汇价是否合理，由此预测其长远的发展趋势；而技术分析可以预测在短时间内的行情走势，同时还能判断出合适的交易时机。在时间上，技术分析法注重短期分析，在预测旧趋势结束和新趋势开始方面优于基本分析法，但在预测较长期趋势方面弱于后者。因此，大部分成功的外汇投资者都是将这两种方法结合起来使用。

（三）风险偏好

对投资者来说，投资过程当然要考虑到风险因素。

1. 外汇存款风险因素

商业银行存款利率一般被视为无风险收益率的代表，所以越厌恶风险的投资者越倾向于选择储蓄。由于近年来外汇市场充斥了很多不确定性因素，各主要货币的波动加剧，很多投资者手头持有的外币都存在一定的贬值风险，仅仅通过定期存款有时候甚至很难抵御这种汇率风险。

2. 外汇理财产品风险因素

选购外汇理财产品的也大多是比较谨慎的投资者。但外汇理财产品多种多样，不同结构的外汇理财产品的风险也是不一样的。因为理财产品附加条件越多，收益相对也会越高，但客户的风险会越大；相反，结构越是简单的产品，收益相对较低，但却适合追求稳定收益的客户。

很多投资者从自身的实际情况来考虑购买。如果有孩子在国外读书学习，需要将生活费和学费定期汇出，若是汇出时间有时间差，往往倾向于做一个短期的外币理财，尽量购买所需货币的理财产品，若没有，一般投资者更加青睐美元类理财产品。

3. 外汇宝风险因素

外汇宝是银行个人实盘外汇买卖业务。开立本外币活期存折且持有外币现钞/汇的客户，可以按照银行报出的买入/卖出价格，将某种外币/汇的存款换成另一种外币/汇。一般支持即时买卖和挂单委托，投资者可以利用国际外汇市场上外汇汇率的频繁波动性，在不同的存款货币间转换并赚取一定的汇差，以达到保值、盈利的目的。使投资者有机会在获取外币存款利息的同时，通过外汇交易进行保值甚至赚得额外的汇差收益。交易方式既可进行市价交易，又可进行委托交易，一日可进行多次交易。因受国际上各种政治、经济因素，以及各种突发事件的影响，汇价经常处于剧烈的波动之中，因此，进行个人实盘外汇买卖，风险与机遇并存。选择银行外汇宝的投资者能够容忍一定程度的风险，但实盘交易没有杠杆，需要有较大的资金量，才能创造较大的收益。

4. 外汇保证金交易风险因素

那些选择外汇保证金交易的人，往往是追求高风险高收益的投资者。首先，银监会鉴于外汇保证金交易的高风险目前没有放开国内银行开展外汇保证金交易的牌照，所以目前在中国开展外汇保证金交易业务的基本都是境外公司，对于这些机构在境内开展业务，目前监管部门并没有关注到这一块，境外公司在国内开展外汇保证金业务目前处于一个灰色地带，账户都开在海外受海外监管，所以政策风险非常大。

其次，目前他们能提供的杠杆从 1：20～1：500 都有，甚至有 1：1 000 的。相对而言，香港的外汇经纪公司提供杠杆的比例比较小。杠杆交易，尤其是很高的杠杆，的确可能收益很高，但对投资者的资金管理能力和风险承受能力都要求非常高。如果投资者的仓位太重，舍不得止损，就可能导致爆仓，血本无归。

相对而言，选择外汇保证金交易的投资者是风险的弄潮儿，偏爱在高风险的环境中获取高收益。

任务三　外汇交易

一、外汇交易技术指标

（一）指数平滑异同平均线 MACD

MACD 称为指数平滑异同平均线，是从双指数移动平均线发展而来的，由快的指数移动平均线（EMA）减去慢的指数移动平均线，是反映外汇市场价格波动趋势和强度的指标。指标值一般在正负 5 之间波动。指标值为正值时，表示市场是多头市场（牛市）；为负值时，表示市场是空头市场（熊市）。当 MACD 从负数转向正数，是买的信号。当 MACD 从正数转向负数，是卖的信号。当 MACD 以大角度变化，表示快的移动平均线和慢的移动平均线的差距非常迅速地拉开，代表了一个市场大趋势的转变。

它是由零轴线与柱状图和一条信号线组成的。MACD 的指标属性里有快 EMA（默认值为 12），慢 EMA（默认值为 26），MACD SMA（默认值为 9）（SMA 为简单移动平均线）三个参数值，一般选择默认参数即可，如图 10－1 所示。

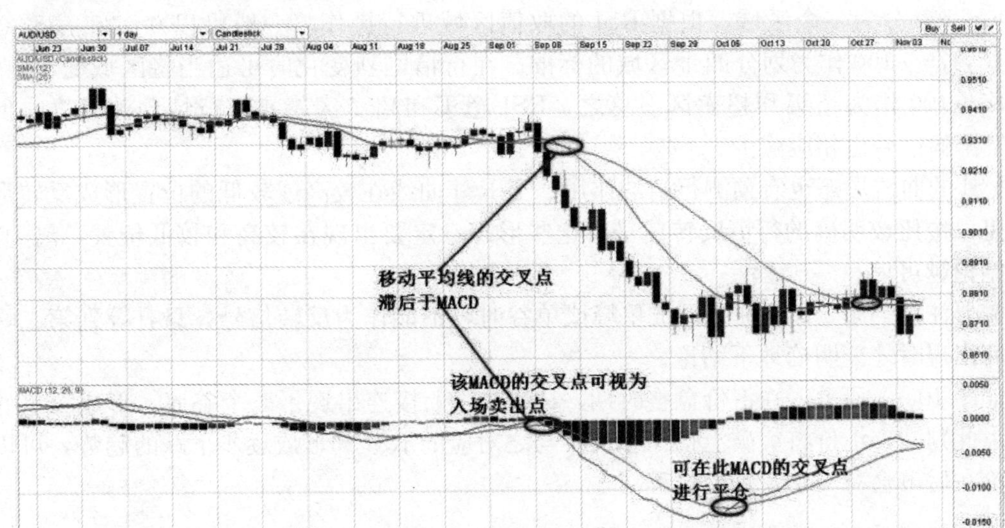

图 10－1　澳元/美元日线 MACD 以及移动平均线比较图

而 MACD 中的柱形图则代表两条移动平均线的差值，因此，在两条指数平均数指标相交时，柱状图为 0。两条指数平均数指标差距越大，柱状图越高。绿色的柱子表示此差值比前一个大，而红色的表示此差值比前一个小。0 点以上表示快速指数平均数指标的值高于慢速指数平均数指标，0 点以下表示快速指数平均数指标的值低于慢速指数平均数指标，如图 10－2 所示。

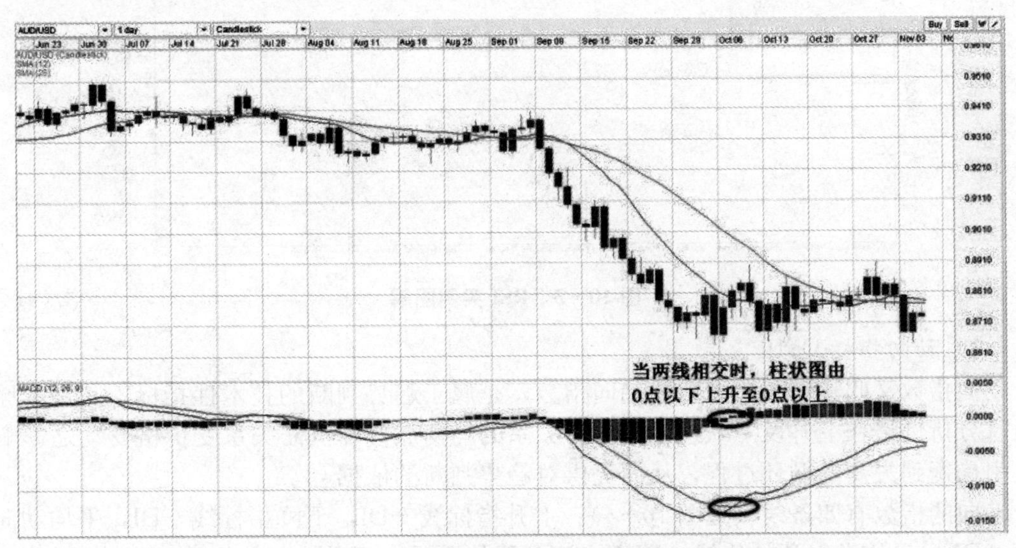

图 10－2　澳元/美元日线 MACD 柱状图

虽然 MACD 有很高的参考价值，但通常还要结合其他的技术指标，同时进行判断。

（二）相对强弱指标 RSI

相对强弱指标 RSI 是通过比较一段时期内的平均收盘涨数和平均收盘跌数来分析市场买卖盘的意向和实力，从而对未来市场走势做出判断。

RSI 指标的取值在 0～100 之间。使用中快、慢线的选择与 MACD 基本相同。RSI 可以将 0～100 分为 4 个区域，根据 RSI 的取值区域进行操作。一般可以 0～25，25～50，50～75，75～100 作为划分四个区域的标准。在行情剧烈变化时可适当将区域变小，0～15，85～100 作为超买和超卖区。总之，RSI 超买和超卖区越小，行情预测越准，但是 RSI 发出的信号也相应减少。

RSI 的曲线形态也有预测行情的作用。当 RSI 曲线在较高或较低的位置形成反转形态时，是一个比较明确的行情反转信号。这些形态一定要出现在较高和较低位置，离 50 越远，结论越可信。

需要注意的是，RSI 曲线形成单峰或单谷时，不能作为反转信号，只有等到第二峰或第二底出现时才能明确地下结论。

如图 10－3 所示，在汇价盘整时期，RSI 曲线上接连出现了三个谷底，形成三重底形态，由此判断，汇价将突破上扬。相反，与之对应的 RSI 却形成逐步下跌的趋势，可以判断汇价在后市会有一个下跌的过程。

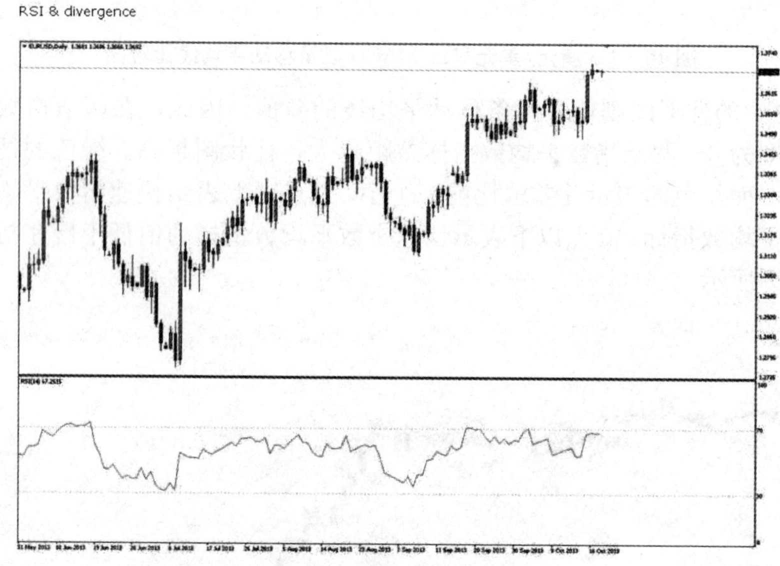

图 10－3　RSI 实例图解

（三）动向指标 DMI

动向指数又叫移动方向指数或趋向指数，是属于趋势判断的技术性指标，其基本原理是通过分析价格在上升及下跌过程中供需关系的均衡点，即供需关系受价格变动之影响而发生由均衡到失衡的循环过程，从而提供对趋势判断的依据。

动向的指数有四条线（见图 10－4）：上升指标线＋DI，下降指标线－DI，平均动向指数线 ADX，平均动向评估值线 ADXR。四条线均可设定天数，一般为 14 天。

走势在有创新高的价格时，＋DI 上升，－DI 下降。因此，当图形上＋DI 从下向上递增突破－DI 时，为买进信号。相反，当－DI 从下向上递增突破＋DI 时，为卖出信号。当走势维持某种趋势时，＋DI 和－DI 的交叉突破信号相当准确，但走势出现盘整行情时，应＋DI 和－DI 发出的买卖信号视为无效。

当行情走势朝向单一方向发展时，无论是涨势或跌势，ADX 值都会不断递增。因此，当ADX值高于上日时，可以断定当前市场行情仍在维持原有趋势，即股价会继续上涨，或继续下跌。特别是当+DI与ADX同向上升，或−DI与ADX同向上升时，表示当前趋势十分强劲。

当走势呈盘整状态，股价新高及新低频繁出现，+DI和−DI愈走愈近，反复交叉，ADX将会出现递减。当ADX值降低至20以下，且出现横向移动时，可以断定市场为盘整行情。此时趋势无一定动向。投资者应持观望，不可仅凭±DI发出的信号入市。

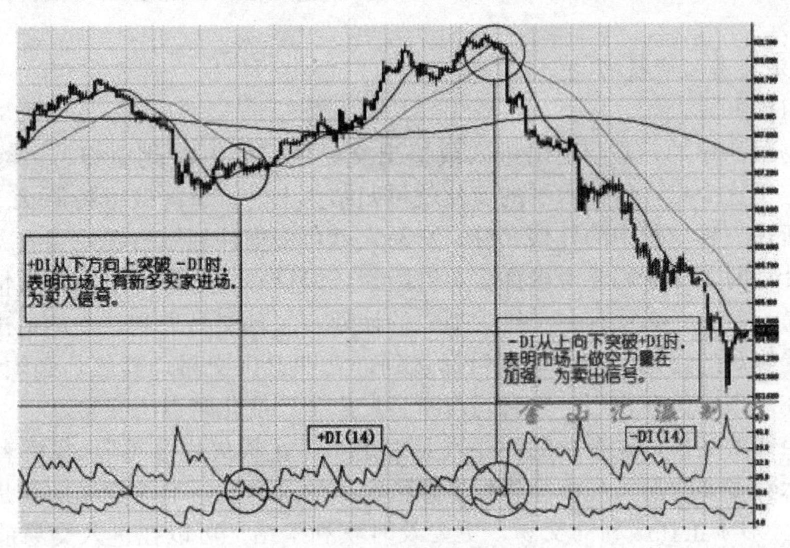

图10-4 DI的实例图解

二、外汇交易的风险控制

(一) 交易平台的选择

1. 交易商是否受到监管

交易商是否受监管，是交易商的合法性和投资者的资金是否有保障的一个重要前提。目前全世界有几大著名的监管机构：FSA（欧洲）、NFA（美国）、CFTC（美国）、SFC（香港）。安全合法的外汇交易商都应该受到当地监管机构的监管，交易商应该在监管机构备案，而且没有不良历史记录。

2. 资金分离与客户资金安全

客户资金和交易商公司营运资金账户是分离存放于银行的，而且交易商无法挪用客户资金，甚至就算交易商公司出现财政问题，客户资金也不会受到影响。投资者开户的时候，保证金是直接进入到国外受监管的交易商公司账户，而不是国内代理的公司账户或者私人账户。

3. 开户手续是否齐全

办理开户手续一般都需要提供身份证明、住址证明和其他相关资料，并且要通过代理人跟交易商签订合同（书面版或电子版）。

4. 合理的点差和佣金

目前中国境内开户一般都要经过代理商或者代理人办理手续，交易商作为公司需要盈利，代理也是一样。正规的做法是，交易商所赚取的是交易点差，一般直盘为2到5点的点差；同时合理地收取一定交易的手续费。很多零点差或者无佣金等吸引客户开户的，

99%都是对赌平台，不是正规的平台。

5. 选择国外正规的交易商

中国目前还不允许国内交易商的存在，所以正规的、有法律保障的交易商只能是国外的。国外交易商在中国设有办事处，代理商或者代理人负责帮助客户办理开户手续。目前在国内发展业务的主要有欧洲、美国等国家和地区的交易商。中国香港的正规交易商杠杆比较小，不能超过1：20，这是香港的相关金融法律规定的，超过这一杠杆的都很可能是黑平台性质。

（二）外汇交易投资技巧

1. 做单计划

外汇交易最简单的，是制定出进入或退出交易的点，不管此项交易最终是否有利可图。一旦确定了这个点，价格水平的变化就可归结为上升、下降或维持原状。一旦价格水平发生如上所述三种变化中的任何一种，交易人就可根据计划做出卖或买的决定。

在制订计划时，尽管需要考虑许多关键因素，但核心问题始终是在什么情况下退出已经进入的交易。其一，必须有一个接受损失的计划，一旦交易失利，立即退出。其二，必须有一个接受赢利的计划，一旦赢利目标达到，立即退出交易。其三，必须有一个计划，它使交易人在发现市价在相当一段时间内不会发生重要变化时退出交易。

退出已赔钱的交易，最有效的程序就是发出“停止损失指令单”。投资者提取需要确定究竟愿意承受多大的损失。市价达到事先已定下的这个点，唯一能做的就是发出“停止损失指令单”。对于正在赢利的交易，更要及时获利了结。可以在进入交易前定下赢利目标，一旦达到这个目标，立即退出此项交易。也可以一直让利润上涨，直到某种价格变化方向转化的迹象出现。

2. 持仓时间

持仓时间不要过长，因为持仓时间越长，期间可能发生的不确定事件就越多，给开仓部位带来的风险就越大，所以短线交易的潜在风险要小于长线交易。尤其要避免持仓过重大数据、事件的公布，做短线的也不要持仓过周末。

3. 开仓比例

控制好每次交易的开仓比例，对于投资者来说十分重要。刚入市不久的投资者开仓比例不能过大，只有当积累了充分的交易经验以及拥有持续良好的交易记录时再考虑逐步扩大开仓比例；熟练的投资者考虑到杠杆因素，也要合理控制开仓比例。对于外汇交易的新手来说，开仓比例不超过5%会比较安全，拥有丰富经验的交易者一般可以开仓10%。

经典实例

温州人孙海杰在阿联酋迪拜的中国龙城做渔具生意，2016年3月28日，一沙特客户来购买一批渔具，3个月后支付货款100 000美元，孙海杰预测3个月后人民币会继续升值，为了减少汇兑损失，他来到中国银行迪拜分行兑换这100 000美元，他可以兑换多少人民币？

如果3个月后人民币果真如预测的升值，汇率变为6.100 0/20，他可以减少多少损失？

已知即期汇率为6.300 0/50，三个月远期汇率为90/50。

解：6.2910×100 000＝629 100（元）

三个月汇率升值为 6.100 0/20，到时再兑换，则 6.100 0×100 000＝610 000（元）

可见现在兑换和 3 个月后再兑换，10 万美元可以减少损失 19 000 元人民币。

概念索引

外汇　　汇率　　直接汇率　　汇率　　套汇　　换汇　　MACD　　RSI　　DI

闯关考验

1. 外汇市场报价中，对（　　）的报价不是把美元作为基础货币的。

A. 澳元　　B. 人民币　　C. 日元　　D. 瑞士法郎

2. 银行对于现汇的卖出价一般（　　）现钞的买入价。

A. 高于　　B. 等于　　C. 低于　　D. 不能确定

3. 一般情况下，一种汇率的表示通常有（　　）位数字。

A. 4　　B. 5　　C. 6　　D. 7

4. 下列国家中不使用间接标价法的是（　　）。

A. 英国　　B. 新西兰　　C. 瑞士　　D. 南非

5. 我国银行公布的人民币基准汇率是前一日美元对人民币的（　　）。

A. 收盘价　　B. 银行买入价

C. 银行卖出价　　D. 加权平均价

6. 国际主要外汇交易市场中，历史最悠久、平均日交易量最大的是（　　）。

A. 纽约外汇交易市场　　B. 伦敦外汇交易市场

C. 新加坡外汇交易市场　　D. 东京外汇交易市场

7. 国际主要外汇交易市场中，地处欧、亚、非三洲交通要道，占据得天独厚的时区优势，几乎全天都可以和国际各大外汇市场进行交易的是（　　）。

A. 纽约外汇交易市场　　B. 伦敦外汇交易市场

C. 新加坡外汇交易市场　　D. 香港外汇交易市场

8. 亚洲最大的外汇交易中心是（　　）。

A. 香港外汇交易市场　　B. 中国外汇交易市场

C. 新加坡外汇交易市场　　D. 东京外汇交易市场

9. 即期交易中，标准交割日是指（　　）。

A. 成交当日交割　　B. 成交后的第二日交割

C. 成交后的第二个营业日交割　　D. 成交时双方协议的交割日

10. 若某日外汇市场上 A 银行报价如下：

美元/日元：119.73/120.13

欧元/美元：1.1938/1.1970

Z 先生要向 A 银行购入 1 欧元，要支付（　　）日元。

A. 142.933 7　　B. 143.795 6

C. 100.025 1　　D. 100.628 2

11. 按照我国1997年修正颁布的《外汇管理条例》规定，下列属于外汇范围的是（ ）。

A. 外国货币
B. 外币债券
C. 外币存款凭证
D. 特别提款权
E. 其他外币资产

12. 影响汇率波动的因素有（ ）。

A. 日本央行宣布加息
B. 欧盟区经济增长速度减缓
C. 英国发现北海油田
D. 人民银行宣布将再贴现率提高0.5%
E. 布什政府决定对伊拉克开战

13. 以下对外汇市场的特点的叙述中正确的有（ ）。

A. 外汇市场像股票市场一样有统一固定的地点
B. 全球外汇市场每天24小时连续作业，为投资者提供了没有时间和空间限制的投资场所
C. 外汇交易通常没有固定的交易场所，外汇交易基本都是通过电脑和通信网络来完成的
D. 在外汇市场上，无论汇率如何波动，总的价值是不变的
E. 在外汇市场上，随着汇率的波动，总的价值量也在发生变化

14. 远期汇率的计算方法是（ ）。

A. 直接标价法下，加升水数字，减贴水数字
B. 直接标价法下，减升水数字，加贴水数字
C. 间接标价法下，加升水数字，减贴水数字
D. 间接标价法下，减升水数字，加贴水数字
E. 期限越远，买卖价差越大

15. 下列对于即期外汇交易的功能和风险的描述中，正确的有（ ）。

A. 即期外汇买卖是外汇投机的重要工具之一
B. 即期外汇买卖可以满足客户临时性的支付需要
C. 即期外汇买卖可以帮助客户调整手中持有的外币的币种结构
D. 用即期外汇买卖在外汇市场上进行投资，由于汇率确定只会获利，不会出现亏损
E. 通过即期交易构建多元化的外汇资产组合，可以起到降低汇率波动风险的作用

16. 远期外汇交易交割日的确定原则包括（ ）。

A. 日对日
B. 月对月
C. 节假日顺延
D. 可以跨月
E. 不跨月

17. 下列关于即期汇率与远期汇率关系的叙述中，正确的有（ ）。

A. 即期汇率以远期汇率为基础，但又不同于远期汇率
B. 即期汇率总是低于远期汇率
C. 远期汇率由即期汇率加、减远期点构成，亦称升、贴水

D. 远期汇率必须同即期汇率一样直接标出实际汇率

E. 远期汇率的银行卖出价和买入价之间的差价一定不小于即期汇率的买卖差价

18. 以下策略中，正确的外汇储蓄策略有（　　）。

A. “货币汇率稳定，存款利率高”的外汇是选择外汇储蓄品种的原则

B. 应选存款利率高的银行，其他配套服务可以不用考虑

C. 应尽可能增加外汇兑换次数

D. 可将日元、欧元、美元作为首选的三个强势存储币种

E. 储蓄年限最好能以一年为主，这样可以兼顾流动性和收益性

19. 我国外汇交易中心是由中央银行领导下的、独立核算、非盈利性的事业法人，交易中心实施会员制，可以取得会员资格的机构包括（　　）。

A. 中资银行及其分行　　B. 外资银行

C. 一些非银行机构　　D. 个人

E. 国家财政部

20. 下列有关我国外汇交易的描述中正确的是（　　）。

A. 我国外汇交易市场无论从结构、组织形式、交易方式和交易内容这几方面都与国际规范化的外汇市场越来越接近

B. 目前外汇市场可以进行人民币与美元、人民币与日元、人民币与港币之间的现汇交易

C. 在市场结构上可分为两个层次：一是客户与外汇指定银行之间的交易；二是银行间的外汇交易

D. 中国人民银行对外汇市场进行宏观调控和管理，并制定每日的市场汇率

E. 决定市场汇率的基础是外汇市场的供求情况，央行主要运用货币政策进行干预

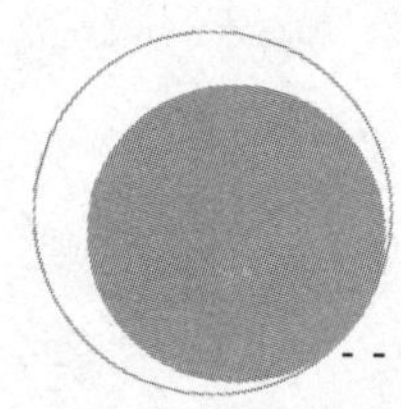

项目十一

贵金属理财

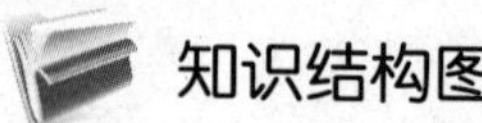

知识结构图

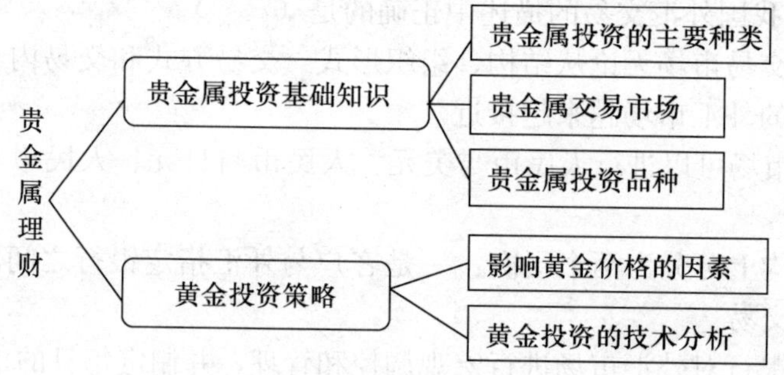

情景写实

全球困境之下，黄金持续闪亮

“泛滥”的低利率、“外强中干”的美国经济以及投资者的追捧，继续看好黄金走向下一个高点。欧盟自欧债危机以来，经济方面表现得如“迟暮老人”。欧盟目前隔夜存款利率已经是－0.4%，但更令人担忧的是经济增长依然孱弱，通缩压力依然巨大，还是难以觅得拉动经济增长的产业新亮点。而英国脱欧更使得经济增长倾向于下行。日本同样麻烦缠身，利率降至－0.1%，但更大的问题在于经济依然身陷“恶性循环”。

全球疲弱的经济，使得市场对黄金避险青睐有加，黄金的保值功能在低利率环境下体现得淋漓尽致。

鉴于经济的不景气，居民收入增长困难，投资渠道狭窄，李先生也想投资贵金属，请为他编制贵金属理财投资规划。

学习目标

1. 了解贵金属市场、黄金白银等投资的基础知识。

2. 熟悉市场上常见的贵金属投资产品。

3. 熟悉相关交易平台及交易规则。

任务一 贵金属投资的基础知识

贵金属投资分为实物投资和电子盘交易投资。实物投资是指投资人在对贵金属市场看好的情况下低买高卖赚取差价的过程，也可以是在不看好经济前景的情况下所采取的一种避险手段，以实现资产的保值增值。电子盘交易是指根据黄金、白银等贵金属市场价格的波动变化，确定买入或卖出，这种交易一般都存在杠杆，风险和收益都极高。

一、贵金属投资的主要种类

目前市场上比较常见的贵金属投资品种有黄金现货、白银现货、期货黄金、纸黄金、铂金、钯金等。

（一）黄金

1. 黄金的价值体现

（1）黄金作为一种贵金属，具有不易开采、开采成本高、物理特性良好等特点。

（2）黄金在信用货币产生之前，一直作为货币。

（3）布雷顿森林体系（1944 年 7 月）是以美元和黄金为基础的金汇兑本位制，其实质是建立一种以美元为中心的国际货币体系，基本内容包括美元与黄金挂钩、国际货币基金会员国的货币与美元保持固定汇率（实行固定汇率制度）。黄金作为世界各国货币储备受到投资者的青睐。

（4）黄金虽然当前从直接的货币作用中分离出来，即黄金非货币化。但作为贵金属，黄金目前依然是世界主要的国际储备和避险工具。

2. 黄金的三种属性

（1）黄金的商品属性。黄金作为一种商品，具备商品的一般属性，即具有使用价值。黄金被大量应用于珠宝首饰加工业，是珠宝首饰的主要原材料。珠宝首饰行业用金量一直占据着黄金消费量的最大份额，近几年一直保持在 70%左右。另外黄金还常被应用于电子工业、宇航工具、通信业、化工、医疗等领域。

（2）黄金的货币属性。货币天然不是金银，但金银天然就是货币。当金银从商品世界中分离出来固定地独占一般等价物的地位时，就成为了货币。黄金因此也就具备了货币的五种职能：价值尺度、流通手段、支付手段、贮藏货币、世界货币。黄金也是美元、欧元、英镑、日元之后被国际接受的第五大结算货币。

（3）黄金的金融属性。黄金作为一种重要的物质财富，是人类储藏财富的重要手段。黄金作为全球公认的抵御通货膨胀的工具，是各国央行重要的储备品种，也是各金融机构和个人重要的金融储备之一。其价格的走势在一定程度上和美元价值及世界形势有密切关系。

当市场上普遍认为美元价格会保持坚持时，投资者会更多地把黄金看作一种风险资产，类似股票与大宗商品，这时投资者买入黄金不是为了避险而是为了逐利。美国经济、货币政策、美元与黄金的一般关系，如图 11－1 所示。

（二）白银

白银一直是黄金的“影子”，是一种应用历史悠久的贵金属，至今已有 4000 多年的历

美国经济复苏乏力	⇒	美联储降息	⇒	美元贬值	⇒	黄金价格上涨
美国经济复苏强劲	⇒	美联储升息	⇒	美元升值	⇒	黄金价格下降

图 11-1 美国经济、货币政策、美元与黄金的关系

史。由于白银独有的优良特性，人们曾赋予它货币和商品双重价值。近年来，由于白银市场的波动愈加剧烈，加上白银本身所具有的价值以及多种用途，使得白银需求越来越大，因此白银的投资价值也凸显出来了。它的特点有：

（1）白银化学活性小，价格贵，主要用作钱币及首饰。另外白银导电性能好、耐腐蚀，是电子工业上重要的导电材料。

（2）银本位制比金本位制更早，随着社会发展，其货币属性逐渐消失，其保值和避险功能要低于黄金。

（3）白银作为一种金融投资工具，其走势与黄金相似。

（三）铂金与钯金

铂金，俗称白金，化学符号 Pt，是贵金属之一。在自然界，铂金的储量比黄金稀少。世界铂金的年产量远比黄金少，铂金熔点高，提纯熔炼铂金比黄金更为困难，能源消耗较高。加工铂金需要比加工黄金更高的工艺水平。所以，铂金是一种比黄金、白银等贵金属更为稀有、更加珍贵的贵金属，它的价格比黄金更加昂贵。尽管铂金是贵金属，但它和白银一样主要体现为商品属性。

钯金，属于铂族元素，化学符号 Pd。从价格上看，钯金比铂金便宜很多；从质地上看，钯金轻，易脆裂，佩带一段时间颜色会变暗。它是世界上稀有的贵金属之一，是一种不可再生的稀缺资源。钯金不但用于制作首饰，还用于生产汽车催化剂、电子产品、牙科医疗器具等。

相关链接

二季度黄金需求受西方推动增长 15%，下半年印度需求将接过接力棒

道琼斯伦敦 2016 年 8 月 11 日消息，世界黄金协会（WGC）周四表示，二季度黄金需求同比增长 15%，受西方国家的投资需求带动。

该协会在黄金需求趋势报告中称，在低利率环境下，经济和政治的高度不确定性激励西方投资者买入黄金，作为避险和分散投资组合。报告中称，和上年同期相比，二季度全球投资需求大幅飙升 141%。今年上半年的投资需求则成为有史以来同期最佳。

二季度黄金 ETF 占据主导地位，此外，美国金条和金币需求同比则增加 101%。

二季度黄金需求同比增长 15%至 1 050 吨，上年同期为 910 吨。在此期间总供应增加 10%，主要来源于黄金回收。在金价上涨之际，持有黄金的消费者将黄金重新投入市场。

在全球动荡之时，黄金因其价格稳定，且是必避险工具，吸引力大增。金价的涨势受到政治事件推动，例如英国脱欧公投以及美国大选等，且市场担心意大利银行业。

不过价格上涨冲击了对价格敏感的市场需求。报告中称，二季度，中国和印度的“消费者购买力”在珠宝需求方面大幅减少，分别下滑 15%和 20%。

报告预计，受即将到来的婚庆季节和强劲的季雨降雨推动，今年下半年印度黄金需求

将回升。

资料来源：同花顺财经.（2016-08-12）[2016-09-23]. news.10jgka.com.cn/20160812/c592396092.shtml.

二、贵金属交易市场

当前世界贵金属交易主要以黄金和白银为主，已实现全球24小时交易机制。

（一）上海黄金交易所

上海黄金交易所于2002年10月30日正式开业，是中国唯一合法从事黄金交易的国家级市场，是不以营利为目的，实行自律性管理的社团法人。交易所的商品有黄金、白银和铂金。标准黄金、铂金交易通过交易所的集中竞价方式进行，实行价格优先、时间优先、撮合成交。非标准品种通过询价等方式进行，实行自主报价、协商成交。

（二）纽约商品交易所

纽约商品交易所于2008年被CME集团收购。交易所的交易方式主要是期货和期权交易。贵金属交易品种有黄金、白银、铂、钯铂合金。合约既有期货合约又有期权合约。

（三）伦敦黄金市场

伦敦黄金市场是世界上最大的有色金属交易所，1804年成为世界黄金交易中心，1919年伦敦金市正式成立。交易品种有铜、铝、铅、锌、镍和铝合金，也是以做市商为主体的场外交易构成的世界第一大黄金市场。伦敦金，又叫现货黄金，以美元标价，以英制盎司为计量单位。黄金报价以道琼斯国际报价为准，主要依据伦敦市场的现货黄金价格。交易规则为保证金交易和买卖双向交易。

（四）苏黎世黄金市场

苏黎世黄金市场由瑞士三大银行，即瑞士银行、瑞士信贷银行和瑞士联合银行负责清算结账。瑞士特殊的银行体系和辅助性黄金交易服务体系，为黄金买卖提供了一个既自由又保密的环境。苏黎世黄金市场在国际现货黄金市场的地位仅次于伦敦，无金价定盘制度。

（五）香港黄金市场

中国的香港黄金市场由香港金银贸易市场、香港伦敦金市场、香港黄金期货市场组成。香港黄金市场在时差上刚好填补了纽约、芝加哥市场收市和伦敦开市前的空当，可以连贯亚、欧、美，形成完整的世界黄金市场。香港黄金市场的监管机构为香港金管司和香港证监会。其主要交易模式有期货、伦敦金、固定买卖场地、香港实金市场和金饰市场。

（六）日本黄金市场

日本东京黄金交易所成立于1982年3月，其黄金市场分为三类。第一类是高端客户市场。资金实力雄厚的高端客户对99.99%千克金条，如住友、三井、三菱等大财团推出的千两箱中的10千克金条非常青睐。第二类是中产阶级市场。中产阶级投资者倾向于购买金银币或参加黄金积累计划，在数年时间内每月购买少量产品。第三类是投机性机构市场。投机性机构一般都参与东京工业品交易所（TOCOM）的期货和期权合同交易。

三、贵金属投资品种

（一）实物贵金属

实物贵金属投资品种包括金银币（熊猫金币）、投资金银条、纪念章和其他银行实物贵金属产品。该投资品种的特点是1：1的回报率，投资成本巨大，回报率低，基本无风险。

（二）账户贵金属

账户贵金属指投资人在银行开立贵金属账户，并根据银行的报价，买入或卖出贵金属份额，如纸黄金。投资人的贵金属份额在账户中记录，通过低买高卖赚取差价，而不提取实物贵金属。开立贵金属账户后，投资人不用考虑贵金属的存储、成色鉴定、重量检测等复杂的操作，也没有交易费用，只要通过把握市场走势低买高卖，就能赚取贵金属价格波动的差价收益。

（三）贵金属 T+D 交易

贵金属 T（Trade）+D（Delay）交易是指由上海黄金交易所统一制定的、规定在将来某一特定的时间和地点交割一定数量标的物的标准化合约。其特点是以保证金的方式进行买卖，交易者可以选择当日交割，也可以无限期的延期交割。黄金 T+D 的投资者不能在当前价格立即建仓，而是需要先设立一个价格和数量，然后等到市场发现完全吻合的交易对手才能建仓。因为投资者提交建仓申请后需要等待，很多时候会因为等待系统撮合而错失投资时机。贵金属 T+D 交易的特点有以下几点：

（1）手续费高于期货、低于实物黄金，风险介于期货与股票中间。

（2）它是以保证金的方式进行的一种黄金现货延期交收业务。它是一种现货交易，但不用当天交割，还可以无限期地延期交割。

（3）贵金属 T+D 交易的交易时间分日市和夜市。日市为每周一至周五（国家法定节假日除外）09:00—11:30，13:30—15:30；夜市为每周一至周五（国家法定节假日除外）21:00—02:30。每日 21:00 开盘到次日 15:30 收盘为一个交易日。

（四）贵金属期货交易

目前我国贵金属期货品种主要是上海期货交易所的金银期货。黄金期货是指以国际黄金市场未来某时点的黄金价格为交易标的的期货合约，投资人买卖黄金期货的盈亏，是由进场到出场两个时间的金价价差来衡量的，契约到期后则是实物交割。黄金期货交易采取的是多空双向交易机制，其次，黄金期货交易的是符合国标 GB/T4134—2003 规定，金含量不低于 99.95%的金锭，每手为 1 000 克，实行的是 T+0 交易。交易时间和商品期货相同，最低交易保证金为合约价值的 7%。

任务二　黄金投资策略

一、影响黄金价格的因素

（一）经济因素

1. 美元走势

美元虽然没有黄金那样的稳定，但是它比黄金的流动性要好。美元对黄金市场的影响主要有两个方面，一是美元是国际黄金市场上的标价货币，因而与金价成负相关。假设金价本身价值未有变动，美元下跌，那金价在价格上就表现为上涨。另一个方面是黄金作为美元资产的替代投资工具。

从近 30 年的历史数据统计来看，美元与黄金保持着大概 80%的负相关关系，但美元与黄金的负相关性并不是在任何时间都适用。美元与黄金的 20 年的走势图，如图 11-2 所示。

从图中可看出，黄金在 2011 年之前始终处于震荡上行的态势，特别是 2008 年世界金

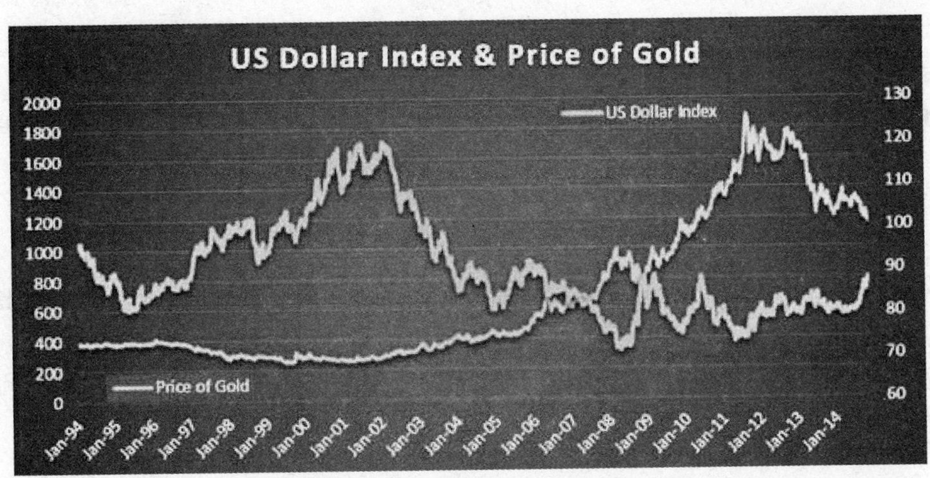

图 11－2 黄金与美元 20 年的走势图

融危机阶段。国际现货黄金价格飞速飙涨至每盎司 100 美元左右，而与此相对应，美元指数则自 2002 年开始进入下降通道。金融危机阶段，美元指数下降至近 20 年最低位。

2．通货膨胀

一个国家货币的购买能力，是基于物价指数（CPI）决定的。当一国的物价稳定时，其货币的购买能力就越稳定；相反，CPI 越高，货币的购买力就越弱。CPI 高时，货币缺乏吸引力，因为持有现金没有保障，收取利息也赶不上物价的暴升，此时人们就会买入黄金，导致黄金价格上涨。所以，投资黄金尤其要关注美国的通货膨胀率。

3．石油价格

黄金本身是通货膨胀之下的保值品，与美国通货膨胀形影不离。石油价格的上涨意味着通货膨胀会随之而来，黄金价格也会随之上涨。

4．利率

投资黄金不会获得利息，其投资的获利全凭价格上升。在利率偏低时，投资黄金会有一定的益处；利率升高时，高利息将会吸引投资者，黄金的吸引力下降会导致价格下降。因此，投资黄金要密切关注世界主要经济实体利率的变化，尤其是美联储利率的升降，它已成为判断贵金属价格涨跌的重要指标。

5．供需关系

黄金价格受供求关系影响而上下波动。产量、生产条件、新技术的采用、某地风俗习惯对黄金需求的增加等都会导致黄金价格变化。

经典实例

华尔街大鳄被中国大妈打败？

2013 年 4 月，一则题为“中国大妈完胜华尔街之狼，高盛投降终止黄金卖空”的新闻刷爆了各大媒体的头条。文中说，华尔街金融大鳄做空黄金，使得金价大跌，世界哗然。

不料半路杀出一群“中国大妈”，瞬间 1 000 亿元、300 吨黄金被大妈们扫走，整个华尔街为之震动。华尔街投多少大妈们买多少，在这场关于黄金的对赌中，高盛率先退出做空黄金。中国大妈完胜华尔街之狼。

在中国有句老话，叫“盛世藏古董，乱世买黄金”。经济繁荣时期，人们乐于投资古董，当未来不确定时，人们倾向购买黄金。中国大妈出手抢购实体黄金，除了有传统观念的“存金藏银”外，最大的心理因素来源于安全感的缺失——如何能让财富保值和规避通货膨胀。“抢金潮”其实反映出中国民间投资理财渠道的匮乏与不足，也更凸显了提振内需消费的隐忧。

（二）政治因素

政治因素对黄金价格的影响具有偶然性。政治事件一般是很难准确预测的，多数具有偶然性、突发性，因此市场对此类事件比较敏感，黄金价格短期波动往往被夸大。从具体形式上看，政治事件一般有战争、边界冲突、大选、政治丑闻、政府首脑更迭、政局不稳以及引发的金融危机等。

相关链接

因英国退欧黄金暴涨8%　创2008年来最大单日涨幅

国际现货黄金周五（2016年6月24日）亚市盘中一度上涨100美元，涨幅超过8%，创下2008年以来的最大单日涨幅，且刷新每盎司1 358.33美元的2014年3月来最高水平，因最新的投票数据显示英国脱欧几乎已成定局。与此同时，现货白银也一度上涨接近6%，并刷新每盎司18.32美元的2015年1月来高位。

资料来源：搜狐网. money. sohu. com/20160624/n456064911. shtml. 2016-06-24.

二、黄金投资的技术分析

（一）黄金投资的基本原则

第一，多实践多记录，寻找适合自己的技术指标。

第二，市场行情复杂，技术指标的组合研究准确性更高。

第三，坚持投资纪律，保持良好心态，把握市场中长期趋势。

第三，合理止盈止损可以帮助减少损失。

（二）黄金投资的技术分析

技术分析就是以预测市场价格变化的未来趋势为目的，以图表、技术指标为主要手段对市场行为进行的研究。

1. 技术分析理论基础的前提条件

（1）市场行为包容一切。

“市场行为包容一切”是技术分析的基石。技术分析者认为，任何可能影响期货市场价格的因素——基础的、政治的、心理的或其他，实际上都反映在其价格之中，而价格变化必定反映供求关系。

技术分析者所使用的图表等工具之所以发生作用，是因为这些工具本身如实地描述了市场参与者的行为，使我们能够把握市场参与者对市场的反应，从而把握市场的未来趋势。

（2）价格以趋势方式演变。

“趋势”是技术分析的核心。技术分析者认为，市场确有趋势可循，而且当前的市场趋势有势能或惯性，只有当它走到趋势的尽头，它才会掉头反向。研究价格图表就是要辨识出趋势发展的早期形态，以便顺应趋势进行交易。

（3）历史会重演，但不是简单重演。

认为投资不过是一种追求利润的人类心理行为，市场交易行为将趋于一定的模式，由此导致历史重演，但是市场不会简单重演。投资者可以通过分析过去的价格变动资料来预测未来的价格走势。

2. 技术指标的应用

（1）MACD 与 BOLL 结合在现货黄金、现货白银投资中的应用。

该方法又叫 MACD 打击战法，是基于 MACD（指数平滑异动移动平均线）及辅助 BOLL（布林线）指标的一项技术战法，特别是运用在黄金、白银等 T+0 多空双向市场中，可靠性较高。

1）多空法则一。

当 MACD 形成金叉时，均属于做多信号，可以直接买入多单，等待上涨赚钱，特别是当价格突破 BOLL 的中轨道线时更加精准。反之形成死叉时，做空。MACD 金叉，如图 11－3 所示。

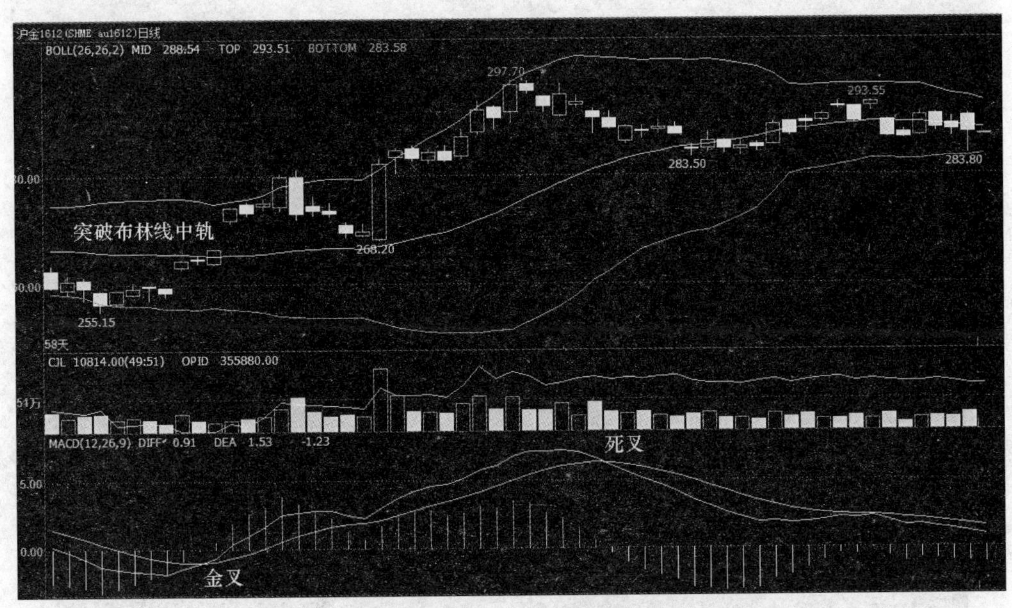

图 11－3　MACD 与 BOLL 多空趋势研判法则一

2）多空法则二。

布林线多空研判法则：

a. 当价格突破 BOLL 的中轨道线时，即可做多。在 MACD 翻出红柱体的情况之下，可大胆做多。

b. 当价格连续跌破 BOLL 的下轨道线，再收复下轨道线并且站稳时，方可大胆做行情的超跌反弹，抄底做多。

c. 当价格跌破 BOLL 的中轨道线时，即可做空。在 MACD 翻出绿柱体的情况之下，可大胆做空。

d. 当价格连续突破 BOLL 的上轨道线，再跌破上轨道线时，方可大胆做行情的超涨回调，方可逃顶做空。一定要配合 MACD 的死叉或者绿柱，以免遇到单边行情。见图 11－4。

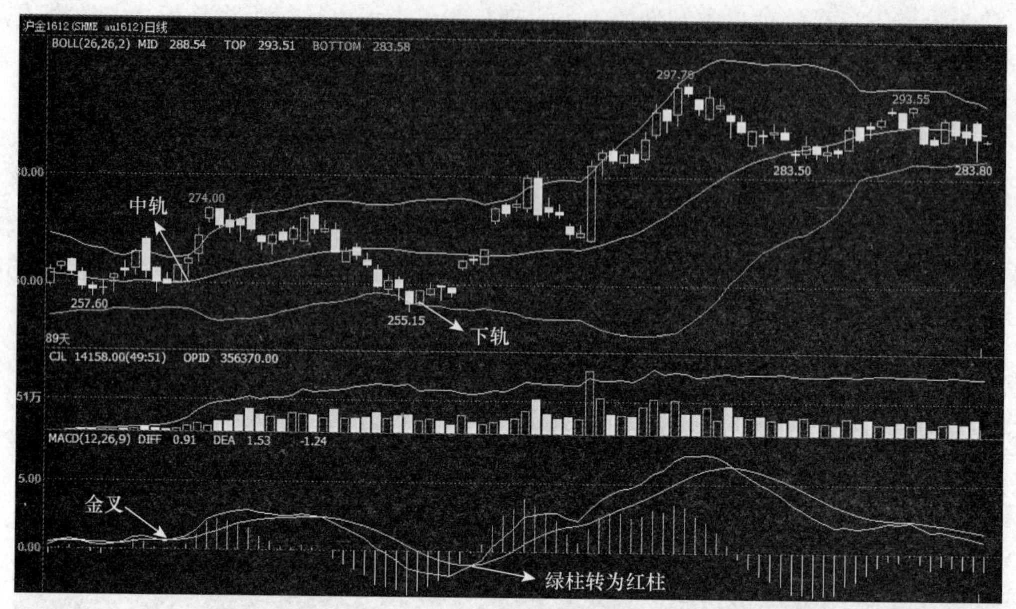

图 11－4 MACD 与 BOLL 多空趋势研判法则二

(2) 泡泡战法：SAR 抛物线法。

1) 研判法则一。

当在 K 线上方出现第一个泡泡之时，意味着行情将要出现转向，这个时候行情将会从原来的上涨或震荡行情变为新的下跌趋势（见图 11－5、图 11－6）。

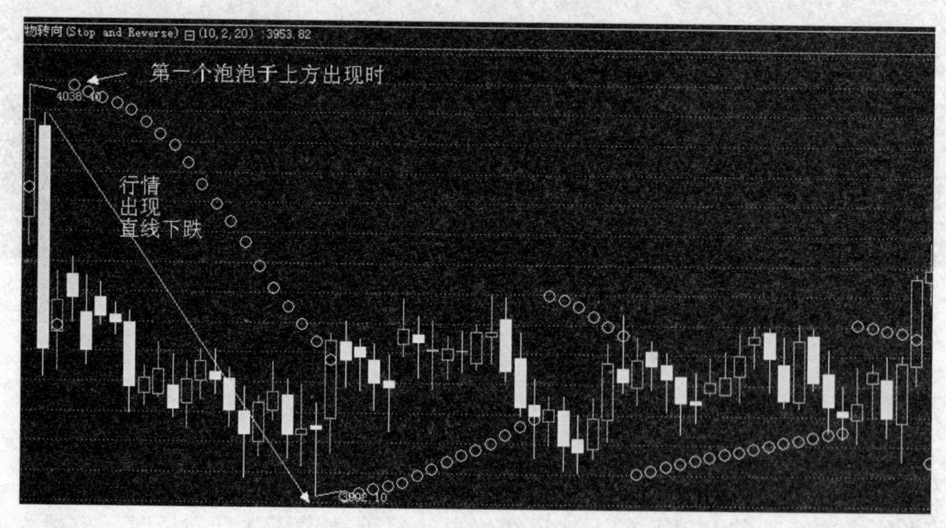

图 11－5 泡泡战法研判法则——下跌趋势

2) 研判法则二。

背离操作：当泡泡出现时，会在第三个泡泡上确立行情，即是走正规下跌，还是走出背离局面。

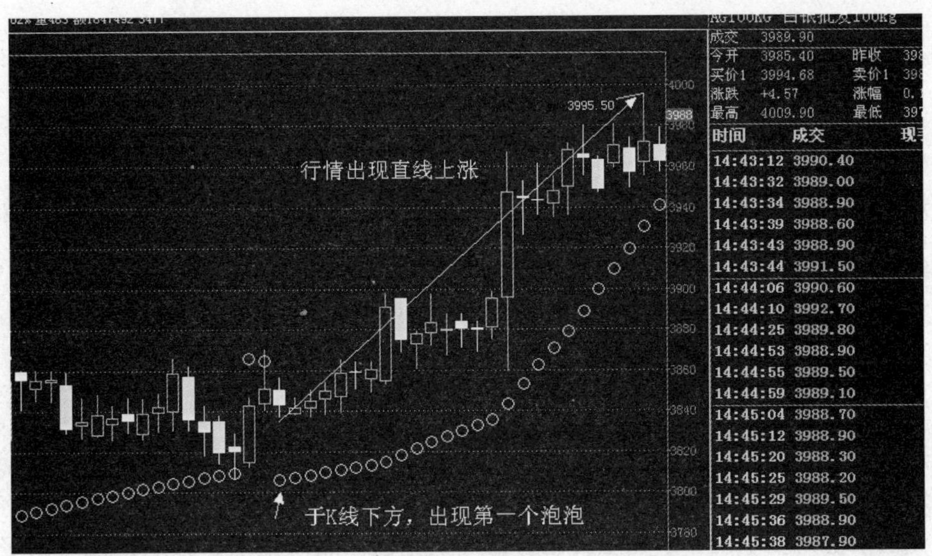

图 11-6　泡泡战法研判法则——上升趋势

上方出现泡泡本应做空时，如果第三根 K 线创出前三根 K 线的最高点，那么则找低位做背离多单（见图 11-7）。

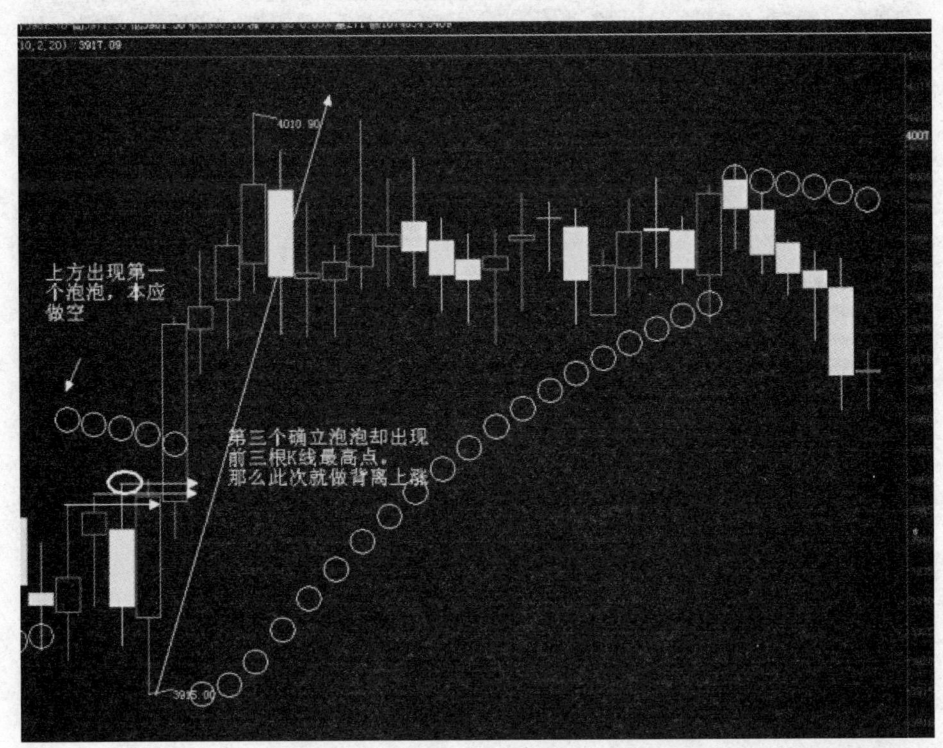

图 11-7　泡泡战法研判法则——背离

从图 11-7 可知，下方出现泡泡本应做多时，如果第三根 K 线创出前三根 K 线的最低点，那么则找高位做背离空单。

投资理财技能大赛模拟拓展训练

问题：“情景写实”中，李先生希望投资贵金属，期望未来能够保值或增值。请以中国工商银行贵金属为考察对象进行分析。

解：

1. 中国工商银行贵金属投资特点

从交易活跃程度上由强至弱：白银>钯金>黄金>铂金。

从未来前景看由强至弱：铂金>钯金>白银>黄金。

从避险程度看由强至弱：黄金>白银>铂金>钯金。

2. 选择合适的贵金属投资品种

从保值增值角度来说，李先生可以考虑购买金银饰品或金条、银条，也可以定投纸黄金，选择按克数或按金额定期进行定投。

李先生可以登录个人网上银行，然后选择“网上贵金属”（见图 11－8），再点击“账户贵金属定投”，即可进行贵金属定投。

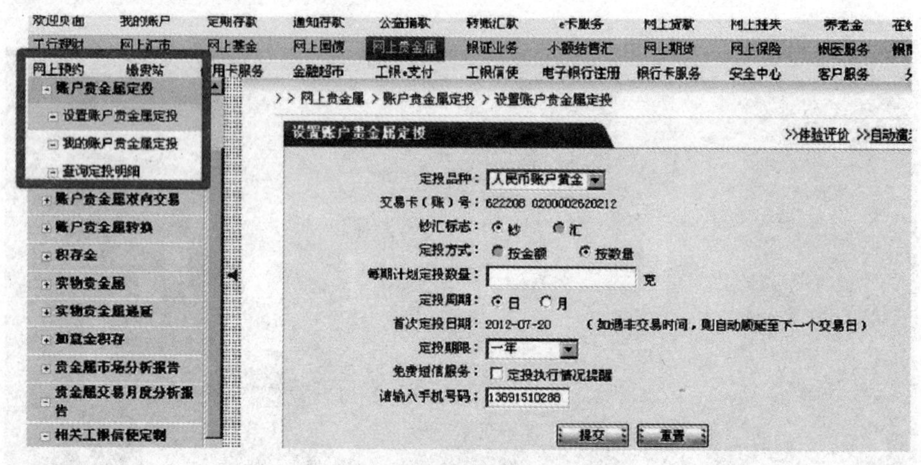

图 11－8 “网上贵金属”页面

 概念索引

贵金属　　上海交易所　　伦敦金　　黄金期货　　现货白银　　白银期货　　贵金属 T+D　　MACD　　BOLL　　SAR

 闯关考验

1. 黄金 T+D 产品的特点包括（　　）。

A. 交易时间灵活

B. 交易多样化，有做空机制

C. 保证金模式——利用杠杆方式，较实物黄金投入资金少

D. 无交割时间限制，减少了操作成本

E. 交易成本低

2. 银行代理的黄金业务种类有（　　）。

A. 条块现货　　B. 纯金币

C. 黄金基金　　D. 黄金存折

E. 纪念金币

3. 2014 年 8 月至 11 月，新增非农就业人数呈现稳步上升趋势，美国经济稳健复苏。当时市场对于美联储（　　）预期大幅升温，使得美元指数（　　）。与此同时，以美元计价的纽约黄金期货价格则（　　）。

A. 提前加息，冲高回落，大幅下挫

B. 提前加息，触底反弹，大幅下挫

C. 提前降息，触底反弹，大幅上涨

D. 提前降息，维持震荡，大幅上涨

4. 利用黄金分割线分析市场行情时，4.236，（　　），1.618 等数字最为重要，价格极易在由这 3 个数产生的黄金分割线处产生支撑和压力。

A. 0.809　　B. 0.5　　C. 0.618　　D. 0.809

5. 在黄金市场上，比较适合没有专业知识的普通投资者进行理财的产品是（　　）。

A. 纸黄金　　B. 黄金期货

C. 黄金饰品　　D. 账户黄金投资

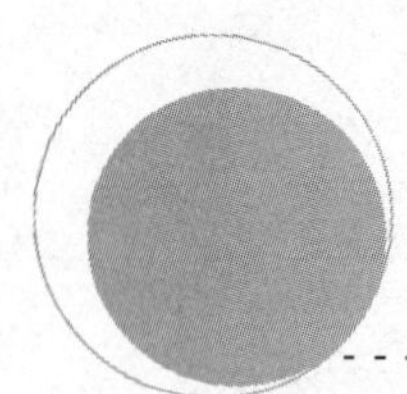

项目十二 房地产、教育、税收理财规划

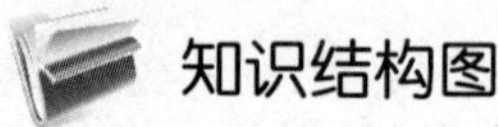

知识结构图

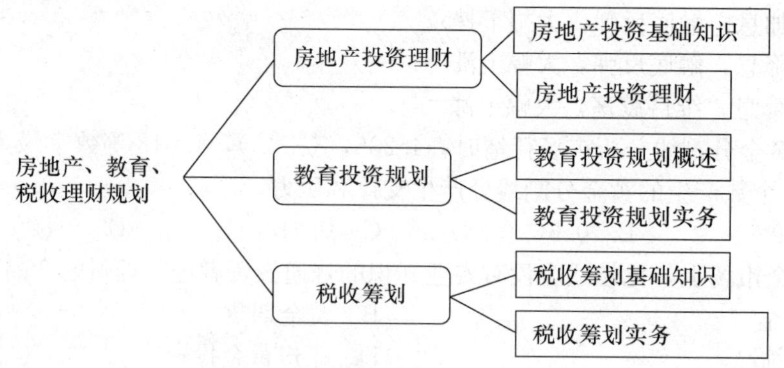

情景写实

李先生夫妻二人期盼女儿能够茁壮成长。他们努力创造条件，让女儿上市重点中学，接受良好的教育。李先生计划在6年后购买一套学区房。当地学区房均价为39 980元/平方米，通过向理财规划师咨询，贷款后的月供/月税后收入的比值最多不应超过30%。由于是贷款购买第二套房子，房贷利率要上调到8%，贷款期限为30年，采用等额本息还款法。此外，李先生计划6年后出售用于出租的那套自有产权房，所获资金用于支付学区房的首付（不考虑个人所得税及其他税），预计出租房房价每年增长10%。

另外夫妻二人希望女儿在国内攻读研究生，暂不考虑让其出国留学。他们的女儿距离读大学还有11年。目前大学及研究生每年学费为24 000元，并以每年5%的速度增长，预计大学加研究生一共6年时间（假设入学后学费及生活费增长为0），李先生夫妇已准备教育金20 000元。

任务：

1. 分析客户的购房需求，确定客户购房总价。
2. 计算每月月供（月供为年收支的1/12）。
3. 计算李先生的教育金缺口。
4. 计算李先生每月应定投多少钱才能保证其女儿研究生毕业。

学习目标

1. 掌握房地产租房与购房决策方法。
2. 学会子女教育投资规划方法。
3. 掌握个人税收规划技巧。

任务一　房地产投资理财

人们将资金投在房产上，在享受全新的居住环境的同时，通过正确的资金安排和交易活动，可以获得额外的收益，所以，置业买房不失为一种稳妥的投资、理财方式。

一、房地产投资基础知识

（一）房地产的概念和投资特征

1. 房地产的概念

房地产是房产和地产的总称，是指土地及附着在土地上的人工构筑物和建筑物及其附带的各种权利（所有权、管理权、转让权等）。

2. 房地产投资特征

（1）金额大、回收慢。房地产投资金额巨大，这对长期持有者来说，利润回收相对较慢，如通过租金收入就会长期受益。对普通个人来讲，首先应考虑资金问题，要做好投资的时间计划。

（2）附加收益性。房地产本身并不能产生收入，其收益是在使用过程中产生的。房地产投资者可以在合法的前提下调整房地产的使用功能，使之既适合房地产特征，又能增加房地产投资的收益。

（3）资本和消费品的二重性。房地产对每个人来说既是一种消费品，又是一项重要资产。在我国，房产地价值一般占家庭总财富的80%以上。

（4）易受政策影响。房地产受政府法令和政策的限制与影响表现在两方面：一是政府基于公共利益，可限制某些房地产的使用，如城市规划对土地用途、容积率和绿化率等的规定；二是政府为满足社会公共利益的需要，可以对任何房地产实行强制征用或收买。

（5）变现性相对较差。房地产投资品单位价值高，且无法转移，其流动性较弱，特别是在市场不景气时期变现难度更大。

（二）房地产投资品种分类

1. 普通商品住宅

普通商品住宅是指为普通居民提供的、符合国家住宅标准的住宅。目前主要是按2005年颁布的《住宅建筑标准》来进行界定的。

相关链接

房地产行业周报：商品房成交量环比下跌，去库存力度仍将加大

腾讯财经2016年8月10日报道，上周房地产指数（中信）上涨5.46%，同期沪深300上涨0.04%，房地产指数跑赢沪深300指数5.42个百分点。

商品房成交量环比下跌。新建住宅方面，上周（2016.08.1～2016.08.7）重点关注的30个城市商品房成交面积为531.83万平方米，环比下跌11.88%，同比上涨24.18%。其中一线城市成交94.92万平方米，环比下跌16.88%，同比上涨3.95%；二线城市成交326.17万平方米，环比下跌10.08%，同比上涨37.10%；三线城市成交110.74万平方米，环比下跌12.56%，同比上涨11.79%。

二手房方面，重点关注的6个城市成交量环比下跌12.63%，同比上涨6.02%。其中，一线城市（北京、深圳）成交量环比下跌29.93%，同比下跌29.89%；二线城市（天津、杭州、南京、成都）环比下跌2.16%，同比上涨36.26%。

资料来源：腾讯财经新闻. 房地产行业周报：商品房成交量环比下跌，去库存力度仍将加大.（2016-08-10）［2016-09-20］finance. qq. com/a/20160810/042705. htm.

2. 高档住宅

建筑造价平方米价格超过上年度商品住房平均价格一倍以上的为高档住宅，包括高级公寓、花园住宅和别墅等。高档住宅不享受减半征收契税的优惠政策。

3. 商业类房地产

商业类房地产是指能够出租经营、为投资者带来经常性收入现金流的房地产，又称经营性物业，包括商店、旅馆、写字楼、餐馆和游艺场馆等。商业类房地产一般由政府城市规划管理部门批准，然后到房地产管理部门办理变更登记手续。

（三）房地产投资的风险

1. 流动性风险

投资于房地产项目中的资金流动性差，变现性也较差。所以投入房地产的资金最好是长期不使用的。

2. 政策风险

任何国家的房地产都会受到社会经济发展趋势和国家相关政策的影响，如果经济繁荣，政策鼓励支持房地产行业，则房地产价格看涨；相反，则会看跌。因此，对投资者来说，应该充分考虑政策风险，若投资者不注意国家宏观政策的变化，很可能遭受跌价带来的损失。

3. 交易风险

当前房地产市场信息严重不对称。房产的外形、风格、装修、位置等不同，导致价格相差很大。投资房产时，一定要注意不同位置上同一类房屋价格的差距。

4. 自然风险

投资者要承担自然灾害等人力不可抗拒的事件所带来的风险。

二、房地产投资理财

（一）房地产投资的方式

1. 直接购房

直接购房是指个人利用自己的资金或银行贷款购买住房，用以居住或转手获利。住房投资在家庭资产的投资组合中占重要地位。

2. 以租代购

以租代购是指投资者通过分期付款等方式获得住房，然后将住房租赁出去以获得收益。

3. 以租养贷

以租养贷是指投资者购买一套房子，付了首付以后，把房子租出去，用租金偿还月贷，直到房贷还清。

4. 楼花

“楼花”一词来源于香港，是指投资者认购时只需支付10%的房款；待到房屋建成一半时，再支付10%的房款；当房屋完全建成交付使用时，再交足余款。从实质上来说，楼花属于购买期房的投资方式。

5. 以房换房

以房换房是指采取以房换房的方式获取自己认为具备升值潜力的房产，待时机成熟再转售或出租从中获利。以房换房一般是换进门面房或即将动迁的房产。

（二）房产理财策划

1. 租售比法

一般用租售比来反映房价对使用价值的偏离程度。

租售比＝每平方米使用面积月租金/每平方米建筑面积房价

国际上用来衡量一个区域房产运行状况的租售比的一般范围为1：200到1：300。如果租售比低于1：300，表明该区域的房产投资潜力相对较小；如果高于1：200，表明该区域的房产投资潜力相对较大。

2. 年成本法

租房年成本＝年租金＋押金机会成本＝月租金×12＋月租金×12×当年存款利率

购房年成本＝利息支出＋首付款机会成本

＝贷款额×房贷年利率＋首付款×当年存款利率

年成本法只能作为参考，人们在租房或购房时还要考虑房租上涨概率、房价波动和利率的变化等因素。

3. 净现值法

净现值法是指在一个固定的居住期间内，将租房及购房的现金流量还原为现值进行比较，净现金流越小越好。

（三）买房投资理财

1. 购房涉及的税费

在我国，购房交易涉及的税费包括契税、印花税、个人所得税、房屋所有权登记费、房屋买卖手续费、公证费、律师费、中介费等。

2. 房产贷款种类

（1）住房公积金贷款，指按时向住房公积金管理中心正常缴存住房公积金的单位的在职职工，在本市购买、建造自住住房（包括二手住房）时，以其拥有的产权住房为抵押物，并由有担保能力的法人提供保证而向资金管理中心申请的贷款。

（2）住房商业性贷款是指银行以信贷资金向购房者发放的贷款，一般为抵押贷款。

（3）个人住房组合贷款，指银行以公积金存款和信贷资金为来源，向同一借款人发放的用于购买自用普通住房的贷款，是公积金贷款和商业性贷款的组合。

3. 个人住房贷款还款法

（1）等额本金还款法，指将本金分摊到每个月内，同时付清上一交易日至本次还款日之间的利息。这种方式前期支付的本金和利息较多，还款负担逐月递减。等额本金还款法的月还款额为：

$$月还款额=贷款总额\div总月数+贷款余额\times月利率$$

此方法每月产生的利息要计入下月本金，进行利滚利。

（2）等额本息还款法，指每期向银行偿还等额的本金和利息。该方法前期还款压力较小，支付总利息增加。此方法为当前普遍采用的房贷还款方式。等额本息还款法的月还款额为：

$$月还款额=\frac{M\times r\times(1+r)^n}{(1+r)^n-1}$$

式中，M 为贷款本金；r 为月利率；n 为还款期数。

（3）组合还款法，指将贷款本金按比例分成若干偿还阶段，并确定每个阶段的还款期限，接着在每阶段里又按等额本息还款方式归还。

4. 有效的还贷方法

（1）加速还款，指缩短还贷周期，增加还贷次数。

（2）额外还款，指提前还贷，包括提前全部还款、提前部分还款但贷款期限不变、提前部分还款且缩短贷款期限 3 种情况。在等额本息贷款中，采用部分提前还款是节省贷款利息和缩短贷款时间的基本方法，也是最有效的方式。

【例 12-1】张先生 2016 年 8 月 17 日向某商业银行申请了商业贷款，借款额度为 150 万元，借款期限为 20 年，年利率为 7.65%。试分别计算等额本金和等额本息还款法下的还款金额。

解：

由资料可知，贷款总额为 1 500 000 元；年利率为 7.65%；贷款期限为 20 年；起贷日期是 2016 年 8 月 17 日。分别用等额本息还款法和等额本金还款法计算还款金额，如表 12-1 所示。

表 12-1　　还款金额计算表

等额本息还款法	等额本金还款法
每月还款：12 221.85 元	每月还款：15 812.5 元，月递减 39.84 元
总支付利息：143 3244.00 元	总支付利息：1 152 281.25 元
本息合计：293 3244.00 元	本息合计：2 652 281.25 元
	节省利息额：280 962.63 元

相关链接

公积金小常识

（1）住房公积金缴存比例不得超过 12%。

（2）10 年未用者最高可提 10 万元。

（3）在缴存城市无自有住房且租房的，缴存 3 个月可支取公积金。

(4) 死亡后继承人可提取公积金。

(5) 公积金有助落户。

(6) 提前退休不能提取公积金。

(7) 公积金贷款有最高限额。

(8) 公积金可借给未婚成年子女购买住房。

(9) 公积金可当低保用。

(10) 自由职业者拟可缴公积金。

任务二 教育投资规划

相关链接

教育投资的关键在于规划

所谓“望子成龙，望女成凤”，如何为孩子准备一笔充足的教育经费成为父母们的心头大事。最新的调查显示，城乡居民储蓄的目的，子女教育费用排在首位，位列养老和住房之前。面对各种学费上涨的趋势，家长们积攒子女教育经费的压力陡增。怎样科学地进行教育投资成为家长所关心的问题。既然子女教育费用需求已成为家庭教育投资的第一需求，为人父母者当然应该尽早规划，以获取复利的可观收益。有人甚至提议，子女教育投资规划在孩子出生前就可以开始了。

孩子的教育投资规划不单单只是“攒钱”就可以解决的，家长应该计算一下自己的家庭到底需要积累多少教育金，对孩子的教育投资做出合理规划，找到最适合自己家庭的投资方式。如果从小学算起，国内培养一个大学生的平均开销需要15万元～20万元，按现在大学生就业的平均月薪和增长速度来计算，快则5～7年就可收回投资。虽然从收入角度看，教育投资较为划算，但鉴于目前教育投资的风险不断增加，而其边际效用却在不断减少，因此孩子能否成为有价值的“耐用生产品”，关键在于做好子女教育投资的规划。

一、教育投资规划概述

教育投资规划是指为实现预期教育目标所需要的费用而进行的一系列资金管理活动。它包括本人教育投资规划和子女教育投资规划。其中子女教育投资包括基础教育投资和高等教育投资。

（一）子女教育规划的特点

1. 没有时间弹性

子女从幼儿园到大学所受教育的时间都是确定的，这一点与购房规划、退休养老规划不同，时间是不能推迟的。

2. 没有费用弹性

一段时间内，各阶段教育费用都相对固定，不管每个家庭收入和资产状况如何，都不能降低标准。

3. 教育金的支出成长率较一般的物价增幅要高

家庭在子女教育金的投资方面不能太保守，至少要高于学费增长率。

（二）子女教育投资规划的原则

1. 早规划原则

教育投资准备的时间越长，家庭的财务压力越小。

2. 资金充裕原则

子女受教育程度取决于父母期望、子女资质、子女学习能力、子女兴趣爱好等，教育投入难以准确估算，且难以缩减，所以宁多毋少。

3. 稳健投资原则

子女教育规划时间较长，应考虑中长线投资，如基金定投、股票长期投资、分红保险等，追求资金长期稳定增值。

（三）子女各阶段教育费用预估

1. 幼儿教育费用

以南京市幼儿园为例，私人幼儿园每年托儿费 16 800 元，伙食费每年近 3 600 元，兴趣课每年近 1 000 元，课外兴趣班每年 3 000 元，3 年总计 73 200 元。公立幼儿园除了每年幼教费少了近 10 000 元外，其他没有太大变化。

2. 中小学教育费用

目前我国义务教育阶段免除学费，所以该阶段费用主要是书本费、资料费和生活费，以南京市为例，书本费与资料费每年以 2 000 元计，生活费每年 10 000 元左右。九年义务教育费用总计 108 000 元。

3. 高中教育费用

以南京市为例，南京高中学费平均每年近 2 000 元，代办费（含书本费、校服费、社会实践活动费等）每年近 1 000 元，服务性收费（含住宿费、伙食费）每年 7 000 元左右，3 年总计 30 000 元。如果要择校，至少还有 30 000 元以上的择校费。

4. 高等教育费用

从当前高校本科、研究生教育收费来看，各高校学费一般在 5 000 元～10 000 元，平均每年 8 000 元，且呈上涨趋势。生活费主要包括住宿费（1 200 元～1 500元/年）、伙食费（1 000 元～1 500 元/月），通信网络费（1 000 元/年），其他费用 500 元/年。因此本科 4 年大概需要 7～8 万元，硕士研究生 3 年需要 6 万元左右。如果子女还要出国深造，还要准备 40～50 万元。

二、教育投资规划实务

教育投资应以稳健为主，教育投资更应该关注零风险或低风险的长期投资产品。

（一）子女教育投资工具

1. 教育储蓄

中国人民银行《教育储蓄管理办法》规定：除邮政储蓄机构外，办理储蓄存款业务的各金融机构均可以开办教育储蓄。教育储蓄拥有储户特定、存期灵活、总额控制、利率优惠、利息免税的特点。其最大优势在于可以零存整取定期储蓄，却享受整存整取利息。

2. 教育保险

子女教育保险是用保险的方法协助父母为其子女积累教育费用，保证子女教育“专款专用”的险种，起到强制储蓄的作用。教育保险避免因家庭急需用钱动用银行存款而耽误子女教育的进程。教育保险投资具有专业性，且能够保费豁免。

经典实例

平安子女教育保险

李女士为刚出生的儿子小刚投保 5 万元平安子女教育保险，年保费 4 360 元，交 15 年，共交保费65 400 元。其享有的保险利益如下：

(1) 教育年金：小刚 15～17 周岁时，每年可领 5 000 元做高中教育金；18～21 周岁时，每年领 15 000 元做大学教育金。

(2) 身故保险金：小刚在 21 岁前发生不幸，公司按保单现金价值补偿给李女士。

(3) 成长年金：李女士如发生不幸，不能再照顾小刚，小刚每年可领取 2 500 元生活费，直到 21 岁。

(4) 豁免保费：交费期内李女士如发生不幸，可免交以后各期保费。

3. 银行理财产品

银行理财产品风险较小，收益比储蓄高，但是需要投资的初始资金较多，一般在 5 万元以上。

4. 子女教育金信托

子女教育金信托是指家长通过信托机构进行投资理财规划，待资产累积到一定程度时，在子女的未来教育某一条件成立时，将信托的资产转移给子女，让子女未来的教育和生活更有保障。

5. 股票基金长期投资

因为教育投资规划一般比较长，所以投资一些新兴产业的上市公司股票和行业基金，长期投资收益也将是巨大的，但是一定要重点分析上市公司的发展潜力和基本面情况。

(二) 子女教育投资规划流程

1. 确定教育目标

根据教育目标计算所需费用，比较现有资产，计算出子女教育资金的缺口。

2. 预测教育费用增长率

预测未来教育费用，要考虑未来的通货膨胀率，根据资金充裕原则，当教育费用增长不确定性较大时，应调高教育费用增长率。

3. 确定当前所需总投资额和分期投资额

根据教育费用增长率，估算未来所需教育资金，然后根据该数据计算在当前时点的时间价值，确定当前所需总投资额和分期投资额。

4. 选择适当的投资工具

子女教育投资工具包括传统的教育投资工具，比如教育储蓄保险；长短期教育投资工具，比如政府债券、教育信托基金、大额可转让存单、助学贷款、出售资产等。

【例 12-2】 吴女士 40 岁，离异，女儿今年 17 岁，再过一年女儿就要上大学了。家庭资产状况：拥有一套价值 30 万元的自住房产；积蓄 3 万元；股市投资 5 000 元。当前收支状况：吴女士月收入 2 000 元，孩子的父亲每月支付抚养费 400 元；吴女士及女儿每月生活费为 1 500 元，每月给父母赡养费 200 元。

解：

（1）家庭资产分析。

吴女士家庭产负债表，如表 12－2 所示。

表 12－2　　**吴女士家庭资产负债表**　　单位：元

资产		负债	
房产	300 000		
储蓄	30 000		
股票	5 000		
资产合计	335 000	负债合计	0
净资产 335 000			

吴女士家庭收入支出表，如表 12－3 所示。

表 12－3　　**吴女士家庭收入支出表**　　单位：元

收入		支出	
本人工资	2 000	生活费	1 500
子女抚养费	400	父母赡养	200
收入合计	2 400	支出合计	1 700
每月节余 700			

（2）家庭财务分析。

吴女士有总资产 33.5 万元，但主要是房产；且生活负担较重，日常收支节余少；女儿很快就要上大学。因此，对吴女士来说，近几年的主要理财目标是子女教育和家庭的财务安全，理财主要原则是资产保值并保持其较好的流动性，以满足日常开支、突发事件及女儿一年后大学教育的资金需要。

（3）教育投资规划。

假设吴女士的女儿大学 4 年所需费用共计 4 万元。具体教育投资规划如下：

1）教育储蓄计划：吴女士应以其女儿名字开设教育储蓄账户，从现在开始为孩子进行为期 3 年的教育储蓄。从每月结余的 700 元中转存 555 元到教育储蓄账户，3 年共存 2 万元，到女儿大学三年级时取出。教育储蓄虽为零存整取但享受整存整取利息，且利息免税。

2）教育助学贷款：在女儿大学一年级入学时，可凭女儿的入学证明，用 30 万元的住房向银行申请 2 万元的教育助学贷款，用来支付女儿的大学一二年级的学费、生活费，此项贷款大学毕业前是免利息的，毕业后 3 年内归还本金。

任务三　税收筹划

人们对税收筹划的研究是从 20 世纪 50 年代末才真正开始的。成立于 1959 年的欧洲税务联合会，明确提出税务专家以税务咨询为中心开展税务服务。

一、税收筹划基础知识

（一）税收筹划的概念及特点

1. 税收筹划的概念

狭义上讲，税收筹划又叫节税，是纳税人在法律允许的范围内，通过经营、投资、理财等经济活动的事先筹划和安排，充分利用税法提供的优惠和差别待遇，以减轻税负，达到整体税后收益最大化。

广义上看，只要是在纳税行为发生的前后，纳税人所进行的任何直接和间接减轻税收负担的行为都属于税收筹划的范畴。

2. 税收筹划的特点

(1) 税收筹划具有合法性。纳税筹划应以不违反国家现行的税收法律、法规为前提，否则就构成税收违法行为。

(2) 税收筹划具有事前筹划性，即一切选择和安排都是围绕着节约税收成本目标而进行的。

(3) 税收筹划具有明确的目的性。

经典实例

税收筹划比较案例

王某与其两位朋友打算合开一家花店，预计年盈利 180 000 元，花店是采取合伙制还是有限责任公司形式？哪种形式税收负担较轻呢？

从 2000 年 1 月 1 日起，个人独资企业和合伙企业不再缴纳企业所得税，合伙企业以每一个合伙人为纳税义务人。合伙协议没有约定分配比例的，以全部生产经营所得和合伙人数量平均计算每个投资者的应纳税所得额。

方案一：合伙制形式。设王某及两位合伙人各占 1/3 的股份，企业利润平分，三位合伙人的工资为每人每月 800 元，当地税务局规定的费用扣除标准也为每人每月 800 元，则每人应税所得为 60 000 元（=(180 000+800×12×3)÷3-800×12)），税率 20%。

每个人应纳个人所得税额=60 000×20%-3 750=8 250(元)

三位合伙人共计应纳税额=8 250×3=24 750(元)

税收负担率=24 750÷180 000×100%=13.75%

方案二：有限责任公司形式。有限责任公司性质的私营企业是企业所得税的纳税义务人，企业所得税税率为 25%，则：

应纳企业所得税税额=180 000×25%=45 000(元)

税后净利=180 000-45 000=135 000(元)

如分配给投资者，还要按“股息、利息、红利”征收个人所得税，设个人所得税适用税率为 20%，则：

每人应纳个人所得税=135 000÷3×20%=9 000(元)

个税共计=9 000×3=27 000(元)

税款总计=45 000+27 000=72 000(元)

税收负担率=72 000÷180 000×100%=40%

所以，花店应该采用合伙制形式，税收负担比较轻。

(二) 税收筹划的相关概念

1. 税收筹划与避税

避税是指纳税人通过非违法的手段和方式，通过资金转移、成本转移、费用转移、利润转移等方法躲避纳税义务，以期达到少纳税或不纳税的一种经济行为。

税收筹划具有合法性，是为国家鼓励采用的；避税则有可能变成违法行为，国家一般会采取反避税措施。

2. 税收筹划与偷税

偷税是指纳税人采取伪造、变造、隐匿、擅自销毁账簿、记账凭证，或者在账簿上多列支出或者不列、少列收入，或经税务机关通知申报而拒不申报，或者进行虚假的纳税申报，不缴或少缴税款的行为。是否违法是税收筹划与偷税之间最本质的区别。

3. 税收筹划与欠税

欠税是指纳税人超过税务机关核定的纳税期限而发生的拖欠税款的行为。税收筹划与欠税不同，是指通过不违法的筹划手段实现少缴或递延缴纳税款的行为。通过税收筹划使某项涉税行为免于应税义务或推迟应税义务发生的时间。

4. 税收筹划与骗税

骗税是指采取弄虚作假和欺骗手段，将本来没有发生的应退税行为虚构发生了退税业务或产生了退税行为，以骗取国家出口退税款。

（三）税收筹划产生的原因

（1）税收制度因素。各国税收制度在税种、税基、税率、税收优惠等方面都存在差异，为税收筹划提供了空间。

（2）国家间税收管辖权存在差别。

（3）纳税主体自我利益驱动机制。

（4）货币具有时间价值使纳税人产生了递延纳税的需要。

二、税收筹划实务

（一）税收筹划的基本方法

1. 避免应税收入的实现

（1）财产的增值部分。纳税人要尽量取得不被税法认定为是应税所得的经济收入。例如财产增值部分只要不变现一般就不对其征税。

（2）信贷融资。财产增值部分只要变现就要缴纳个人所得税，因此个人尽量不要将财产的增值部分变现，如需要资金，可以用财产作抵押进行信贷融资。

（3）金融产品。如国债和国家发行的金融债券利息、对教育储蓄存款利息以及对股票转让所得免征或暂免征个人所得税。

（4）自己使用过的物品。个人销售自己使用过的属于征收消费税的机动车、摩托车、游艇，售价超过原值的，按 4%减半征收增值税；售价未超过原值的，免征增值税。

2. 避免适用较高税率

在纳税人一定时期内收入总额既定的情况下，其分摊到各个纳税期内的收入应尽量均衡，以避免增加纳税人的税收负担。

3. 充分利用税前扣除

各国税法中都有一些允许纳税人税前扣除的条款，尤其是当纳税人的所得适用超额累进税率时，如果纳税人多扣除一些费用，缩小了税基，其所得适用的最高边际税率和实际税负就可能下降。

4. 推迟纳税义务发生时间

推迟纳税可以使个人在不减少纳税总量的情况下获得货币的时间价值。税款越晚缴纳，其经济成本就越低。

5. 利用税收优惠

利用税收相关的优惠政策，合理进行税收筹划。

（二）税收筹划实务

1. 纳税人身份设计规划

【例 12－3】王先生夫妻共同经营一家水暖器材公司。王先生的妻子主要负责水暖器材销售的经营管理，王先生主要承接一些安装维修工程。预计 2017 年销售水暖器材的应纳税所得额为 4 万元，安装工程应纳税所得额为 2 万元。

解：筹划前，作为个体户，要就其各类经营所得缴纳个人所得税，

全年应缴纳所得税＝60 000×20%－3 750＝8 250(元)

筹划后，王先生和妻子分别注册成立一家个人独资企业，王先生的企业专门承接安装维修工程，王先生妻子的企业专门经营水暖器材销售。这样每年收入同上，但整体税负却发生了变化。

安装维修工程的年应纳税额＝20 000×10%－750＝1 250(元)

水暖器材销售的年应纳税额＝40 000×20%－3 750＝4 250(元)

合计＝5 500(元)

筹划后，每年节税 2 750 元。

2. 从征税范围角度规划

（1）工资薪金福利化。个人取得的工资薪金收入，可以通过雇主将其中的一部分现金收入转化为雇主提供的福利，同样可以满足其日常消费需要，却可以由此少负担个人所得税。比如由雇主支付工作期间寓所租金，雇主替员工支付就餐费用，为员工子女成立教育基金等。

（2）纳税项目转换与选择：工资薪金所得与劳务报酬所得互相转化可以减轻税负。

3. “削山头”筹划

年终奖金额较大，税率就比较大，因此将个人工资总额在月工资薪金与年终奖金之间进行合理的划分，是有效降低工资薪金适用税率，降低个人所得税负担的重要筹划方法。

【例 12－4】2016 年 3 月，某企业给该厂职工发放 2015 年度全年一次性奖金，经过对职工一年的业绩考核和奖励测算，其中 100 名职工获得年终奖一等奖奖金，发放金额为每人18 012 元。企业代扣代缴个人所得税。

解：确定奖金适用税率为 10%，速算扣除数为 105，则：

每个职工获得奖金应纳税额＝18 012×10%－105＝1 696.2(元)

全厂代扣个人所得税＝1 696.2×100＝169 620(元)

通过税收筹划，将每人的奖金减少 12 元，适用税率变为 3%，速算扣除数为 0，则：

每个职工获得奖金应纳税额＝18 000×3%－0＝540(元)

每人少发奖金 12 元，少纳税额 1 156.2 元，全厂少缴纳个人所得税 115 620 元，节税效果尤其明显。

4. 劳务报酬所得的纳税筹划

(1) 分项计算筹划法。个人取得不同劳务项目的劳务报酬所得，应当加以区分并分别减除费用计算个税。

(2) 支付次数筹划法。劳务报酬所得是按次纳税，精确地筹划取得劳务报酬的“次”非常重要，一次所得变为多次所得，避免适用加成征收。

(3) 费用转移筹划。可以考虑由对方提供一定的福利，将本应由自己承担的费用改由对方提供，以达到规避个人所得税的目的。如由对方提供餐饮住宿、报销交通费、安排实验设备等。

5. 稿酬所得的纳税筹划

(1) 系列丛书筹划法。如将一本书分成几个部分，以系列丛书形式出现，单独计税，只要稿酬所得小于 4 000 元，实际抵扣标准将大于 20%。

(2) 再版筹划。在作品市场看好时，与出版社协商采取分批印刷的方法，以减少每次的稿酬。

(3) 增加前期写作费用筹划。一般就是和出版商协商，让其提供尽可能多的设备或服务，如资料费、交通费等。

6. 利息、股利和红利所得的纳税筹划

(1) 所得再投资筹划。各国都不对企业留存未分配利润征收所得税，目的是鼓励企业和个人进行投资和再投资。

(2) 充分利用国家优惠政策。比如国债利息、金融债券利息、买卖股票差价收入等都免征个人所得税。

7. 个体工商户所得的纳税筹划

(1) 递延收入以降低税率。可以将收入递延到下一年度，比如采用分期收款或赊销方式销售商品。

(2) 增加费用扣除，包括合理确定存货领用、发出的计价方法；增加固定资产折旧费用；将个人资金以债务的方式投入到自己的企业以获得利息扣除。

经典实例

2010 年，李某将自己在市区内购买且居住不满一年的某生活小区 60 平方米两室一厅的普通住宅（包括各种税费共 6 万元）出售，售价 6.5 万元。然后在市区内以市场价购买某生活小区 100 平方米三室一厅普通住宅自住，该住宅售价为 12 万元。该省人民政府规定，契税税率为 4%。

问题：李某以哪种方式出售老住宅，购买新住宅，纳税金额最少？（不考虑土地增值税）

税务处理：

第一种方式：个人出售自己原来购买的，且居住不满一年的老住宅，并在老住宅出售后的一年之后购买新住宅。

应交营业税＝(65 000－60 000)×5%＝250(元)

城建税及教育费附加＝250×10％＝25(元)

印花税＝65 000×0.5‰＝32.5(元)(出售老住宅)

印花税＝120 000×0.3‰＝36(元)(购买新住宅，按购销合同0.3‰计税)

契税＝120 000×4％×50％＝2 400(元)

个人所得税＝(65 000－60 000－250－25－32.5)×20％＝938.5(元)

共纳税＝250＋25＋68.5＋2 400＋938.5＝3 682(元)

第二种方式：个人出售自己原来购买的，且居住不满一年的老住宅，并在老住宅出售后一年以内购买新住宅。

营业税、城建税、教育费附加、印花税、契税等同上。个人所得税同上，但可由税务局退回。

纳税＝3 682－938.5＝2 743.5(元)

第三种方式：个人出售自己原来购买的，且居住满一年的老住宅，并在老住宅出售后一年之后购买新住宅。

免征营业税、城建税、教育费附加等。应纳印花税、契税、个人所得税同上。

个人所得税＝(65 000－60 000－32.5)×20％＝993.5(元)

税额＝68.5＋2 400＋993.5＝3 462(元)

第四种方式：个人出售自己原来购买的，且居住满一年的老住宅，并在老住宅出售后一年以内购买新住宅。

免征营业税、城建税、教育费附加等。印花税、契税同上。个人所得税可由税务局退回。

税额＝68.5＋2 400＝2 468.5(元)

所以第四种方式是最佳节税方式。

注：营改增后，个人买卖住房涉及的税包括增值税、个人所得税、土地增值税、印花税、契税等。

投资理财技能大赛模拟拓展训练

问题：根据“情景写实”提供的资料，回答下列问题。

1. 分析客户的购房需求，确定客户购房总价。
2. 计算每月月供。(月收到均为年收支的1/12)。
3. 计算李先生的教育金缺口。
4. 计算李先生每月应定投多少金额以保证其女儿可顺利读到研究生毕业。

解：

1. 购房资金总需求

购房资金总需求如表12－4所示。

表 12-4 购房资金总需求

目前年结余（元）	88 696.88	购房准备金（元）	180 000
拟几年以后买房（年）	6	拟贷款年数（年）	30
还款基数（月）	30÷12=360	当地房价（元）	39 980
投资报酬率假设%	10	房屋贷款利率%	8

（1）可负担首付款。

1）每年结余 88 696.88 元，按 10%的投资报酬率，计算得到 6 年后的终值：

PMT=88 696.88，i=10%，N=6，FV=684 350.53（元）

2）已有购房准备金 180 000 元，按 10%的投资报酬率得到 6 年以后的终值：

PV=180 000，i=10%，N=6，FV=318 880.98（元）

所以，可负担的首付款=684 350.53+318 880.98=1 003 231.51（元）

（2）可负担房屋贷款额。

根据题意，贷款后的月供÷月税后收入比值最多不超过 30%，则每月还款额=190 800÷12×30%=4 770（元），设置 2ND，P/y=12，PMT=4 770，N=360，i=8%，则PV=650 072.27（元）。

（3）可负担买房总价。

可负担买房总价=首付款+贷款额=1 003 231.51+650 072.27=1 653 303.78(元)

（4）可负担房屋贷款占总价成数。

可负担房屋贷款占总价成数=650 072.27÷1 653 303.78×100%=39%

还款方式如表 12-5 所示。

表 12-5 还款方式

买房总价（元）	贷款方式	贷款金额（元）	还款方式	首期还款额（元）
1 653 303.78	商业贷款	650 072.27	等额本息	4 770

2. 教育规划

教育规划如表 12-6 所示。

表 12-6 教育规划

目前学费水平（元/年）	24 000	筹集资金年限（年）	11
教育费用增长率（%）	5	已储备教育基金（元）	20 000

（1）教育资金总需求。

1）PV=24 000，N=11，i=5%，计算 FV（学费按 5%的增长，11 年后的终值），FV=41 048.14（元）。

2）在 11 年后每年学费 41 048.14，按 10%的投资报酬率，需支付 6 年，折算到现在的价值，即可以计算出教育总需求。设置 2ND，BGN，折算到第 1 年期初，有：

PMT=41 048.14，i=10%，N=6，得到 PV=196 652.89（元）

（2）教育资金缺口。

现已备 20 000 元教育基金，折算到 11 年后，10%的投资报酬率的终值：

PV=20 000，N=11，i=10%，FV=57 062.33

教育资金缺口=196 652.89−57 062.33=139 590.56(元)

(3) 针对客户教育资金制品，每月需定投资金数量。

若11年后需139 590.56元来弥补教育资金缺口，已知终值计算年金。

设置2ND，P/y=12，FV=139 590.56，i=10%，N=11×12，得到PMT=584.40（元）。

概念索引

租售比　公积金贷款　等额本金还款　等额本息还款　教育储蓄　教育分红险　税收筹划

闯关考验

一、选择题

1. 以下关于进行子女教育投资规划时注意原则的说法，不正确的是（　　）。

A. 宁可多准备，不可少准备

B. 父母的预期与孩子的兴趣能力可能有差距

C. 可以利用子女的教育年金准备子女教育经费

D. 需要提前预测子女的资质

2. 一般教育投资的资金来源不包括（　　）。

A. 私募基金　B. 教育资助　C. 奖学金　D. 贷款

3. 传统的教育投资工具一般不包括（　　）。

A. 个人储蓄　B. 私募基金　C. 定息债券　D. 人寿保险

4. 房地产投资的缺点是（　　）。

A. 相对较高的收益水平　B. 易于获得金融机构的支持

C. 抵消通货膨胀的影响　D. 投资回收期较长

5. 投资者进行房地产投资的主要目的一般是（　　）。

A. 获取房地产当期收益

B. 获取房地产未来收益

C. 直接从事房地产开发经营活动

D. 间接参与房地产开发经营活动

6. 下列风险中，属于房地产投资系统风险的有（　　）。

A. 市场供求风险　B. 变现风险

C. 利率风险　D. 持有期风险

E. 资本价值风险

7. 纳税筹划与逃税、抗税、骗税等行为的根本区别是具有（　　）。

A. 违法性　B. 可行性　C. 非违法性　D. 合法性

8. 按个人理财过程进行分类，纳税筹划可分为（　　）。

A. 个人获得收入的纳税筹划　B. 个人投资的纳税筹划

C. 个人消费中的纳税筹划　　　　　　　D. 个人经营的纳税筹划

二、案例分析题

刘先生是一位知名撰稿人，年收入预计在 60 万元左右。在与报社合作方式上有以下三种方式可供选择：调入报社、兼职专栏作家、自由撰稿人。请分析刘先生采取哪种筹划方式最合算。

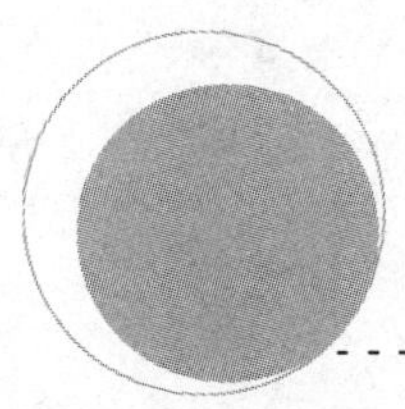

项目十三

退休和遗产理财规划

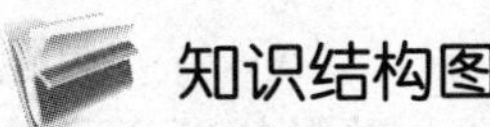

知识结构图

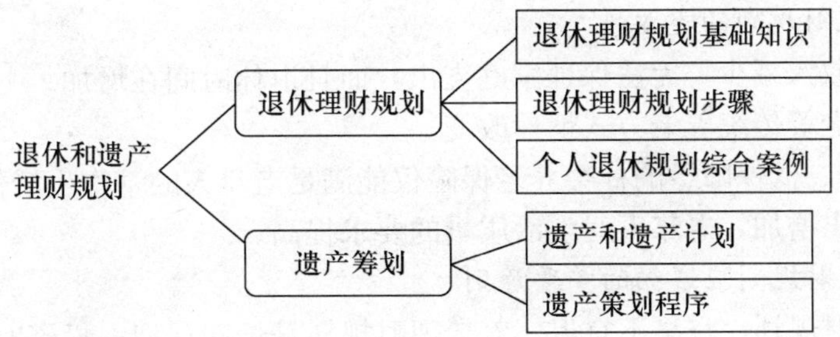

情景写实

尽管李先生夫妇单位福利不错，但考虑到养老费用是一笔不小的开支，同时他们还想为女儿留下遗产，所以夫妻二人计划在退休时积累下一笔财富。李先生夫妇计划在 60 岁时退休，预期寿命为 80 岁。假定退休前投资收益率为 10%，退休后投资收益率为 3%。李先生夫妇已经准备了 10 000 元的养老金。李先生夫妇对退休后每年生活费的期望目标为 80 000 元/年。

天有不测风云，2025 年 1 月李先生因意外去世，生前并未订立遗嘱。李先生夫妇只有一个女儿，刚满 18 岁。李先生夫妇共有房产 2 套，一共价值 1 200 000 元；有现金 3 180 元，银行定期存款 200 000 元，活期存款 164 000 元；一辆价值 150 000 元的小轿车，无贷款；还有从 2014 年开始定投的养老金。

房产中价值 400 000 元的房子房贷已还清。剩余一套 800 000 元的房子为李先生夫妇于 2019 年 1 月购买的，贷款 600 000 元，利率 8%，贷款年限 20 年，购买同月开始还款，已还 6 年，剩余 14 年房贷未还。

任务：1. 计算李先生的养老费用缺口。

2. 计算李先生每年需定投多少才可达到李先生夫妇的预期目标。

3. 确定李先生的遗产继承人。

4. 界定李先生的遗产范围。

5. 李先生的遗产应该怎样分配。

学习目标

1. 掌握计算养老费用缺口的方法。
2. 掌握遗产规划的技巧。

任务一 退休理财规划

一、退休理财规划基础知识

（一）退休与退休理财规划

退休指员工在达到一定年龄或为企业服务一定年限的基础上，按照国家的有关法规和员工与企业的劳动合同离开企业的行为。目前我国的退休年龄为女55岁、男60岁，且退休年龄有延迟趋势。退休理财规划是一种以筹集养老金为目标的综合性金融服务。

（二）退休理财规划的重要性

（1）退休后收入减少，无法保证家庭支出，而且退休时间在增加。

（2）养儿防老等传统养老方式悄然改变。

（3）“广覆盖、低保障”的社会养老保险仅能满足老年人的基本生活保障。

（4）医疗支出增加，老年人对生活质量的要求提高。

（三）退休理财规划应遵循的重要原则

（1）养老理财规划，宜早不宜迟。养老理财规划是长期规划，投资时间越长，复利效应越大，及早进行养老规划，可以用较长的在职时间摊薄养老成本。

（2）注重安全，综合考虑各种因素，采取多样化的退休金储备方式。随着年龄增大，应选择储蓄和低风险债券筹集养老基金。

（3）以社会养老保险和商业养老保险满足退休后的基本生活支出；以报酬率较高的有价证券投资满足退休后的生活品质支出。

二、退休理财规划步骤

（一）确定退休目标

退休目标是指人们所追求的退休之后的一种生活状况，可以从两个方面来考察：

（1）退休时间。它直接影响着退休计划的其他内容，希望退休的时间越早，需要积累的退休储备金就越大。目前中华人民共和国人力资源和社会保障部公布推迟退休的决定，有利于人们有时间筹集更多的退休储备金。

（2）退休的生活水平。人们在退休后需要考虑两方面的开支：经常性开支和非经常性开支。人们退休的生活水平既取决于其制订的退休计划，也受到其职业特点和生活方式的约束。

（二）预测退休支出的方法

1. 工资替换率法

工资替换率法是基于人们退休前收入的某一百分数（即为工资替换率）进行计算，一般定为退休前收入的60%～70%。

2. 开支替换率法

开支替换率法是基于人们退休前支出的某一百分数（即为开支替换率）进行计算，一般为70%～80%。

经典实例

预测退休支出

张先生现年 35 岁，预计 60 岁退休，退休后再生活 20 年。假设从今以后的税后投资报酬率是 10%，在退休时年支出为 16.4 万元。

问题：

(1) 如果不考虑退休后的通货膨胀，请计算张先生退休时需要储备多少养老金才能满足养老需要？

(2) 设张先生退休后，平均通货膨胀率是 5%，请计算张先生退休时需要储备多少养老金才能满足养老需要？

解析：

(1) 不考虑通货膨胀。

20 年共需退休储备金$=16.4\times(P/A,10\%,20)=139.6$(万元)

(2) 考虑通货膨胀。

退休后第 t 年需要退休金$=16.4\times(1+5\%)^t$

折现到退休时的现值$=16.4\times(1+5\%)^t\div(1+10\%)^t$

$=16.4\div(1+4.76\%)^t$

$1.1/1.05=1.0476\Rightarrow(1+4.76\%)$

20 年共需退休储备金$=16.4\times(P/A,4.76\%,20)=209$(万元)

(三) 预测退休收入

退休收入的来源可能包括以下几种。

1. 房产租金收入

房产租金收入可以根据市场的租金状况、租金的未来走势和房屋折旧来评估未来的租金收入水平。

2. 投资收入

投资收入要根据个人的投资偏好、风险能力和市场回报率状况等因素来进行预测。

3. 养老年金

根据客户购买的养老年金的数量来进行评估，计算其退休后能够从保险公司领取的年金数额。

4. 社会养老保障收入

社会养老保险收入与客户的工作年限和工资水平密切相关。

(四) 预测储备金额度

依前面计算得出的退休期间的收入和支出状况，结合退休时间、预期通货膨胀率等，计算客户所需要的退休储备金。

经典实例

计算养老金缺口

黄先生 35 岁，月收入 15 000 元，月平均支出 4 000 元，他希望 60 岁退休，并享受 20

年退休生活。黄先生希望退休后维持现有生活水平，开支为当前开支的70%。

假设黄先生收入、支出不变，投资报酬率和个人养老金账户投资报酬率都是5%，今后的通货膨胀率是3%。

假设当地月平均工资为1 092元，每年月平均工资按5%增长，25年后当地月平均工资为3 698元。社会养老保险最高缴费为当地平均工资的300%。

问题：

(1) 黄先生退休时共需多少养老准备金。

(2) 黄先生退休后20年领取的社会养老金现值。

(3) 黄先生退休后的养老金缺口。

解析：

(1) 计算黄先生退休时需要养老准备金的金额。

退休后第一年的养老金需求$=4\,000\times12\times70\%\times(1+3\%)^{25}=70\,351$(元)

退休后20年养老金需求现值$=70\,351\times(P/A,1.05/1.03-1,20)$

$=115.75$(万元)

(2) 工作后第t年的养老金个人账户积累到退休时的本利和$=1\,092\times(1+5\%)^{t}\times300\%\times8\%\times12\times(1+5\%)^{25-t}=1\,092\times300\%\times8\%\times12\times(1+5\%)^{25}$

工作25年到退休时个人账户积累的养老准备金本息和$=1\,092\times300\%\times8\%\times12\times3.386\,4\times25$

$=26.63$(万元)

退休后20年中领取的社会养老保险现值$=[3\,698\times20\%\times12+266\,300\div120\times12]$

$\times(P/A,1.05/1.03-1,20)$

$=58.42$(万元)

(3) 退休后的养老金缺口$=115.75-58.42=57.33$（万元）

（五）养老储备金差额的弥补

养老储备金差额的弥补可以通过提高储蓄比例、降低退休后的开销、延长工作年限、提高投资收益水平、参加额外的退休金计划等方式来实现。

三、个人退休规划综合案例

余先生，30岁，外企中层经理，目前每月支出3 000元。余先生希望50岁退休，并享受30年退休生活，假设余先生退休后的平均通货膨胀率为3%，长期投资回报率为5%。在他既没有退休金，也没有资产的情况下，余先生每个月投资多少才能让自己的晚年过上无忧的生活。

计算退休金的方法：

(1) 将收入支出表里的当前每月日常支出设为A。

(2) 将退休时所需要的每月支出设为B。工作支出、服装支出、住房支出、个人所得税、交际支出等支出可能减少；保险、医疗费用、闲暇活动支出、礼物盒馈赠等支出可能增加。因此，余先生应将退休后的生活水平维持在退休前的一定比例，即：

$B=A\times70\%$

（3）考虑通货膨胀因素。设退休时余先生每月的支出为 C，则：

$C=B\times$通货膨胀影响系数（即年金复利终值系数）

（4）计算退休后需要的退休金总数。设退休后需要的退休金总数为 D，则：

$D=C\times12\times$退休年限

（5）计算养老金缺口。扣除已准备的部分养老金，计算养老金缺口。如果已经有保险、存款、资产等养老资产，可以从退休金总数中减去这部分。设养老金缺口为 E，则：

$E=D-$已准备部分养老金

（6）计算每月的投资额。设每月的投资额为 F，则：

$F=E\div$（年金终值系数$\times12$）

任务二　遗产筹划

经典实例

2014 年 11 月 13 日，上海“均瑶集团”发布公告中写道：“根据王均瑶董事长生前安排，其持有的本公司 50%的股权中，5%的股权转让给现股东王均金先生，5%的股权转让给现股东王均豪先生，40%的股权转让给其长子（未成年）并委托王均金先生、王均豪先生共同代为管理。”

事实上，民营企业身后的产权纠葛，早已不乏其例——王均瑶同龄同乡的另一个“上海温州军团”的商业“首领”——上海七浦路服装市场老板胡加招，早王均瑶 1 年撒手人寰。英年早逝，其身后围绕“万贯家产”同室挥戈展开的“维权”争夺一直闹到法院。这场财产的争夺“戏剧”般地将乐清市民政局推上被告席。胡的母亲状告该市民政局，提出儿子生前的结婚证该局包办，属于“无效”婚姻，要求撤销这一婚姻登记。

一、遗产和遗产计划

（一）遗产

遗产是指被继承人死亡时遗留的个人所有财产和法律规定可以继承的其他财产权益，包括积极遗产和消极遗产，前者指死者生前个人享有的财物和可以继承的其他合法权益；后者指死者生前所欠的个人债务。

（二）遗产计划

遗产计划是指当事人在其健在时通过选择遗产管理工具和制订遗产计划，将拥有或控制的各种资产或负债进行安排，确保在自己去世或丧失行为能力时能够实现一定的目标。常用的遗产计划工具有以下几种。

1. 遗嘱

遗嘱是指遗嘱人生前在法律允许的范围内，按照法律规定的方式对其遗产或其他事务所作的个人处分，并于遗嘱人死亡时发生效力的法律行为。它分为公证遗嘱、自书遗嘱、代书遗嘱、录音遗嘱和口头遗嘱。遗嘱是遗产管理中最重要的工具，理财规划师有义务为客户提供有关的信息，列出必要的补遗条款。

2. 遗嘱信托

遗嘱信托是委托人预先以立遗嘱的方式，将财产的规划内容，包括交付信托后遗产的管理、分配、运用及给付等详细地列于遗嘱中，等到遗嘱生效时，再将信托财产转移给受托人，由受托人依据信托的内容，管理处分信托财产。遗嘱信托分为执行遗嘱和管理遗产两种。

3. 人寿保险

一方面，客户去世后的保险赔偿金是以现金的方式支付的，因此能够增加遗产的流动性；另一方面，合理地运用人寿保险进行遗产管理还可以起到合法避税的效果。

4. 遗产管理委托书

遗产管理委托书是指授权当事人指定的一方在一定条件下代表当事人指定其遗嘱的订立人，或直接对当事人遗产进行分配。

5. 捐赠

捐赠是指当事人为了实现某种目标将某项财产作为礼物赠送给受益人，而使该项财产不再出现在遗嘱条款中。

二、遗产策划程序

（一）计算和评估客户财产价值

客户遗产价值的评估是遗产计划制订和实施的首要环节，规划师只有在对客户将来的遗产类型和价值总额进行充分的了解和评估的基础上，才能够为其制订出符合其个人特点和需求的遗产计划。在对遗产进行汇总时应注意：第一，资产价值以其市场价值而不是购买成本进行核算；第二，不要遗漏某些容易被忽略的资产和负债项目，如临终医疗费等。

（二）具体安排

1. 确立遗产继承人

根据当事人的意愿，确立遗产继承人。继承有多种类型，包括法定继承、遗嘱继承、代位继承、转继承等形式。

2. 财务安排

根据客户个人意愿，理财规划师帮助客户确立继承人或受赠人并进行财产分配。

3. 选择遗嘱执行人

要完全满足当事人离世之后的愿望，选择遗嘱执行人是非常重要的。传统的做法是，选择家庭成员中年长或地位较高者作为遗嘱执行人。

（三）有效遗嘱应具备的条件

有效遗嘱应具备的条件：

(1) 遗嘱人必须要有完全民事行为能力。

(2) 所立遗嘱必须是真实意愿表示。

(3) 设立遗嘱具有严格程序。

(4) 慎用口头遗嘱。

(5) 合法遗嘱的形式要求。

（四）遗产计划的动态监测

经过一段时间后，当原来的遗产策划已经无法满足其策划目标和财务状况的时候，调整和修改遗嘱将是不可避免的。比如子女的出生或死亡、配偶或其他继承者的死亡等。

投资理财技能大赛模拟拓展训练

问题：根据"情景写实"提供的资料，回答下列问题。

1. 计算李先生的养老费用缺口。
2. 计算李先生每年需定投多少才可达到李先生夫妇的预期目标。
3. 确定李先生的遗产继承人。
4. 界定李先生的遗产范围。
5. 李先生的遗产应该怎样分配。

解：

1. 养老规划

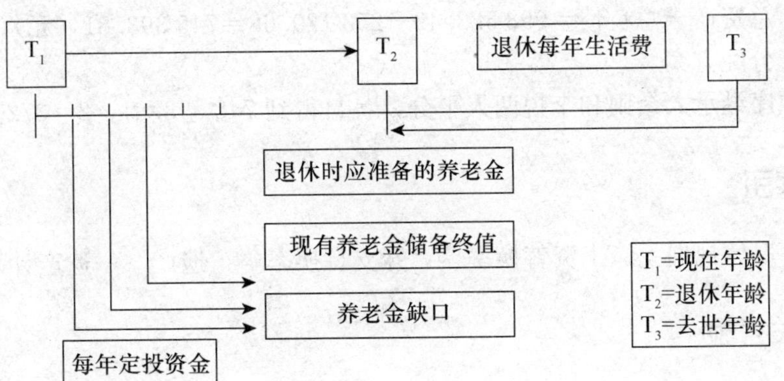

客户名称	李江	年龄	34
预计退休年龄	60	预期寿命	80
预计退休后年生活费用（元）	80 000	退休当年需要储备的退休费用（元）	(80－60)×80 000＝1 600 000
现有养老金储备（元）	10 000	预期收益率（%）	10%
现有养老金储备退休当年终值（元）	119 181.77 元（PV＝10 000，i＝10%，N＝60－34＝26 年，则 FV＝119 181.77 元）		
退休当年资金缺口（元）	1 480 818.23 元（1 600 000－119 181.77＝1 480 818.23 元）		
退休前每年定投资金（元）	13 562.87 元（FV＝1 480 818.23，i＝10%，N＝26，则 PMT＝13 562.87 元）		

2. 财产分配与传承规划

(1) 确定继承人：余雨，45 岁，第一顺序继承人；李悦，18 岁，第一顺序继承人。

(2) 遗产种类与价值计算。

资产：

现金及现金等价物：(3 180＋200 000＋164 000)÷2＝183 590（元）

养老金（一次性收入现值）：

现有的10 000元准备金按10%的报酬率，计算出11年后终值：

PV=10 000，i=10%，N=11，得到FV=28 531.17（元）；

每年定投资金13562.87元，按10%的报酬率，计算11年后终值：

PMT=13 562.87，i=10%，N=11，得到FV=251 335.81（元）；

所以，养老金=(28 531.17+251 335.81)÷2=139 933.49（元）。

主要房产：1 200 000÷2=600 000（元）。

汽车：150 000÷2=75 000（元）。

负债——住房贷款：

已知：贷款600 000，i=8%，期限20年，已还6年。

设置2ND，P/y=12，Enter，PV=600 000，$1/y$=8%，N=20×12=240，PMT=5 018.65（元）；

设置2ND，AMORT，$P1$=1，$P2$=6×12=72，BAl=506 259.35（元）；

则住房贷款=506 259.35÷2=253 129.68（元），总负债=253 129.68（元）；

净资产：总资产－总负债=998 523.49－253 129.68=745 393.81（元）。

（3）遗产分配方案。

由第一顺序继承人余雨和李悦两人平分，各自得到745 393.81÷2=372 696.91（元）。

概念索引

退休　　退休规划　　工资替换率　　开支替换率　　遗产　　遗产计划　　遗嘱

闯关考验

一、选择题

1. 遗产筹划中最重要的工具是（　　）。

A. 遗嘱　　B. 遗产委托书

C. 遗产信托　　D. 赠与

2. 遗嘱的生效条件是（　　）。

A. 立遗嘱人的死亡

B. 立遗嘱人的亲笔签名

C. 立遗嘱人必须指定合法继承人

D. 立遗嘱人必须指定可以被合法继承的财产

3. 在制订退休养老规划时，理财规划师要特别警惕客户为了（　　）而损坏退休生活的行为。

A. 长期利益　　B. 短期利益

C. 个体利益　　D. 总体利益

4. 准备的退休基金在投资中应遵循（　　）原则，但是这并不意味着放弃退休基金进行投资的收益。

A. 稳健性　　B. 开放性

C. 冒险性　　D. 多元性

5. 下列关于退休规划的说法，正确的是（　　）。

A. 计划开始不宜太迟　　B. 规划期应当在5年左右

C. 投资应当极其保守　　D. 对投资和风险应当相当乐观

老王今年已经45岁了，家里有存款10万元左右。他和妻子两人每个月收入大约3 000元，月花费近2 000元。假设老王和妻子计划在5年后退休，退休后老王再生存25年，并且假设他们每个月花费需要2 000元，减掉基本养老保险的600元，每月还需要1 400元。假设老王在退休前后的投资收益率均为1.8%。

6. 根据题意我们可以推测出老王在（　　）岁时退休。

A. 50　　B. 85　　C. 95　　D. 80

7. 我们可以推测出老王可能会在（　　）岁时去世。

A. 75　　B. 85　　C. 95　　D. 80

8. 老王在50岁时需准备（　　）元退休基金（注：除每月600元基本养老保险的折现值）才能实现自己的生活目标。

A. 338 013　　B. 172 144　　C. 264 86　　D. 94 595

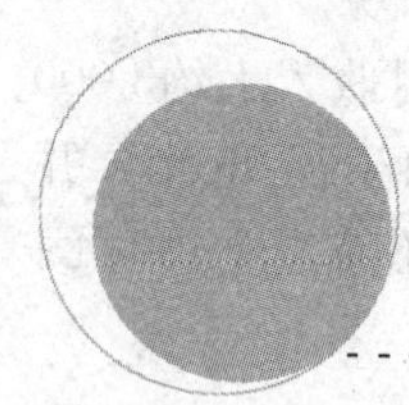

项目十四

家庭综合理财规划

知识结构图

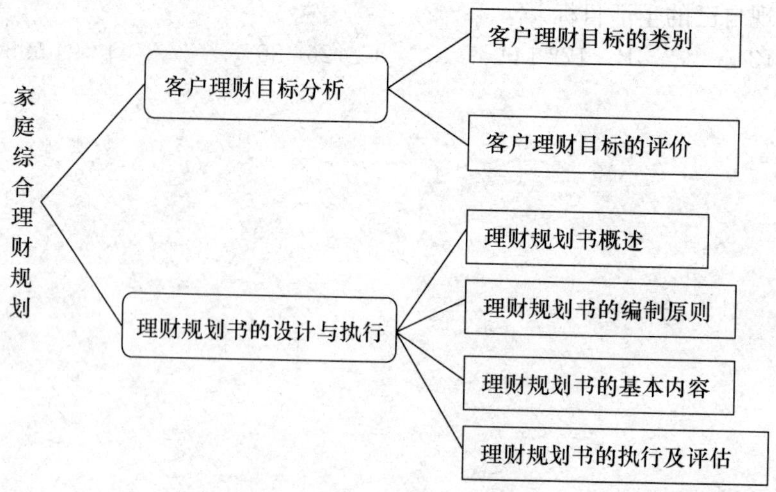

情景写实

李先生夫妻希望达成的主要理财目标主要有：

（1）夫妻二人计划让女儿攻读研究生，他们的女儿距离上大学还有11年时间（不可变更）。

（2）夫妻二人计划60岁时退休（可变更）。

（3）李先生计划让孩子就读重点中学，因此打算在6年后购买一套学区房（可变更）。

学习目标

1. 准确把握客户的理财目标。
2. 学会运用“理财目标负债化”评价方法对客户理财目标的可行性进行评价。
3. 学会编制理财规划书。

任务一　客户理财目标分析

在充分搜集和分析客户信息之后，理财规划师需要与客户进行进一步的交流和沟通，确定客户的目标和期望。

一、客户理财目标的类别

理财规划师按一定标准将客户目标进行分类，并将理财目标的评价标准介绍给客户。对客户已经提出的目标，理财规划师应当利用其专业技能和经验，分析目标存在的缺陷并评价目标的可行性，为客户提供专业化的建议。

（一）按时间长短分类

按目标制定的频率和实现时间的长短，客户理财目标可分为短期目标、中期目标和长期目标，表 14－1 列出了不同生命周期对应的长短期理财目标。

表 14－1　　处于不同生命周期的客户理财目标

阶段	短期目标	长期目标
单身期	租赁住房；获得银行的信用额度；满足日常支出；进行本人教育投资；建立备用基金；储蓄；旅游	购买房屋；进行投资组合；建立退休金；购买保险
家庭形成期	更新交通工具；购买住房；满足日常支出；建立备用金；旅游；购买保险	子女教育开支；赡养父母；进行投资组合；建立退休金
家庭成长期	子女教育开支；更换住房；满足日常支出；建立备用金；赡养父母；旅游；购买保险；建立退休基金	增加子女教育基金的投资；将投资工具分散化
家庭成熟期	提高投资收益的稳定性；退休生活保障投资；购买保险	出售原有房产；制定遗嘱；制订退休后的旅游计划；养老金计划的调整
家庭衰老期	满足日常开支；旅游；医疗基金准备	

短期目标是指那些需要客户每年制定和修改的，并在较短时期内（一般 5 年以内）实现的愿望。比如减少日常生活开支以便购买汽车或者为出国深造积累经费等。

中期目标是指那些制定后在必要时客户可以对其进行调整，并希望在一定时期内（一般 6～10 年）实现的愿望。比如购房经费的筹集、子女教育经费的筹集等。

长期目标通常是指那些一旦确定，就需要客户通过长期（一般 10 年以上）的计划和努力才能实现的愿望。最典型的长期目标就是退休规划目标。

（二）按目标实现的强制程度分类

按目标实现的强制程度分类，理财目标可以分为客户必须实现的目标和客户期望实现的目标。

1. 客户必须实现的目标

客户必须实现的目标是指在正常生活水平下，客户必须完成的计划或者满足的支出，如日常饮食消费、购买或租赁自用住宅和支付交通费用及税费等。这种目标在进行个人财务规划时应该优先考虑。

2. 客户期望实现的目标

客户期望实现的目标是指在保证正常的生活水平的情况下，客户期望可以完成的计划或者满足的支出。比如旅游、购置别墅、子女出国留学、投资开店等，这些目标应在实现必须完成的目标之后才能加以考虑。

通过对客户的长期目标进行排序，可以帮助理财规划师了解客户必须实现的目标和期望实现的目标，为制定理财规划提供依据。某客户（30～40岁）长期目标分析表，如表14－2所示。

表14－2　　某客户（30～40岁）长期目标分析表

理财目标描述	重要顺序	预计状况描述
供孩子中小学上私立名校	1	每年2万元，共9年
供孩子上私立高中	1	每年3万元，共3年
供孩子上大学	1	每年2万元，共4年
供孩子出国留学	2	每年30万元，共2年
积累赡养父母的生活费	2	每年1万元，共20年
储备夫妻两人退休后生活费	2	每年4万元，共40年
买第二套房	3	现值200万元
全家去国外旅游	4	每年3万元

二、客户理财目标的评价

理财规划师一般采用理财目标负债化方法来评价理财目标是否合理。

（一）理财目标负债化的基本原理

采用理财目标负债化方法将人一生的资产划分为营生资产和实质资产，负债分为养生负债和实质负债。

营生资产是指客户未来收入的折现值；实质资产是指客户现有的资产。

养生负债主要包括家计负债、退休负债、教育金负债、购房负债等。家计负债是客户未来生活费用支出的折现值。而退休负债、教育金负债、购房负债是指在现有物价水平下，为实现退休规划、教育规划、购房规划而形成的负债，需要在有工作收入的期间本利摊还。实质负债是指客户目前已承担的负债。

营生资产＝养生负债＋实质负债－实质资产

理财目标负债化方法可以帮助我们回答一个人怎样让自己一生的收入与支出相匹配的问题。

【例14－1】李先生是一家化工贸易公司的副总经理，每年的工作收入为10万元，家庭基本生活开销每年为4万元，家庭成员包括妻子、正在读中学的女儿。李先生一家现有资产如下：现金及活期存款6 000元、定期存款及债券4万元、股票投资A股46.87万元、自用房产37万元。资产合计88.47万元，这部分资产就是李先生家的实质资产。李先生家的购房商业贷款为23.406 6万元。

李先生家的现有负债即实质负债为：购房商业贷款23.406 6万元。

李先生每年的工作收入为10万元，这部分工作收入通过折现处理后就是李先生家的营生资产。李先生家每年的基本生活开销为4万元，将来每年还要为女儿持续支出大笔教育费用。李先生也有更换房屋的计划。李先生夫妇还要为自己退休后的生活筹划一下。虽然每年的基本生活费用、女儿的教育费用、换房支出、将来退休后的生活费用支出目前还没有实际支出，但是在理财目标负债化的原理下，我们假设这已经是李先生所承担的负债了，折现后就是李先生家的养生负债。通过计算我们可以得到李先生的应有营生资产，与目前李先生家可提供的营生负债额相比较，就可以发现是否存在缺口。

（二）理财目标的评价和修改

当应有营生资产与可提供的营生负债额不一致时，就存在需求缺口或供给缺口。

存在需求缺口时，理财规划师可依照理财目标的优先顺序进行筛选，顺序在后的理财目标可以考虑删除，或延长目标实现年限或降低某些理财目标的规划金额。

存在供给缺口时，表示客户的所有理财目标均能如期实现。当征收遗产税并且供给缺口大于遗产税免征额时，表示有必要以分年赠与或投保终身寿险的方式事先做遗产节税规划。

任务二　理财规划书的设计与执行

家庭理财规划书是个人理财规划方案的最终表现形式，规划师在充分了解客户基本信息的基础上，为客户制定个人资产配置的具体方案。

一、理财规划书概述

家庭理财规划书是指在对客户的家庭状况、财务状况、理财目标及风险偏好等详尽了解的基础上，通过与客户的充分沟通，运用科学的方法，利用财务指标、统计资料、分析核算等多种手段，对客户的财务现状进行描述、分析和评议，并对客户的财务规划提出方案和建议的书面报告。

（一）理财规划书的假定前提

（1）通货膨胀率的假定。通货膨胀率影响货币的购买力，从而影响客户的生活质量。因此设置一个恰当的通货膨胀率有助于正确估价客户未来的支出水平。

（2）安全现金持有量的假定。一个家庭应当持有的最低现金金额，在出现暂时性失业时能够动用这部分现金。

（3）收入及支出的假定。未来收入和支出都建立在假定的基础上，主要来源于客户对自身收支状况的准确描述和合理估计。

（4）年平均增长率的假定。这是建立在对当前和未来经济环境分析的基础上，并根据历史经验的判定结果做出的假定，用来预测收入、支出及资产价值未来的增长程度。

（5）相关费用的假定。根据客户的经验和预期来估计赡养费、子女教育费等。

（6）现金流及现金流量的假定。根据客户以往的收入和支出情况估计其一年当中得到和失去的现金总量。

（二）理财规划书的作用

理财规划书能够帮助客户认识当前财务状况，明确现有问题，改进不足之处，选择最优方案，实现家庭理财效益最大化。

1. 对于客户的作用

（1）它是一种向客户传达财务策划建议的媒介，让客户有充足的时间考虑理财方案。

（2）通过书面形式向客户提供方案，较为正式，客户易记住。

2. 对理财规划师的作用

（1）通过文字形式可以减少法律纠纷，增强客户对所提方案的好感。

（2）以书面形式向客户提供理财方案可以建立良好的工作机制，要求规划师考虑得更为全面。

二、理财规划书的编制原则

（一）综合考虑、整体规划

理财规划方案通常包括现金规划、消费支出规划、保险规划、子女教育规划、税收规划、投资规划、退休养老规划、财产分配与传承规划等综合性规划。其中前四项属于刚性需求规划，税收规划则贯穿人生的各个阶段。所以，一份综合理财规划需要考虑客户的综合需求和现实状况，协调各专项规划，从而帮助客户实现理财目标。

（二）风险管理优于追求收益

保值是增值的前提，财务安全是财务自由的前提。理财的最终目标是让生活更加幸福，理财服务于生活，所以对客户来说安全性较收益性更加重要。

（三）开源与节流并举

（1）增加收入。一方面协助客户增强赚钱的能力，开展第二职业，增加工资薪金收入；另一方面帮助客户树立投资意识，增加投资收益。

（2）节省开支。一方面减少消费支出，将客户的消费项目按重要性进行排序，剔除不必要的消费支出项目；另一方面采用科学节税方法，尤其对于客户的年终奖、兼职收入等进行合理合法节税。

三、理财规划书的基本内容

理财规划书的格式没有统一的规定。理财规划书的基本内容及流程如图 14－1 所示。

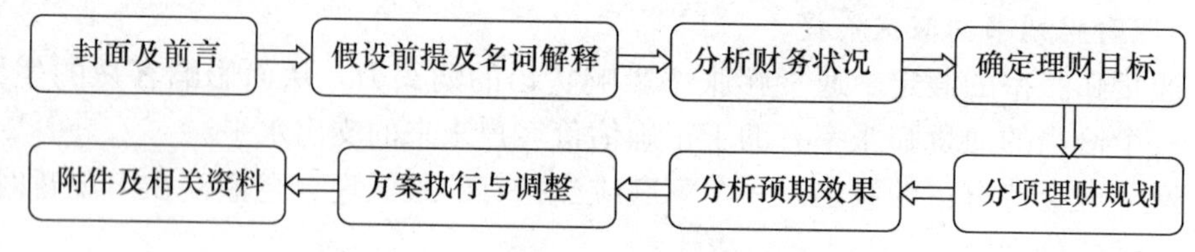

图 14－1　理财规划书的基本内容及流程

（一）封面及前言

（1）封面。理财规划书的封面一般包括标题、执行该理财规划的单位，出具报告的日期。

（2）前言。包括致谢、理财规划书的由来、数据来源、双方权利义务及免责条款。

（二）假设前提及名词解释

理财规划的制定基于多个假设前提，包括未来平均每年 CPI 指数、收入支出年增长率、银行存款利率、股票/债券/基金平均年回报率、分红险平均年回报率、房价、汽车市场价值、子女教育费年增长率及税收等。

（三）财务状况分析

财务状况分析包括客户家庭负债收入比率、结余比率等。

（四）确定理财目标

（1）全面理财规划目标，包括养老、保险、子女教育、投资、遗产等短、中、长期目标，使客户家庭财务状况达到最优水平。

（2）分项理财规划目标，如充足的意外或重大疾病理财储备、养老储备、子女教育金储备等。

（五）完成分项理财规划

分项完成现金规划、消费支出规划、子女教育规划、风险管理与保险规划、税收规划、投资规划、退休养老规划、财产分配与传承规划等。

（六）分析理财方案预期效果

理财方案执行一段时间后编制资产负债表、收入支出表，比较执行前后的财务比率，与参考值比较，使客户直观地看到理财规划的效果。

（七）方案执行与调整

理财规划师需要编制一个方案，列明具体执行方案的时间计划和相应的人员安排，做好后续服务工作。

（1）协助客户购买合适的理财产品。

（2）及时提醒客户关注新出现的理财产品。

（3）监督客户执行理财规划。

（4）方案调整的条件及方案调整的注意事项。

（5）文件存档管理。

（6）理财方案实施中的争端处理。

（八）完备附件及相关资料

（1）投资风险偏好测试卷及表格。

（2）配套理财产品的详细介绍。

四、理财规划书的执行及评估

（一）理财规划书的执行

理财规划书的执行者，既可以是专业人士，也可以是客户本人。在执行过程中，一定要注意与客户积极沟通，尤其要让客户共同参与到理财规划方案的制定和修改过程中去。执行中应遵循的原则有以下几点：

（1）准确性原则。计划的执行者应该在资金数额分配和品种选择上准确无误地按计划执行，这样才能保证客户既定目标的实现。

（2）有效性原则。规划书的执行必须有效地完成各项预定目标，使客户的财产得到真正的保护或实现预期的增值。

（3）及时性原则。计划执行者要及时地落实各项行动措施，否则因为市场的变动和客户自身情况的变化，可能会对客户的人身或财产的保护效果产生不利影响，甚至完全无法实现客户的目标。

（二）理财规划书执行效果评估

理财规划书在执行过程中要定期进行评估调整，找出原因进行改进和调整。需要注意以下几点：

（1）总额差异的重要性大于细目差异。一般来说，如果总额的差异不大则表明预算执行的情况较好。但如果有些科目预算高估，有些科目预算低估，而且持续时间较长的话，应根据实际支出修正个别科目的预算金额。

（2）要制定出差异金额或比率的临界值，大的差异才需要调整。可以根据年预算和月预算的不同制定出实际超过预算需要调整的临界值作为标准衡量预算的实际执行情况。

(3) 注意初始阶段的特殊性。刚开始执行预算往往差异较大，这是因为理财习惯的养成需要一定的时间。此时可制订分期改善计划，分几个月来完成。可能每个科目都超支，但可以每个月选择若干重点科目来进行改善。

(4) 如果实在无法降低支出，那只能通过提高收入来弥补超额的支出，从而实现理财目标。

相关链接

理财规划书样本

中等收入家庭综合理财方案设计

目录

一、方案摘要

(一) 萧红女士的基本资料

萧红女士一家属于典型的家庭成长期。妻子萧红，30岁，医生。丈夫朱先生，30岁，外企工程师。夫妇二人月税后收入6 000元，每年年底还有一次性奖金30 000元。3个月后，夫妇二人的孩子即将出生。夫妇现有贷款购买的自有住房一套，约价值500 000元，六年后将还清贷款。夫妇二人对自己的资产进行了简单分配，但投资品种仅限于定期存款，并且保险品种较少，不能有效地抵御未来可能带来的各种风险。

(二) 预期目标

在对萧女士家的基本情况进行了解，并综合了萧红女士及朱先生的个人意见之后，我提出了这个理财方案，主要对萧女士家的现金、投资、子女教育、养老规划以及风险保障等五个方面进行了规划，希望能获得较大的投资收益，为萧女士孩子未来的教育和萧女士及萧女士丈夫未来的养老提供保障。

(三) 理财建议

1. 合理配置现金及投资以获得更高收益。

2. 为即将出生的孩子的成长和教育预备准备金。

3. 规划夫妇二人的养老及全家人的保障。

萧女士家属于中等收入家庭，夫妇二人的工作也比较稳定，家庭的资产状况也比较良好，如果严格按照我为她制订的这个理财计划执行的话，相信能够达到她预期的理财目标。

（四）理财原则

在确保家庭生活质量不下降的前提下，通过合理的理财策略实现20年内家庭财富的稳定增值，为退休后的生活准备充足的养老、医护基金。

二、当前财务状况

资产负债表

单位：元

<table>
<tr><td colspan="3">资产</td><td>金额</td><td>资产</td><td>金额</td><td>资产</td><td>金额</td></tr>
<tr><td rowspan="6">金融资产</td><td rowspan="2">现金及现金等价物</td><td>现金</td><td></td><td>活期存款</td><td></td><td>定期存款</td><td>40 000</td></tr>
<tr><td>其他存款</td><td></td><td>货币市场基金</td><td></td><td></td><td></td></tr>
<tr><td rowspan="4">其他金融资产</td><td>债券</td><td></td><td>股票</td><td></td><td>基金</td><td></td></tr>
<tr><td>权证</td><td></td><td>期货</td><td></td><td>外汇实盘投资</td><td></td></tr>
<tr><td>保险理财</td><td></td><td>证券理财</td><td></td><td>人民币理财</td><td></td></tr>
<tr><td>信托理财</td><td></td><td>其他</td><td></td><td></td><td></td></tr>
<tr><td colspan="2" rowspan="2">实物资产</td><td>自住房</td><td>500 000</td><td>投资房</td><td></td><td>机动车</td><td></td></tr>
<tr><td>家具家电</td><td></td><td>珠宝收藏品</td><td></td><td>其他个人资产</td><td></td></tr>
<tr><td colspan="7">资产合计</td><td>540 000</td></tr>
<tr><td colspan="3">负债</td><td>金额</td><td>负债</td><td>金额</td><td>负债</td><td>金额</td></tr>
<tr><td colspan="3">信用卡透支</td><td></td><td>创业贷款</td><td></td><td>汽车贷款</td><td></td></tr>
<tr><td colspan="3">住房贷款</td><td>100 000</td><td>消费贷款</td><td></td><td>其他负债</td><td></td></tr>
<tr><td colspan="7">负债总计</td><td>100 000</td></tr>
<tr><td colspan="2">净资产</td><td colspan="6">440 000</td></tr>
</table>

家庭收支表

单位：元

<table>
<tr><td>项目</td><td>种类</td><td>金额</td><td>种类</td><td>金额</td></tr>
<tr><td rowspan="3">收入</td><td>工资薪金</td><td>72 000</td><td>自雇收入</td><td></td></tr>
<tr><td>奖金和佣金</td><td>30 000</td><td>养老金和年金</td><td></td></tr>
<tr><td>其他收入</td><td></td><td></td><td></td></tr>
<tr><td colspan="4">收入总计</td><td>102 000</td></tr>
<tr><td rowspan="3">支出</td><td>日常生活支出</td><td>58 000</td><td>房屋支出</td><td></td></tr>
<tr><td>汽车支出</td><td></td><td>商业保险费用</td><td></td></tr>
<tr><td>医疗费用</td><td></td><td>其他支出</td><td>20 000</td></tr>
<tr><td colspan="4">支出总计</td><td>78 000</td></tr>
<tr><td>结余</td><td colspan="4">24 000</td></tr>
</table>

（一）财务比率分析

1. 结余比率＝结余/收入＝24 000/102 000＝0.24

结余比率反映了家庭在节流方面的能力，按照萧女士家目前的情况，可用于投资的资产相对较少，建议尽量减少不必要的支出。

2. 投资与净资产比率＝投资资产/净资产＝0/440 000＝0

这个指标反映了一个家庭通过投资增加财富以实现财务目标的能力，一般来讲，比率的值在保持在 0.5 以上比较好。就目前看萧女士家庭没有任何投资类产品，这是由于萧女士将全部的闲置资金（4 万元）仅存为定期存款造成的。定期存款的增值能力比较弱，不能有效地实现财富增长，从理财角度讲这是非常不合适的，考虑到萧女士家庭还比较年轻，投资规模受制于较低的投资能力，这一比值保持在 0.2 即可。

3. 清偿比率＝净资产/总资产＝440 000/540 000＝0.81

4. 负债比率＝负债总额/总资产＝100 000/540 000＝0.19

这两项指标说明萧女士家的综合偿债能力很高，即使面临较大的还债压力，也有足够的能力通过变现资产来偿还债务，家庭资产的稳固性较高。

5. 即付比率＝流动资产/负债总额＝40 000/100 000＝0.4

这项指标相对偏低，意味着当经济形势出现较大的不利变化时，萧女士家如果想迅速减轻负债以规避风险的话，可能会面临一些困难。

6. 负债收入比率＝负债/税后收入＝100 000/102 000＝0.1

这说明相对萧女士家的收入来说，萧女士家的负债是较为合理的，一般认为 0.4 是负债收入比率的临界点，过高容易发生财务危机。

7. 流动性比率＝流动性资产/每月支出＝40 000/6 500＝6.15

萧女士家的流动性比率非常高，一般来讲，流动性资产总额能够保证 3 到 6 个月开支即可，萧女士家庭比较稳定，但考虑到萧女士的小宝宝即将出生，留出 4 个月的开支作为流动性资产就可以了，也就是说这个比例在 4 左右就可以了。萧女士家的流动性比率高，虽然可以保证资金的灵活性，可以从容地应对生活中出现急需用钱的状况。但同时也说明萧女士把大量的资金放在了变现性好的资产上，而这部分资产的收益性是比较低的，给萧女士家的资产增值带来了压力，所以建议降低流动性比率。

（二）家庭财务状况综合评论

1. 萧女士的家庭处于成长期初期。这个时期家庭的最大开支是医疗费、教育费等，进入子女抚养、教育期后，孩子的教育费和生活费有所增加。萧女士和先生积累了一定的工作经验和投资经验，应在职进修充实自己，拟定生涯规划，确定今后的工作方向，目标是使家庭收入稳定地增加。

2. 萧女士家负债不高，压力不大。主要负债——房贷将在 6 年后还清，届时家庭将处于零负债的环境，可以考虑增加投资比例。

3. 萧女士家的资产变现能力相对较弱，这是由于萧女士家的闲余资产相对较少，投资能力较弱引起的。萧女士家目前仅有 40 000 元定期存款，考虑到现金和活期存款的收益率比较低，而目前的 CPI 指数较高，定期存款的收益已不能满足资产保值的需要，建议萧女士可以转移一部分到收益率比较高的基金和股票方面，以满足日益增加的支出。

4. 萧女士家的储蓄投资能力相对弱一些，建议萧女士的家庭注意开源节流，这样可以将资金一点点积累起来，为投资打下了良好的基础。

5. 萧女士和先生仅各购买了 10 万元额度的大病保险，没有购买其他保险产品，萧女士夫妇收入主要来源于各自工作收入，而非投资收益性收入；一旦发生意外致使身故或其他，将导致收入中断，给家庭带来巨大损失，应考虑适当增加购买保险。

综合来看，萧女士家的收入全部为工资收入，由于处于成长期的初期，家庭现有存量资金较少，现在萧女士把资金投入到了投资期限比较短的资产中，期限短的资金的投资回报率会相应比较低，影响了财富的增值幅度，提醒萧女士可以适当增加投资的额度。同时萧女士家稳定的家庭情况也为家庭的财富稳健增值提供了良好的基础，建议萧女士可以将更多的资金用于资本市场投资，以获得更高的收益，从而更好地实现理财目标。

三、家庭理财目标

在此份理财计划中，我将对那些需要加以改进的财务领域进行探讨，设定一个切实可行的预算并且对预算进行贯彻落实，从而帮助萧女士实现家庭财务目标。其中的许多项目都需要对资金的流向进行调整。萧女士进行的选择将决定这份理财计划中所列目标的实现程度。

萧女士目前提出的理财目标有以下三点：

1. 考虑进行更多产品的投资
2. 应付不断增加的开销
3. 增加全家人的保障

萧女士目前最迫切需要达到的财务目标是为即将出生的宝宝做好准备。从二人世界变为三口之家，应付不断增加的开销是当务之急。但是随着孩子不断长大，会带来更多的家庭教育支出，如何准备子女的教育准备金，是目前投资的主要方向。

同时由于萧女士和丈夫25年后面临退休，二位是家中最主要的收入来源，承担着巨大的责任，因此在为萧女士家进行规划时，建议萧女士增加购买保险种类，特别是寿险、健康险、意外险，以保障萧女士整个家庭的安全。

建议萧女士安排一下家庭的应急准备金，将现有的资金进行有效的投资，以得到更高的收益率。

综上，结合萧女士家的财务状况和家庭实际情况，建议她将理财目标调整为：

1. 短期目标：短期资金安排，全家的保险规划
2. 中期目标：筹集教育基金，使孩子获得最好的教育
3. 长期目标：自己的养老金规划
4. 其他目标：归还贷款、投资规划

理财投资喜好分析：

萧女士是一个偏爱稳健型投资品种的人，朱先生要相对积极一点，喜欢成长性好、收益性高的投资品种。考虑到萧女士家的综合情况，更适合成长性较好的投资品种，并且要给即将出生的孩子准备抚养费用，所以萧女士的家庭适合以稳健性的投资品种为主，兼顾适量收益性高的投资品种。

四、基本假设

本报告的规划时段为2008年12月至2038年12月，由于客户基础信息的不完整性，以及未来我国经济环境的变化可能对报告产生的影响，为便于我做出数据翔实的理财方案，基于我提供的信息，在征得萧女士同意的前提下，我对相关内容做如下假设和预测：

1. 国内政治、经济环境将不会有重大改变
2. 利率、税率

随着CPI的不断增长，预计我国的利率水平将会有所提高，但由于存在不确定性，现

假设利率、税率基本保持不变。

3. 不可抗拒因素和不可预见因素

无其他人力不可抗拒因素和不可预见因素的重大不利影响。

4. 预测通货膨胀率

随着我国经济持续快速发展以及经济发展中深层次矛盾问题的逐步解决，预计未来几年我国经济发展会进入一个温和通胀期。从过去20多年的五轮经济增长周期来看，5%的CPI是温和通胀的下限，比较关键。我就以此数值作为本理财规划中通货膨胀率的假定值。

5. 预测收入增长率

一季度本市经济运行情况新闻发布会报告显示：一季度，本市GDP增长14.3%，预计未来几年的收入将有一个稳定的增长，增长率约为10%。但考虑到薪酬增长结构中的不均衡性及保守的原则，所以在此理财规划中暂不考虑工资增长情况。

6. 主要产品收益率

假设股票型基金投资平均年回报率为25%（GDP增长率的2.5倍），债券型基金投资平均年回报率为10%，货币型基金投资平均年回报率为2%，信托产品年收益率为6%，股票投资平均年回报率为15%。

五、策略与建议

（一）现金规划建议

1. 考虑到萧女士家庭现在的状况，一般不会有突然性无预期的大笔支出，我建议萧女士以四个月的费用总额建立家庭应急准备金，这些资金可以采用银行活期存款或者货币市场基金等易变现的形式进行准备。具体到萧女士的情况，按年总支出平均下来四个月的费用总额这一最低准备金要求，萧女士需要随时准备好20 000元左右以备不时之需。考虑到3个月后小宝宝即将出生，建议目前预留5 000元现金和15 000元活期存款；待萧女士的小宝宝出生后，建议留5 000元活期存款及15 000元货币式基金，货币式基金在保证灵活性的同时，收益性也高于活期存款，在需要时可以提前两天领取。

2. 关于应急资金，建议萧女士办理一张银行信用卡，将信用卡中可透支的信用额度作为部分准备金以备不测，从而增加可用于投资的资金量。

3. 由于未来六年萧女士家将同时负担房屋贷款和孩子的抚养费用，支出相对紧张，而萧女士家每年的旅游费用支出达到10 000元，这有些过多了。未来三年萧女士的小孩年纪尚小，建议将未来三年的旅游费用减少为每年3 000元，之后增加为每年5 000元，等到孩子毕业后，可根据需要适当加大这部分支出。

（二）风险管理规划建议

确保家庭能抵御不可预料的风险，一份包括人寿保险、综合个人意外伤害保险附加医疗疾病、家财险类保险的保险计划，在对萧女士夫妇的健康和意外提供完美保障的同时，也为家庭资产的安全增添一份保障。重要的是，将保费支出控制在一个合理的水平，一般来说保费支出控制在年收入的10%～15%。

1. 养老保险附加意外伤害险

目标：为萧女士和朱先生退休后的生活增添一份保障。

方案：萧女士和先生现各有一份10万元保额的大病保险，建议在继续投保大病保险的同时增加养老保险，另外在此基础上投保附加残疾意外伤害险、意外伤害险、意外伤害医疗保险和住院收入保障。

2. 儿童保险

假设萧女士的孩子从出生起投保，每年缴保费约 3 000 元，分别投资于教育金保障、健康保障、意外保障等三个方面。每年可以得到重大疾病保障、住院医疗报销、意外住院补贴、意外门急诊报销、意外全残赔偿、疾病身故赔偿等保障。同时，15～21 岁还可以总共得到教育金约 55 000 元，基本可以满足萧女士孩子大学期间学费的需要。

（三）投资规划建议

萧女士现在没有任何投资产品，只有 40 000 元定期存款。考虑到她和丈夫年纪尚轻，除去现在必须备用的 20 000 元现金类产品外，建议全部购买股票型基金作为萧女士的养老准备金，同时基于长期投资的理念，建议萧女士将基金的分红方式修改为分红再投资的方式，以享受复利带来的丰厚利润。30 年后，萧女士 60 岁时这 20 000 元基金市值约为1 600 万元。

（四）教育规划建议

1. 目前萧女士家每年可以结余 24 000 元，资产配置后除去每年多缴纳的保费和减少的旅游费，每年仍可结余 20 000 余元，建议以定期定投的方式购买债券型基金或者购买稳健型信托产品，7 年后孩子上小学时约可达到 18 万元，完全可以满足孩子上学的需要，随着时间的增长，更可以满足孩子未来教育的需要。

2. 六年后，萧女士家的各种贷款均将还完，同时也到了孩子上小学的年纪，届时萧女士家每年闲置的 18 000 元资金，正好可以应付萧女士家日益增加的日常支出和小孩的日常教育费用。

（五）退休养老规划建议

据之前的投资分析，萧女士家现在闲置的 20 000 元资金用于购买股票型基金，25 年后将达到 529 万元；而每年购买的债券型基金除去孩子的教育费用外，还有余款可供萧女士和丈夫养老所用，再加上每年的养老保险费，达到预期的养老目标将不成问题。

六、理财效果预测

（一）执行方案后萧女士家的现金流量预测

家庭收支表

2013.08.01—2014.07.31　　客户姓名：萧红

单位：元

项目	种类	金额	种类	金额
收入	工资薪金	72 000	自雇收入	
	奖金和佣金	30 000	养老金和年金	
	其他收入	335		
收入总计				102 335
支出	日常生活支出	40 000	房屋支出	
	汽车支出		商业保险费用	13 000
	医疗费用		其他支出	25 000
支出总计				78 000
结余	24 335			

资产负债表

资产			金额	资产	金额	资产	金额
金融资产	现金及现金等价物	现金		活期存款	5 000	定期存款	15 000
		其他存款		货币市场基金			
	其他金融资产	债券	2 100 000	股票		基金	5 294 000
		权证		期货		外汇实盘投资	
		保险理财		证券理财		人民币理财	
		信托理财		其他			
实物资产		自住房	500 000	投资房		机动车	
		家具家电		珠宝收藏品		其他个人资产	
资产合计							7 914 000
负债			金额	负债	金额	负债	金额
信用卡透支				创业贷款		汽车贷款	
住房贷款				消费贷款		其他负债	
负债总计							0
净资产	7 914 000						

（二）理财效果预测

由于建议拿出一定比例的金额投资股票、基金，结合经济环境部分的分析，股票市场必将长期繁荣，业绩优良的上市公司必将给投资者带来丰厚的收益，相应的投资股票市场的基金必然会带来客观的资本利得收入。虽然在建立家庭保障计划时，我建议购买的养老保险金计划和人身意外伤害保险可能会加大经常性支出，但会使个人的收入更加有保障，而且个人资产负债表的资产也会增加，这样个人现金流量表更加稳健。

另外，金融资产的多样性降低股票所造成的风险，而且在一定程度上提高了收益率，也为子女的教育提供了充足的资金。从而负债没有增加，资产负债表结构呈现合理化，净资产额得到有效的提高。

随着萧女士家庭情况的变化，我会适时调整萧女士的理财目标和理财建议。

七、附录

1. 本建议分析确定的数据、目标根据萧女士提供的数据资料及当前时点的市场信息及一般估计产生，上述情况如有变化，本分析报告的执行方案应随之变更。

2. 本方案未考虑到税收政策、宏观经济环境等变化的影响，如本方案运用的法律、法规、规律、中国人民银行的政策发生变化，请对上述方案做出相应调整。

3. 为获得好的效果，请定期检查、比较和调整，并欢迎随时与我沟通。

投资理财技能大赛模拟拓展训练

问题：

根据“情景写实”可知，李先生夫妻希望达成的主要理财目标主要有：

1. 夫妻二人计划让女儿读到研究生毕业，他们的女儿到读大学还有 11 年时间，不可变更。

2. 夫妻二人计划60岁时退休，可变更。

3. 李先生计划让孩子就读重点中学，因此打算在6年后购买一套学区房（可变更）。

解：理财目标设定与分析（略）：

目标类别	目标描述	预期实现时间（年）	可变更性
长期目标	计划女儿研究生毕业	11年	不可变更
长期目标	计划60岁退休	26年	可变更
中期目标	计划买学区房	6年	可变更

概念索引

理财目标　　必须实现的目标　　期望实现的目标　　理财目标负债化　　营生资产　　实质资产　　养生负债　　实质负债　　理财规划书

闯关考验

1.（　　）是在对客户的家庭状况、财务状况、理财目标及风险偏好等详尽了解的基础上，通过与客户的充分沟通，运用科学的方法，利用财务指标、统计资料、分析核算等多种手段，对客户的财务现状进行描述、分析和评议，并对客户财务规划提出方案和建议的书面报告。

A. 投资建议书　　B. 综合理财规划建议书

C. 旅游规划建议书　　D. 收入规划建议书

2. 综合理财规划建议书的撰写要求规划师拥有极强的专业能力，具备财务、金融、税务等多方面的专业知识，因此必须由经国家认证的职业理财规划师来进行操作。下列哪一项没有体现其专业性（　　）。

A. 参与人员的专业要求　　B. 分析方法的专业要求

C. 建议书行文语言的专业要求　　D. 规划的专业要求

3. 下列哪一项不是理财规划建议书的封面应该包括的内容（　　）。

A. 标题　　B. 执行该理财规划的单位

C. 出具报告的日期　　D. 姓名

4. 下列哪一项不属于理财规划师应对客户家庭进行分析的财务比率（　　）。

A. 投资收入比率　　B. 资产负债比率

C. 负债收入比率　　D. 结余比率

5. 下列哪一项不属于专项理财规划的目标（　　）。

A. 家庭整体财务状况达到最优水平

B. 足够的意外现金储备、充足的保险保障

C. 双方父母的养老储备基金

D. 双方亲友特殊大项开支的支援储备基金

6. 根据专业理财规划的基本要求，为客户建立一个能够帮助客户家庭在出现失业、

大病、意外、灾难等意外事件的情况下也能安然度过的现金保障系统是十分关键的，也是理财规划师进行任何理财规划前要首先考虑和重点安排的，只有把现金保障建立起来，才能考虑将客户家庭的其余资产进行其他的专项安排。下列哪一项不属于家庭建立的现金储备（　　）。

A. 日常生活储备　　B. 股票买卖储备
C. 意外现金储备　　D. 家庭支援现金储备

7. 下列哪一项不是家庭资产负债表中实物资产项目应该包括的内容（　　）。

A. 现金　　B. 汽车　　C. 房屋　　D. 首饰

8. 下列哪一项不属于理财规划方案基于的假设前提（　　）。

A. 未来平均每年通货膨胀率　　B. 客户收入的年增长率
C. 定期及活期存款的年利率　　D. 银行贷款的年利率

9. 下列属于综合理财规划建议书前言中的有（　　）。

A. 致谢　　B. 理财规划建议书的由来
C. 公司义务　　D. 建议书所用资料的来源
E. 客户义务

10. 免责条款是指双方当事人事前约定的，为免除或者限制一方或者双方当事人未来责任的条款。下列哪几项属于免责条款（　　）。

A. 理财规划师基于客户提供的资料和通常可接受的假设，合理地估计、估算的误差
B. 因客户方隐瞒真实情况、提供虚假或错误信息而造成的损失
C. 客户的家庭情况发生变化，且客户没有及时告知公司而造成的损失，公司不承担任何责任
D. 理财规划师对实现理财目标做出保证
E. 对客户投资任何金融或实业工具做出保证

11. 在家庭的资产中属于金融资产的是（　　）。

A. 房地产　　B. 股票
C. 字画　　D. 信托理财产品
E. 信用卡透支

12. 在客户的现有经济状况下，可能并不能同时做出所有方面的理财规划。但是，我们首先要考虑的规划是（　　）。

A. 现金规划　　B. 投资规划
C. 风险管理规划　　D. 子女教育规划
E. 消费支出规划

13. 理财规划师在为具体家庭做保险规划时，还应注意以下哪些原则（　　）。

A. 先为家庭中老幼投保保险
B. 先为家庭主要收入提供者买保险
C. 家庭成员同时购买商业保险时，保险额度应和收入水平成正比
D. 对于整个家庭的财务安全来说，丈夫的重要性高于妻子
E. 制定购买商业保险规划时考虑家庭成员的社保和已购买商业保险的情况

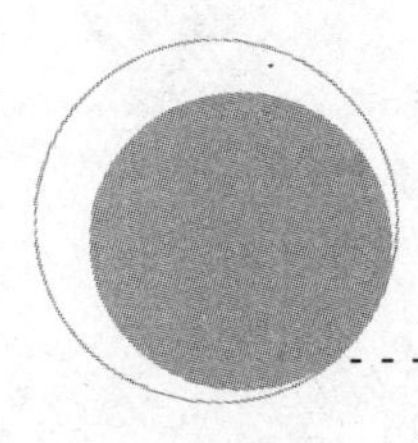

参考文献

胡君晖. 个人理财规划. 北京：中国金融出版社，2014.

尚永庆，等. 个人理财. 湖南：湖南师范大学出版社，2014.

孙黎. 个人理财实务. 北京：中国人民大学出版社，2015.

杨则文. 个人理财业务. 北京：经济科学出版社，2011.

张红兵，李炜. 个人理财理论与实务. 北京：中国人民大学出版社，2013.

陈星. 证券投资技术分析. 北京：中国人民大学出版社，2013.

投资风云. 从零开始学理财. 北京：清华大学出版社，2016.

安佳理财. 期货投资实战. 北京：清华大学出版社，2016.

银行业专业人员职业资格考试办公室. 个人理财. 北京：中国金融出版社，2015.

刘彦斌. 上班赚钱 下班理财. 北京：中信出版社，2011.

朱五红. 从零开始学理财. 北京：北京工业大学出版社，2011.

黄祝华，韦耀莹. 个人理财（第四版）. 辽宁：东北财经大学出版社，2016.

柴效武. 个人理财. 北京：清华大学出版社，2015.

Arthur J. Keown. 个人理财（第六版）. 北京：中国人民大学出版社，2016.

刘伟. 个人理财. 上海：上海财经大学出版社，2014.

马杜拉. 个人理财（第五版）. 郭宁，汪涛，韩瑾，译. 北京：中国人民大学出版社，2015.

杰克·R. 卡普尔，莱斯·R. 德拉贝，罗伯特·J. 休斯，个人理财（第三版）——理财技能培养方法. 刘春生，姜森，张航，译. 北京：中国人民大学出版社，2013.

图书在版编目（CIP）数据

个人理财实务/刘标胜，吴宗金主编. —北京：中国人民大学出版社，2017.6
21世纪高职高专精品教材·经贸类通用系列
ISBN 978-7-300-24044-2

Ⅰ.①个… Ⅱ.①刘… ②吴… Ⅲ.①私人投资-高等职业教育-教材 Ⅳ.①F830.59

中国版本图书馆CIP数据核字（2017）第021883号

21世纪高职高专精品教材·经贸类通用系列
个人理财实务
主编 刘标胜 吴宗金
Geren licai Shiwu

出版发行 中国人民大学出版社
社　　址 北京中关村大街31号　　**邮政编码** 100080
电　　话 010－62511242（总编室）　　010－62511770（质管部）
010－82501766（邮购部）　　010－62514148（门市部）
010－62515195（发行公司）　　010－62515275（盗版举报）
网　　址 http://www.crup.com.cn
http://www.ttrnet.com(人大教研网)
经　　销 新华书店
印　　刷 北京宏伟双华印刷有限公司
规　　格 185 mm×260 mm 16开本　　**版　　次** 2017年6月第1版
印　　张 16　　**印　　次** 2017年6月第1次印刷
字　　数 378 000　　**定　　价** 38.00元
